中國學術思想 研究輯刊

三一編

林慶彰 主編

第 8 冊

道家療癒學
——道家、當代新道家與李白詩歌之視域融合（上）

李欣霖 著

花木蘭文化事業有限公司

國家圖書館出版品預行編目資料

道家療癒學——道家、當代新道家與李白詩歌之視域融合（上）
／李欣霖 著— 初版 — 新北市：花木蘭文化事業有限公司，
2020〔民 109〕
目 4+168 面；19×26 公分
（中國學術思想研究輯刊 三一編：第 8 冊）
ISBN 978-986-485-998-6（精裝）
1. 道家 2. 老莊哲學
030.8 109000239

ISBN-978-986-485-998-6

中國學術思想研究輯刊
三一編 第八冊 ISBN：978-986-485-998-6

道家療癒學
——道家、當代新道家與李白詩歌之視域融合（上）

作 者 李欣霖
主 編 林慶彰
總 編 輯 杜潔祥
副總編輯 楊嘉樂
編 輯 許郁翎、張雅淋 美術編輯 陳逸婷
出 版 花木蘭文化事業有限公司
發 行 人 高小娟
聯絡地址 235 新北市中和區中安街七二號十三樓
電話：02-2923-1455／傳眞：02-2923-1452
網 址 http://www.huamulan.tw 信箱 hml810518@gmail.com
印 刷 普羅文化出版廣告事業
封面設計 劉開工作室
初 版 2020 年 3 月
全書字數 306088 字
定 價 三一編 25 冊（精裝）新台幣 50,000 元

道家療癒學
——道家、當代新道家與李白詩歌之視域融合(上)

李欣霖　著

作者簡介

李欣霖，籍貫台灣高雄市人，於一○六年畢業於國立彰化大學國文學系博士班，博士論文為《道家療癒詩學——道家、當代新道家與李白詩歌之視域融合》。因為喜好思想及研究的關係，故先後修了二個博士暨二個碩士學位，孜孜不怠、篤志勵學，在學術領域上有著多元的涵養。投稿有多篇論文，亦獲得多項獎學金，如〈普賢行與藥師法門的會通〉、〈咒音與療癒——論首愚法師「準提咒」的教示〉等分別獲得「華嚴蓮社獎學金」、「信徹蓮池功德會獎學金」，以及南華大學的「般若獎學金」等，實是學習之範示。對於經學方面，如易經、春秋、四書等於民間的講學也十分嫻熟；文學方面，常能以詩詞與心理學對話，頗具特色，通俗作品也寫了三十多本，其中「儒家治療學」、「四配傳」、「十哲傳」等都頗獲好評。具豐碩的儒釋道文化涵養與西方哲學的邏輯基底，可謂三教合一、中西合璧與雅俗共通的學者。未來研究方向乃要結合三教思想，做為本土型療癒的學術而努力。

提　要

　　道家以「無」與「無為」為本體之存有論，其以「致虛守靜」、「道法自然」、「逍遙無待」等之宗旨，教人復歸於常「道」，轉化人心所執定的主宰性，讓人復歸於道的本真。道的特性乃是有無的體用關係謂「玄」，以「無」乃隨時有徵，而「有」隨時趨向無，人可依此根據為自我超越與實踐關懷，以及對現象與物自身的掌握，這渾圓一體觀——「玄」，就是「道」在人世間之展現詩性的創生作用。道家以有為造作來理解周文疲弊的現實，對於這一切外在的有為造作，乃是執著個體的矯情，想要主宰控制一切，這就成為世間一切病難的起源。對於病症的治療，現代心理治療亦多所發展，本論文嘗試以直覺療法、存在心理治療、意義治療與閱讀療法等，讓道家觀照療癒與其互相對話，並充分展開道家療癒的新視野。又依當代新儒家牟宗三先生所展開之「智的直覺」、「主觀境界」、「作用保存」、「詭辭為用」等面向為考察，探論其對道家的關懷與療癒之道。牟先生跳離西方思辨形上學的視域，回歸傳統人間實踐形上學的本位，其道家體相用的美學觀點，一方面提出實踐形上學的特色，一方面論述境界形上學的理論，走向存有論與美學的整合道路，其理論有超越前人視域的典範，代表道家發展的一種階段性的進程。本論亦輔以李白詩的省察與療癒為例，讓道與詩結合，開顯生命的深度，詮釋人們的自由意志，並釋放人類共有的潛在訊息，這種訊息是人在「道」中的生活常態，人要在道中安頓生命與調適情志，而李白詩歌也成為「道」的療癒最佳例證。道、詩歌、療癒的結合功能，從而使主體不斷超越現存狀態，以意、言與境為道的存在提供意義，從而開發出各種療癒的面向，是為道家療癒詩學的研究。

目

次

第一章　緒　論

　　道家面對生命的各種疑難雜症，與人息息相關的文化、社會、自然、宇宙、古今等範圍，提供了一種敞開的方式，它是在主體的心被轉化與放開之後，人不再有我，心不再是心，心物同時融入存在的道中，同時也開顯在道中，那就是道不可名狀的示現，然而這樣的智慧是需要親身親為的，實踐之道沒捷徑、沒有後門，更不可能人云亦云，只有在世間的執著不斷放開中，人才可能通向逍遙。

　　當人們發生生命的病痛時，總是將症狀試著交給某個醫學專家來解決，以致於專家與病痛交涉之間，本身永遠不會有意義的連結，對於生命，人們急於解決一路上遇到的問題，但是卻忘記了是如何產生病痛的？解決之後，人們到底急於往哪裡去？當生命之上的各種病痛問題，越來越多時，如今社會上醫院變多了，某些醫生也常成為熱門搶手的人物，各種醫療的管道相對於以前多得太多，而且醫療藥材更容易取得、醫療的資源更能被利用、醫療花費也相對得變成便宜，但是病痛從來不曾減少，而需要醫療者也越來越多，人生路上每個人生命負累存在感卻越來越多，而且苦難病痛千變萬化，更是越來越不容易解決。

　　道家表達出自古以來就被人所重視的生命之真，乃由於其尚自然、強調無為、虛靜、守柔、取下、不爭等詩性精神，使得道家以「道通為一」的敞開方式，讓人世融入大道的生命之流。道家以詩的語言來表達無邪的心意，那不只是對生活的反映，而且也表現一種審美主體的發用，而這「主體」是指我與你及其相關人物環境，所代表著清純、真實與美善的本質，能為生命提供了來源與活力，故成為人們智慧的結晶。本論文的研究，並結合諸多心理學理論、牟

宗三為代表的牟宗三先生（1909～1995）對道家的詮釋以及李白（701～762）詩歌為例，展開回歸自然的生命觀照療癒，並對比於傳統與西方療法的差異，期能從存有、詩學、美學、心理、療癒等面向的論述，建構道家的療癒學。

第一節　研究動機與目的

　　道家詩學的療癒重在於直視先天的本真，以心的虛靜與去執，來化解人為現象的執持。道家以「無」為本質，認為生命就是虛靈的狀態，本來就是自自然然、玲瓏剔透，當人生有負累情狀，不需要再藉由外在的任何方法、手段、工夫的參入，而是只要滌除現象、排除罣礙與自然融合，則病狀就能達到撫慰、安頓、痊癒，即人若能合道，則生命可以為無病。高柏園認為：「道家的冷智正好是現代社會的清涼散，使現代人的惱熱暫時消除，而後能冷靜地面對時代問題。」〔註1〕對於病狀而言，道可以豁醒人們不要對現實太過於依賴，人心不可有所執持，因病而上遂於命，透過空靈的療癒，生命得以提升情境而終能回歸自然。這也是筆者研究動機所在，即以道家思想做為療癒的原理、並與西方諸多心理治療進行對話，加強療癒的可能；又以牟宗三的詮釋及李白的詩例為輔助，期有闡顯道家療癒學的理論。

一、研究動機

　　道家的學問是教而不教、不教而教，在自然重於人為的教化，一言一行都成了生命之教，直指生命的要點，無一不是體道的流行。故教人以「虛」、「寂」、「無」等工夫，教人化解生命的病情，以達到清虛大化、心道合一等旨趣，正是開發當前世界人類生命問題療癒的基石。如《疾病的希望》中說：「如果我們能體會到疾病和死亡令人敬畏的偉大力量，就必然在這體會之光中，了解以我們的力量來對抗疾病和死亡是多麼可笑。」〔註2〕這樣的觀念頗似道家的醫療觀，疾病與死亡是生命的一種體相，我們只有去瞭解它、體認它，讓它回到原來的整體性，疾病會告訴我們目前缺乏什麼，使我們察覺我們必須去關注什麼，經由這內在的傾聽和覺醒的過程，使疾病不再發生。楊定一提「真原醫」之論，其中說到：「倡導三體（身體、情緒體、心思體）都

〔註1〕　高柏園：《莊子內七篇研究》（台北：文津出版社，2000年5月），頁228。
〔註2〕　托瓦爾特‧德特雷福仁（Thorwald‧Dethlefsen）、呂迪格‧達爾可（Rudiger‧Dahlke）合著，易之新譯：《疾病的希望》（台北：心靈工坊，2011年），頁38。

和諧平衡，才能讓患者真正走上康復之路。」〔註3〕這說法亦屬於道家的療癒思維，即是經由去執、回歸，認識生命——病痛——療癒相依的關係，重建生命整全性的健康。道家「療癒」的思維，是依中國古老的哲學理念而建立，隨著歷史的演進，更加入了古人的體證與指引，讓人人都能從心去探尋本源，以回歸的力量將命與病融合起來，成為一套工夫歷程〔註4〕。然而工夫的體證也因人而見解程度不同，筆者即嘗試，將對道家這種祖先智慧的省察與體認，做成學術的研究，成為人生療癒的法則，此即為首要的動機。

　　對於療癒的內容提出，要與西方心理治療學做一深度的對話。西方醫學對於病理學家遲遲無法治癒的病情，轉而重視心理的調適與對治，他們尋找人類基本驅力的思考方式，隱含人類受到基本驅力所操控這樣的思想，這是直覺的、正念的基本思維，其尋找基本驅力的內在本真，以探討人們外在病狀的化解方法。又如存在心理治療家主張的對人性負責的理論，將自我超越視為人性的最高意義，人活著就是為了達到自給自足的圓滿地位。心理學家以個人不只有心理上的自我層次，還有先驗上的真我層次，故在超越自我心理學中，自給自足的人是追尋真我的運作。歐文・亞隆（Irvin D. Yalom，1931～）認為：「無法避免的焦慮，來自對人生四大核心課題的覺察：死亡、自由、孤獨與無意義，當人覺察這些問題後，存在上的衝突就會出現。」〔註5〕這些衝突都可能使人的病情不斷的蔓衍，心理學家的關懷與道家心靈的逍遙、無待等也有某一程度的匯通，對人性追求自由、接受苦難、面對孤獨等意義，中外之間上也有根本的共感的思想，是為第二個動機。

　　筆者又探牟宗三先生〔註6〕為主的理論輔助，從道家體相用的美學觀，

〔註3〕　楊定一：《真原醫》（台北：遠流出版社，2013年），232頁。
〔註4〕　中國傳統學術基於此種種原理原則，實則已概括了治療的說法。楊定一說：「環繞著心的環狀磁場中軸，正是許多古者的靈性教導和神秘典籍中一再提到的中脈。」參見楊定一：《真原醫》（台北：遠流出版社，2013年），頁237。
〔註5〕　參閱，歐文・亞隆（Irvin D. Yalom）著，易之新譯，《存在心理治療・上冊》（台北：張老師文化，2011年），頁37。
〔註6〕　基於大陸學者有將牟宗三先生尊稱為：「牟子」。如陳迎年《智的直覺與審美直覺》引言云：「該書的主旨有二：其一，以智的直覺與審美直覺的相切處為視點，初步端呈牟子美學的概貌；其二，檢討牟子哲學在那種自覺與不自覺之間的明暗轉化機制，並由此初步展示牟子哲學所取得的成績，以及它所存在的視域限定等。二者一體兩面，追問儒學的現代性。」（上海：上海人民出版社，2012年8月）。做為牟先生的後學，筆者也樂意以此名號推稱之，故本論文中有時稱牟宗三、牟先生、牟子等，皆以書寫的流暢度來引用之。

以呈顯物自身的道德的形上學而得充分而積極；其又轉化海德格的思維，從人世中會遭遇各種「事實」，作出各種應變，這道的存有的發展，因此「有」的生存永遠是對未來的可能籌劃，而不是固定的現成之物，更不是自我封限；人是有限的存在，這不是概念所能把握，也不是可以用邏輯來分析，故不能成為理性思維的對象，乃透過心境的體悟和可能性的理解來開顯，人人雖有限而能無限的可能性。牟子將道家定位為統合內外的圓教型之型態，乃從虛靜無言表達出「主觀境界」的詩性形態，從人的主體心靈去掌握物自身的直觀美感；又開出「作用保存」的人性關懷，以現象的不道、不德之狀態來強調有道、有德的實質，成為另一種作用的證成。故其言語之中不斷將道家推向充滿「詭辭為用」的冥契證悟，從天人物一體的合和乃興發出超越善惡、包容萬物的「玄」，故「道家自然冥契美學，具有心靈治療、語言治療、與文化治療的三位一體性。」〔註7〕正因為道家的心是「如何」而非「是什麼」？心不會有唯一的本質，因而可以去指出各種可能的醒悟的道路，不會在某種單獨的對立狀態中，而是最屬己、最真實的醒悟的體道，這種體道活生生地存在於世界中，能以體的方式清楚道出其人世療癒方式與特性。對牟先生的理論與療癒結合可以是一種創見，欲深入研究其理論，正是筆者的第三個動機。

又探李白詩歌為例，來開顯「道」的自由，其接受莊子，咀嚼苦難、面對孤獨等詩歌意境，做為審美主體及心理療癒之考察，並從詩歌藝術展現自我生命的深度，而「相遇」於命運的艱難時，用詩歌詮釋自我意志，顯示人類共有的潛在訊息，這種訊息乃是人在生活的調幅中，可以用來呈現「道」與心靈的面向。李白以其詩歌藝術的超越功能，從而使主體不斷超越現存狀態，以詩歌與詩境為存在提供意義；又注重詩的內省體驗，把此體驗視作詩的悟力，依此悟力展開對人生種種惡疾的療癒。故李白詩對道家思想與療癒的關係，乃可展開匯融，以為解決普遍性生命的共相的安頓，是筆者第四個動機。

以上四個動機，表現在道家療癒的範疇上，除了道家思想為主之外，猶能證成其與心理治療、牟先生之道家理論、李白詩歌等方面的融合，期能加強心靈療癒面向的效果。

〔註7〕 賴錫三：《當代新道家──多音複調與視域融合》（台北：國立臺大出版中心 2102 年 3 月），自序頁 xxI。

二、研究目的

　　詩不是低微成附庸般的唱和，不能劃界自清於人文精神，要堅持保有對維護生命的一份尊嚴，能夠主動介入現實，以喧囂的筆法，替生命營造鷹架，登臨俯瞰生命的瞬息萬變。在迅速變換的生活中，焦慮、疏離、孤獨、冷漠、憂鬱、虛無、絕望……等等，構成存在的不安與不確定性，道家之士並不刻意「警示」人生，而是「覺察」人生，以柔性的詩歌效應與訴求，揭露冥漠中存在的經驗，勾勒存在的樣貌，進而省思存在的意義與價值。詩歌從而可以肯定真理，讓人探尋詩境中隱藏在人心底的靈性真實以及對「道」的體現發揮，「以詩闡道」乃做為本文研究目的之一。

　　道家以詩歌隱喻與表現的手法，乃屬一種開顯的、審美的與生活世界交感所交涉的詩學，這正是可以提供療癒的學問。康德曾以理想的美，必須預設理念為基礎，如云：「一個理想應當在評判的何種根據中發生，就必須以何種按照確定概念的理性理念為基礎，這理念先天地規定著對象的內在可能性，建立於其建立的那個目的。」〔註8〕這是以先天性之說來掌握對審美之體的描述，來呈現本真之美。要求特效率是現代社會的特色，然而只有效率而缺乏意義，卻也正是社會的最大危機。人類因為追求效率，也造就了量子化、結構化、資訊化的社會特色，欲樣的特色卻也形成人們自我遺忘與虛無之危機。道家詩學乃對生命本真的積極肯定，以此本真的主體就能有撫慰生命情緒的能力，避免生命的虛無感，達到療癒、淨化的效果。

　　如今我們的時代比之先秦諸子所共同面對的問題，是個更為失序的時代，汲取古人的智慧來解決人生難題，高柏園說：「道家正是提供『無為自然』的方式，來取消周文僵化所帶來的虛偽與造作。」〔註9〕故現實利益的優先與獨大、無限膨脹的前進觀、強列宰制的生存規則等〔註10〕，都是時代所造成的失落現象，人也在這樣的運轉中逐漸遠離自我，遠離一切超越性的理想價值。現今療癒的方式千百萬種，不同的方式也可有各種不同的療癒。道家的療癒是符合華人體質的，使其理論發揮療癒，並開顯存在主體皆是本論文研究的目的之一。

　　從道家哲理、詩歌、心理學做為療癒視域的開發，詮釋他們以生命之學的過程中，安撫情緒、化解焦慮、療癒各種病症，以達到適意生存及情緒的

〔註8〕康德：《判斷力之批判》（台北：聯經出版社 2013 年 12 月），頁 73。

〔註9〕高柏園：《莊子內七篇研究》（台北：文津出版社，2000 年 5 月），頁 228。

〔註10〕參考高柏園：《莊子內七篇研究》（台北：文津出版社，2000 年 5 月），頁 225～226。

安頓；對於人的存在、人的命限、人的可能性，都是期望達到深處的結構，並期能將道家、心理、詩歌等療癒的議頭，做某一程度的交涉，以做為中西方療癒方式的共融，從而說明哲人、詩人與心理學家都想幫人安頓身心、解決人生問題、對治身體病痛等，是中西文化之關懷共相，這也是筆者研究本文，做為「道」的體察以及達至「終極關懷」的主要目的。

第二節　文獻回顧與評述

　　本論文的研究文獻之運用，概分為四大範疇，包括：一、道家詮釋文本。二、心理治療學文本。三、詩學、美學文本。四、李白詩歌相關文本等研究。茲將文本回顧如下：

一、道家詮釋文本

　　本論以道家文獻分析為主要路線，兼採牟宗三的道家思想的詮釋，其遵循王弼、郭象等學說為走向，其中又以郭慶藩所編注的《莊子集釋》〔註11〕為主要，牟先生對王弼、郭象的學說有很大的繼承與開發，其道家思想的著作是重要依據。又有唐君毅等新儒家學者，以及後來牟宗三等學者都有詮釋對道家相關的著作，說明如下：

（一）牟宗三及其道家詮釋文本

　　牟宗三作為當代新道家的代表人物〔註12〕，以其能開出實踐形上學的優位性，並建構道的體相用範疇的論述，使得道家的價值之學，重新掌握到「道」的源頭活水，謂其為「當代新道家」的開山級人物並不為過。〔註13〕其《智的直覺與中國哲學》〔註14〕一書，將康德對認識論的設想，成為肯定有積極

〔註11〕郭象注、郭慶藩編、王孝魚整理：《莊子集釋》上下冊（台北：萬卷樓圖書，2011年7月）。

〔註12〕有關「當代新道家」是否成立？及牟先生是否能為當代新道家的代表？請參考〈研究困難與突破〉一節。

〔註13〕學者賴錫三自述：「我特別考察了袁保新、劉笑敢、傅偉勳、陳榮灼、楊儒賓諸位先生的觀點，最後結晶出所謂『後牟宗三時代』老莊之道的多元詮釋可能：存有論、美學、神話學、冥契主義這四重道路。」此說亦隱然推尊牟先生為牟宗三的代表人物，繼其之後的道家學者，則視為「後牟宗三時代」的學者。參考《當代新道家——多音複調與視域融合》，序頁 xv。

〔註14〕牟宗三：《智的直覺與中國哲學》（台北：臺灣學生書局，1980年10月）。

意義的直觀的原理，不僅是眞實的直觀方式而且就是人類這種有限直覺者所能有的直觀方式，讓人可以具有智的直覺，進而開發出心有一種價值創造的能力，此直覺讓人可以從有限進入無限，以人有其創造性與無限性。這是其對康德與海德格哲學的開發及融入中國傳統思想的進程。

牟宗三《中國哲學十九講》〔註15〕一書中，認爲道家在主體看待天地與萬物的問題上，多有止靜虛寂的姿態，這是老莊工夫論的特殊宗旨，可以說是依老莊形上原理的智悟而論，如云：「道家講無，乃講境界形態上的無，甚至說有，都是從作用上講。天地萬物的物，才是眞正講存在的地方，如何保住天地萬物這個物呢？就是要從作用上顯的那個有、無、玄來保住。」〔註16〕其立場是從智的直覺來說道的有、無雙重性，並以「縱貫橫講」與「境界型態」說，「實有層與作用層」之意思，而得以定位落實。如果人能止、寂、虛、無體會那無，以虛靜的工夫去除「成心」，以心齋坐忘放掉執持的心，使心達到空明清澈之境，如明鏡般可以如實地照顯外物之實況，這即是道家「玄」的旨趣，也從而能證成「人雖有限而可無限」之說法。

牟宗三《才性與玄理》一書〔註17〕，以通人性問題中「氣性」一路之原委，並以魏晉「玄理」爲主。玄理玄智乃道心所發，其對王弼之注老與向郭之莊有特多發醒，如以「爲道日損」之路線，提練「無」的智慧，在主觀工夫上、境界形態上、作用保存等方向都有所開創。又其《佛性與般若》〔註18〕則在語言之「詭辭」論述上頗爲深刻，本論文重在採用作者對實有與非實有、不德與有德之間，道家「如何」運用其語言道技，而不在意「是什麼」的話語介入，以不在原則上否定實有，也不原則上肯定實有，故而能開出藝術境界，牟子云：「正言若反所涵的意義就是詭辭，就是弔詭，是辯證的詭辭。」〔註19〕故道家達到詭辭之作用保存，故可與通佛家之般若之說相通，然而道家哲理重、教理輕，以「無」乃是佛道之共法。

（二）唐君毅及其道家詮釋文本

唐君毅（1909～1978）對中國哲學的研究有《中國哲學原論》等六冊，其與牟先生均被視爲「當代新儒家」的人物，然而即使此，他們對道家理論

〔註15〕牟宗三：《中國哲學十九講》（台北：台灣學生書局，2002年8月》。
〔註16〕牟宗三：《中國哲學十九講》（台北：台灣學生書局，2002年8月），頁93。
〔註17〕牟宗三：《才性與玄理》（台北：台灣學生書局，2002年8月）。
〔註18〕牟宗三：《佛性與般若》上冊（台北：台灣學生書局，2004年6月）。
〔註19〕牟宗三：《中國哲學十九講》（台北：台灣學生書局，2002年8月），頁140。

也有多方面的發揮，其中對於理論的開新部分也有精彩的論述。唐先生在《導論篇》與《原道篇》等系列爲本論文所運用。其對儒道哲學所陳之義理，闡明其衍生的義理，並把古今東西各家哲學喻爲橋和路，乃指任何哲學都不是終極的定論，但是能夠啓迪人們的智慧，他也注意到道家哲理範疇具有多義性、歷史性、矛盾性等特點，試圖從「心思之運用」中找到矛盾消解融和之道；重視中西哲學範疇比較研究，反對以西方哲學的標準來衡論道家哲學，在傳統哲學範疇研究中引進了語意學、分析哲學的方法。又唐先生將道家哲理視爲超越心靈活動的智慧表現，是人之心靈對眞、善、美的人生理想境界不同深度的追求，並強調「道之六義」來詮釋老子的道，可以補強牟先生的主觀的判教理論，又以「超人文」精神來描述莊子哲學觀，其治學方法是以哲學史觀來對道家心靈做出的深刻詮解。

（三）王邦雄及其道家詮釋文本

王邦雄先生一生對道家的論述甚多，承繼牟宗三思想，自詡爲新道家的學者，如云：「如何體現的作用上，道家思想可以空靈心知，疏通生命，順成立身當代的文化使命，這是我們呼應先秦原始道家，而自覺有異於魏晉新道家的當斂新道家的生命進路。」〔註 20〕其《道家思想經典文論——當代新道家的生命進路》乃是教學三十年來所體證出的學術論文，故在建構思想體系上，便有生動而優雅的文字，其想要引經典進入生活，要將傳統帶進現代的決心讓人動容，自然讓人生發道家「道法自然」的保存作用。其《老子十二講》〔註 21〕，整合《老子道》、《生死道》、《人間道》的演講集而成，以人心中有道，而道在當下現前，故「道法自然」意謂人的生命價值的「然」，是要從自身來體現，而身在萬物之靈的人類，要輔助萬物回歸自然，如此天地軌道就有理序。在《老子道德經的現代解讀》〔註 22〕一書，將老子從講說到解讀，乃更深入地論述老子道的精神，並以「在家、出家與回家」的人生進程三部曲來分析老子的哲學，可謂照現天地的眞相與人間的眞情。其在莊子方面的著作也不少，如《老子道德經的現代解讀》、《莊子道》、〔註 23〕等書，以道德經及莊子內七篇爲主要精神，要人們無掉世俗流行的小用，而活出生命本身的大用，具人人皆有用，人間再無傷心人，等理論的說明，在道、老子

〔註 20〕 王邦雄：《道家思想經典文論——當代新道家的生命進路》，頁 21。
〔註 21〕 王邦雄：《老子十二講》（台北：遠流出版社，2011 年 5 月）。
〔註 22〕 王邦雄：《老子道德經的現代解讀》（台北：遠流出版社，2010 年 2 月）。
〔註 23〕 王邦雄：《莊子道》（台北：里仁出版社，2010 年 4 月）。

與莊子等立場，可謂申說詳明。又有《莊子寓言說解》〔註24〕一書，以活靈活現的莊子寓言來解說人們要活出生命的智慧，人人學會放下，活出自在與美好，十分符合本論文療癒的視野，而作者在儒道兩家的人生智慧上，也足以引發後人對道家的興趣。

（四）陳鼓應及其道家詮釋文本

陳鼓應是今日道學研究方面的大家，其對道家的研究為學者們所推許，也是其畢生學思心力的核心，其主編《道家文化研究》〔註25〕一系列專論，乃為現代道家思想研究保留了豐富的學術文獻。其又推翻《易傳》是儒家作品的舊說，論證其是道家學派的作品，而且也撰文論說中國哲學的主幹部分也認為是道家思想而非儒家，成為中國思想界的一大震撼。〔註26〕他認為中國哲學的突破始於老子，越是深入研究，就越會認識到老子在中國哲學上的影響，遠超過其他各家，其《老子今註今譯及評介》〔註27〕以中國古典文化譯成外國文字，也是《老子》的譯本最多，他以老子是個樸素主義者，關心如何消解人類社會的紛爭，如何使人們生活幸福安寧，期望人們的行為能取法於「道」的自然性與自發性，政治權力不干涉人民的生活；消除戰爭的禍害，揚棄奢侈的生活，其著作將老子思想中重要的觀點引指出來，並對老子思想中無為、不爭、讚退、柔弱、虛無、清淨等觀念注入無窮的創造因子，給予讀者一目了然的悟見。又有《莊子今注今譯》〔註28〕以尼采和存在主義為引導，成為其哲思研究的重要對象，他內化成其心靈世界的精神支柱，他以莊子的智慧開拓出視野的遼闊，以及精神空的寬廣，並產生知識分子的知識使命感有著悲劇般的共鳴，其「內聖外王」的理想，不但是莊子的原創性內涵，也是士人的理想，故其內容可以讓人浸潤於「游心」，以達致的美感經驗和藝術情懷，作者的心志與著作，也讓人有心嚮往之，必要好好研讀的驅動力量。

〔註24〕 王邦雄：《老子道德經的現代解讀》（台北：遠流出版社，2015年11月）。

〔註25〕 陳鼓應主編：《道家文化研究》第一輯（上海：上海古籍出版社，1992年），此後至三十輯由北京：北京商務印書館印刷。

〔註26〕 參閱陳鼓應：《道家的易學建構》（台北：臺灣商務印書館，2003年7月），頁43～80。然此說有學者有不同的見解，如顏國明教授於文中直接駁斥《易傳》是道家的作品，參考〈「《易傳》是道家《易》學」駁議〉，《中國文哲研究集刊》第21期（臺北：中央研究院中國文哲研究所主編，2002年），頁171～216。

〔註27〕 陳鼓應：《老子今註今譯及評介》（台北：臺灣商務印書館，2012年10月）。

〔註28〕 陳鼓應：《莊子今註今譯‧上下冊》（北京：北京商務印書館，2016年5月）。

（五）劉笑敢及其道家詮釋文本

劉笑敢的《老子年代新考與思想新詮》〔註 29〕一書，認為老子哲學思想體系，乃以自然為中心價值，以無為為實現中心價值的原則性方法，以辯證法和道，分別為自然和無為提供了經驗性和超越性的理論。他也針對《老子》晚於《莊子》的觀點，書中從韻式、合韻、修辭、句式等方面詳細比較，為確定《老子》的年代提出了新的論證，考證深入。其又有《兩種自由——莊子與沙特》〔註 30〕認為自由是人類一種永恆的價值，人以自由意志選擇了不自由，這正是沙特所要破斥的；莊以以人不能安時說處順，讓身置外天下而造成不自由，強調人皆具自由的意志與價值，需要自我去探取。

（六）林安梧及其道家、治療學詮釋文本

林安梧在三教思想與治療學方面亦有頗多的開展，惠予筆者最多的指導。其著作中有儒釋道三家思想的治療學思想，如《中國宗教與意義治療》〔註31〕，作者認為中國宗教包括儒、道、釋三教，三教都強調道德實踐與心性修養的優先性，其中隱涵著一套極為可貴的治療學思維，如云：「以『意義治療』來說儒家所隱含的治療思維，再以『存有治療』來說道家所隱含的治療學思維，又以『般若治療』來說佛家所隱含之治療學思維。」作者欲尋得傳統的主體性，並以宗教為人們之終極關懷，而終極關懷乃指向意義之治療，故中國三教的治療觀點，都可以「意義治療」一詞涵蓋之，值得後人加以學習與品味。又其《新道家與治療學：老子的智慧》一書，「道家」不只是放浪形骸，不只是消極避世之道」是總體的根源，「家」是人於天地間的「居宅」。「新道家」強調的是那總體根源的「道」如何落實於人間世的居宅，讓那被扭曲異化變形的物，能經由一「治療的過程」，而「歸根復命」，讓天地如其為天地，讓萬物如其名為萬物。林安梧《老子道德經新譯暨心靈藥方》〔註 32〕一書，以其講學老子《道德經》三十餘年的心靈體證，發耀哲學智慧的光芒，其每章譯文後，附有參悟《道德經》後，給現代人所開出的心靈藥方，以「道」為根源，「德」為本性，順其根源，合其本性，這就叫道德。故「道德」一詞

〔註29〕劉笑敢：《老子年代新考與思想新詮》（台北：東大圖書，2015 年 6 月）。

〔註30〕劉笑敢：《莊子與沙特——兩種自由》（台北：正中書局，1998 年 12 月）。

〔註31〕林安梧：《中國宗教與意義治療》（台北：明文書局，1996 年）。《新道家與治療學：老子的智慧》（台北：臺灣商務印書館，2006 年 8 月）。及其《老子道德經新譯暨心靈藥方》（台北：萬卷樓圖書，2014 年 8 月）。

〔註32〕林安梧：《老子道德經新譯暨心靈藥方》（台北：萬卷樓圖書，2015 年 3 月）。

不是強制的規範，而是長生要訣，以合乎自然本性的長生。故云：「天地有道，人間有德」，不是以人中心，而是「三才者，天地人」；不是「以心控身」，而是「身心一如」；不是心靜自然涼，而是自然涼了心也就靜了，以上思維對於本論文在道家、療癒與美學等方面給予學理上的啓示甚多。

（七）其他學者有關道家詮釋文本

高柏園《莊子內七篇思想研究》〔註 33〕是一本論述精嚴的著作，以莊子內七篇為主軸，掌握了莊子對道的生命實踐，也表現出道的境界，其以詮釋就是一種重建的努力，故重建中必有對文化的回饋與開創，這重永續文化慧命的觀點，乃對於文化的病痛的在傳薪中有所開創與化解，達到人逍遙的主觀修養，給予筆者始命創新的理論參考。

袁保新《老子哲學之詮釋與重建》、《從海德格、老子、孟子到當代新儒學》〔註 34〕，作者回顧當代學者在道家研究方面的成果，並辨識道家哲理的歸屬，將《道德經》一書分為四個階段，如老子對「道」的概念為及語義的建立；老子的「道」形上立場的分析；當代對老學的研究比對；又以創造性詮釋之方法與原則來理解老子等。其深入其核心的探討，又與海德格的理論對比研究，以借力使力，將道舉思想在廿一世紀文中提出自己的閱解，他在與劉笑敢的書論往來也讓人有耳目一新的感受，對於道家觀點的開顯也有提點作用。

賴錫三以《莊子靈光的當代詮釋》及《當代新道家——多音複調與視域融合》〔註 35〕等著作，其援引西方理論與闡顯道家經典的思想，特別採海德格的存有進路來詮釋道的工夫實踐，以實存乃為文化習性的身心訓練，工夫則企圖轉化為社會自然的身心解構，境界則關涉宇宙性的身心氣象，又以冥契主義之體道經驗，使道家回歸宗教經驗。其評論之間都有特殊的見解，評論中想要展示牟宗三的圓教理論思想，對於新道家一脈甚有參考價值。

筆者所提道家詮釋文本的運用，並不忽略每個哲理觀點的歷史意義，於其主體性脈絡中，尋得其思想淵源、問題意識來徵定其義理性格，並且從從

〔註 33〕高柏園：《莊子內七篇思想研究》（台北：文津出版社，2000 年 5 月）。
〔註 34〕袁保新：《老子哲學之詮釋與重建》（台北：文津出版社，1997 年）。《從海德格、老子、孟子到當代新儒學》（台北：臺灣學生書局，2008 年）。
〔註 35〕賴錫三：《莊子靈光的當代詮釋》（新竹：國立清華大學出版社，2012 年 3 月）。及其《當代新道家——多音複調與視域融合》（台北：臺大出版中心，2012 年 3 月）。

義理中開顯「療癒」思維，時時依照林安梧老師的論述，如云：「儒家型的意義治療所重在於『我，就在這裡』；道家型的存有治療則重在於『我，就在天地間』；佛家型的般若治療法所重在於「我，當下空無。」〔註36〕等觀點來掌握本論文的主軸。

二、心理治療文本

心理學的治療，可謂多元化發展，故治療方式也有多樣性的發展，本論文以直覺療法、正念療法、存在心理治療法、意義治療、閱讀治療面向，並與用來對應道家所開展的療癒觀點來理述之：

（一）直覺治療與正念治療之文本

本論以直覺療法來對應生活當下，要一個生命的隨時展現。從精神科醫師茱迪絲・奧羅芙（Judith Orloff, M. D.）著《直覺療癒》一書的探討，其運用「直覺療癒」做為病情的醫療方法，也讓生活成為一種精神的修練，這與道家「智的直覺」的修養頗類似。其中轉化人進入的健康及生活的五個直覺步驟，做為全書的領：1. 注意你的信念；2. 活在的身體內在；3. 感覺身體微妙的能量；4. 尋求內在指引；5. 聆聽你的夢等等五個步驟。以五個步驟展開治療，每一個步驟各有指示作用，導向人避免生病、進而恢復能量，同時還洞察所有身心問題。

又如「正念療法」乃以人的正念為導向而建立的療癒方式。以喬・卡巴金（Jon Kabat-Zinn，1944～）的《正念療癒力》《正念減壓初學者手冊》〔註37〕及薩奇、聖多瑞里（Saki Santorelli）的《自我療癒正念書》〔註38〕等為主參考。兩作者以「禪」為基本精神，但禪的精精亦融合了中國道家「玄」學的要義，故其療癒運用的方式，也類似禪道合一的方式，即運用正念智覺緩解身心壓力，讓人開發自我的覺知，安住當下，活出自我正念的人生。以生命在於整合自己的每一部分，它所發出的直觀來自於心性，不是分裂身心靈。只要直觀的正念的時時覺知，熱情絕對不可能死亡。正念與直覺療法皆強調

〔註36〕林安梧：《中國宗教與意義治療》（台北：明文基金會，1996 年），序頁 9。

〔註37〕喬・卡巴金著（Jon Kabat-Zinn）著，胡君梅譯：《正念療癒力》（台北：野人文化，2016 年 3 月）。喬・卡巴金著（Jon Kabat-Zinn）著，陳德中、溫宗堃譯：《正念減壓初學者手冊》（台北：張老師文化，2015 年 8 月）。

〔註38〕薩奇、聖多瑞里（Saki Santorelli）著，胡君梅譯：《自我療癒正念書》（台北：野人出版社，2014 年 12 月）。

回到心的起點，把生命歸零，面對過去的傷痕，掀開舊創疤看到它已經被療癒，這樣的目的是解放，目睹自己轉化成新生命，更圓滿的活在當下。

以上兩種療法，重點放在對道家本體觀的對照，即道家乃以「無」爲直覺，又以「無執」爲正念，如此對於人間虛蹈浮泛之病，可給予有效的解消。

（二）存在心理治療文本

存在心理學家—歐文・亞隆（Irvin D. Yalom）的《存在心理治療》爲主要文本。存在主義認爲詩歌的價值，是存在本體的根基，詩人以詩歌藝術的超越功能，從而使主體不斷超越現存狀態，以詩意與詩境爲存在提供意義。此外，詩人還注重詩的內省體驗，把內省體驗視作詩意的悟性，依此悟力展開對人心的焦慮，提出解決之道。在迅速切換的生活中，焦慮、疏離、孤獨、冷漠、憂鬱、虛無、絕望等等，構成存在的不安與不確定性中，存在主義並不刻意「警示」人生，而是「覺察」人生，以軟性的詩歌效應與訴求，揭露冥漠中存在的經驗，勾勒存在的樣貌，進而省思存在的意義與價值。存在心理大師羅洛（Rollo May，1909～1994）將自由存在的個體，視爲致力達到的理想人格，認爲「心理治療的目的是讓人自由自在」、「種種問題，乃是生活的本來面目，也是人類創造力的根源」〔註39〕在人有限的生命時空中，人能在此限度中做出自由的選擇，迎接命運的挑戰。

（三）意義治療文本

弗蘭克所著《意義治療》的著作爲主要文本。哲學心理治療學家維克多・弗蘭克（Viktor E. Frank）〔註40〕認爲，這將導致人們進入一個「存在的虛無（existential bsvuum）狀態，人得需要找到一條新的出路。他接受恩澤斯瑪（Aaron Ungersma）的建議，以及實存主義與實存分析〈existential analysis〉理論的影響，提出「尋求意義的意志」說法，而創構「意義治療」（Logotherapy）

〔註39〕 羅洛・梅（Rollo May）著，龔卓軍、石世明譯：《自由與命運》（台北，立緒出版社，2010 年），頁 27。

〔註40〕 維克多・弗蘭克（Viktor E. Frank），是奧地利之猶太人，曾擔任維也納大學的神經暨精神病學教授。於納粹時期全家都陸續進了奧茲維茲集中營，他的父母、妻子、哥哥，全都死於毒氣室中，只有他和妹妹存活。但弗蘭克不但讓自己超越了這種苦難，更將自身經驗與學術結合，讓他提出「意義治療」的理論，並使其有了更大的縱深與生命制高點；而弗蘭克從這種絕境般的情景裡，替人們找到絕處再生的意義。參考，維克多・弗蘭克著，鄭納無譯，《意義的呼喚》（台北：心靈工坊，2010 年 2 月）。

一門學科。其「意義治療」的理論，不在心理層面或社會層面解決人生問題，而是放在人存在的意義層面，唯有個人存在的意義問題得到真正的解決，人才有真正正常健康活著的可能。人生雖有命運的痛苦，但那是一種機會與挑戰，而人能決定放棄而喪失生命的尊嚴，或是掌握接受這機會，負起自己的十字架，加深生命的意義。強調對命運的抉擇之自由，乃對人生負起責任，所以，意義治療學是想要徹底解決人存在意義問題的心理治療。〔註41〕

　　基於存在的觀點，可對照於道家從虛、靜、忘等工夫體現作用保存，正是一種追尋意義的過程，化解外在的執持與糾纏，讓詩在主觀境界上得到詮釋，如幻化、藏實與忘情、歸根取動等面向，不論從作者及讀者的方式，體察道家主觀境界，在心理學的運用上，可以開發出與意義治療與對話，道家的體現某些方面可以化解人生的艱難，進而獲得到某種程度的療癒，這並不需借助於一外在超越的絕對者的力量，而是一無執著性、無對象化的存有。「意義治療學」符合了華人對於根源觀念的探究，與道家生命的本質的回歸相同，是以能引起華人學界多方的迴響，本章嘗試將道家的主觀境界與意義治療做一對照的分析，並以道家與詩歌做為詮釋的進路，展開一場意義的療癒。

（四）閱讀治療文本

　　閱讀治療（Bibliotherapy）乃是透過閱讀物的讀取、賞析、評論，作為自癒與解決病症的療法。〔註42〕它也是一種自助（Self-help）式療癒的動力過程。閱讀可以審視自我的人格，當人們常閱讀小說、詩歌、或是劇本，便能察覺自我一致的需要、價值與目標。閱讀所引發的替代性經驗，例如：釐清（Identification）、投射（Projection）、內射（Introjection）、以及從幼年時經驗而來的感情轉移（Transference）、感情宣洩（Catharsis）、洞察力（Insight）、認同、淨化、娛樂和領悟……等，這些智慧的文章，提供了外在的參考指引，讓讀者從觀察者的眼光，重新地看待自我的經驗。鍾友彬說：「在想像與現實之間，自然地具體化個人經驗，增加自我瞭解，以更正面的心態來面對生活，成為生活中的參與者。」〔註43〕這樣的領悟可以為一種療癒過程，而這過程

〔註41〕 參考維克多・弗蘭克著，鄭納無譯，《意義的呼喚》（台北：心靈工坊，2010年2月）。

〔註42〕 參考湛佑祥、陳界、劉傳和、夏旭等主編：《閱讀療法理論與實踐》（北京：軍事醫學科學出版社，2011年11月）。

〔註43〕 參考鍾友彬、張堅學、康成俊、從中著：《認識領悟療法》（北京：北京人民衛生出版社，2012年2月）46～55頁。

正如道家對語言的運用，乃是聚焦在想像與現實之間，讓人自行兩化，化解了一切的人爲執著，故而也產生了相同的療效。

閱讀療法與道家「詭辭爲用」的省察，可以療癒的作爲。其提供生命的意義的整全，告訴人們放下對立面的思緒，就病與與生命的合一本質，只有透過對立面的結合才能達到合一，讓心性從「二選一」的現象，轉變成「兩者同時」，而「一件事接著另一件事」的需要也能成爲「每一件事都同時發生」，這就是老子「此二者同出而異名，同謂之玄，眾妙之門」，而莊子所謂「同於大通」的意境。閱讀道家詩性的文字，知道疾病的產生乃是一種不健全的生命呈現，而療癒的意思必然代表更接近完整，透過道家的智慧也讓人們更趨近生命的眞實，是屬於一種詩性的治療。

三、美學及詩學文本

道家詩性主體的反映與表現，以一種表達的方法所呈現的語文，是審美主與與生活世界交感所併發的藝術。這方面的文本應用如下：

（一）康德《批判》〔註44〕三書及其美學

康德理想的美學，必須預設了理念爲基礎，一個規範理念、二是理性理念。如云：「規範理念，這是一個單一直觀（想像力的直觀），它把人的評判尺度表現爲一個屬於某特殊動物種類之物的尺度。理性理念，它使不能感性地表象出來的那些人類目的成爲人的形象而在現象中啓示出來。」〔註45〕這是說明人通過理性自我規定自己的目的，卻能把它們與本質的和普遍的目的放在一起加以對照，並因而也能審美地評判它們，故只有這樣的人，才能成爲美的一個理想，唯有人類在其人格中，作爲有理智的生物，才能成爲世間一切對象中的完善性，故從直觀才掌握審美的尺度，以達到理性的目的，這才是美學建構的標準。

（二）伽達默爾及其詮釋美學

本節以對伽達默爾（H. Gadamer，1900～2002）〔註46〕主客關係的理解，

〔註44〕康德：《純粹理性之批判》、《實踐理性之批判》、《判斷力之批判》（台北：聯經出版社，2013 年 12 月）。

〔註45〕康德：《判斷力之批判》（台北：聯經出版社，2013 年 12 月），頁 73。

〔註46〕伽達默爾的學術生涯可分爲三個時期：早期研究古希臘的政治和倫理思想，尤其著重於對柏拉圖思想系統性的闡釋。中期注重的是本體論，發展具有濃厚思辯色彩的哲學詮釋學體系。晚期則擺脫了學院式的純思辯色彩，將本體論用於

及對「視域融合」的詮釋理論做爲開展依據。

伽達默爾認爲自然科學的方法，不論是培根的經驗歸納法，或是笛卡兒的演繹法，都會造成控制意識。方法論時代是科學氾濫和科學控制加劇的時代。方法並不能保證人們獲得眞理。伽達默爾的《眞理與方法》〔註47〕包括三個部分，分別開創出藝術、歷史和語言這三條通往眞理的「非方法」大道，藝術與歷史是人們理解世界的兩種模式，這兩種模式終將統一於語言之上。語言並不只是符號工具而已，它還具有表現世界，使世界得以繼續存在的作用。故科學的眞理並不是普遍適用的，伽達默爾的目的是要探尋一種超出科學方法論控制之外的對於眞理的經驗。他以藝術經驗是對立於科學經驗的，藝術經驗是一種人生在世的經驗，它的內容是人主觀認識的眞理；科學經驗則是人通過方法，實行對客體乃至於對他人的控制。他批判康德強調「主觀審美標準」的審美觀，不能把藝術鑑賞活動看做是如康德所說的，只注意到事物表面質量的經驗活動，而無須對藝術進行「歷史的考察」，便可以賞析作品之美。故伽達默爾強調藝術的「歷史意識性」。

伽達默爾認爲在詮釋事物時，人是開放性和根據事物的呈現作出反應。他不是主體，事物也不是客體，故他也不操控事物。反而他讓事物呈現出來的意義衝擊他，撼動他早已擁有的知識或早已肯定的方法，於是他似乎反過來事物詢問：「你用這種方了瞭解我，可以眞正瞭解我本身嗎？」「你的方法眞的可以成立嗎？」在這樣的狀況下，人才能促使人放棄他早已肯定的方法。這是一種主客合一的視域，是不以主客對立的關係，更不要求控制事物，而它反過來接納事物所呈現出來的意義，以此意義來做爲指引，故人文科學的眞理不由方法而得。〔註48〕

對於的藝術的審美，伽達默爾指出：1. 藝術品不是個靜態的東西，放在那邊，等待觀眾去探討其中的意義。藝術是動態的，它不斷的呈現其意義或眞理。當藝術品觸動在觀眾中，兩者互爲遊戲，前從中完成其意義的演出。2. 由人爲主體，根據主體的感受而引生出來的美感之美，已然被揚棄。討論美學哲學或詩學要從藝術品的遊戲裡，完整參與於這樣的遊戲中。在藝術哲

現實社會的問題分析中，發展成一種實踐科學。參考南華大學哲學與生命教育學系網站：http://www.nhu.edu.tw/~sts/class/class_03_3.htm，2017/05/21。
〔註47〕伽達默爾（台灣譯爲高達美）：《眞理與方法Ⅰ》（北京：商務印書館，2013年）。
〔註48〕傅佩榮、陳榮華等著：《西洋哲學傳統》（台北：臺大出版中心，2011年8月），頁220。

理裡，遊戲才是一個正確的詮釋模型。3. 藝術品在它的遊戲中，改變了觀眾，因為它提供真理，否定了觀眾原有的知識，帶他到達一個新而真實的世界去。所以一個作品真的是「作」品（a work that works）。它在遊戲的方發式下運作。4. 藝術經驗中，真正的主導者或支持整個藝術經驗的過程，不是觀眾，而是作品本身。〔註49〕

　　依上述觀點，得知伽達默爾的詮釋學「若反」西方傳統的美學，傳統理論建立在人的感受中，它是人的美感分析，而不是對藝術本身的分析；伽達默爾並沒有反對傳統，而是不再以人為始點，改從藝術本身出發，更認為藝術可以提供真理改變人的知識，並給出新的世界。

　　由於獲得歷代解經者主體性的照映而不斷更新其內容，在『時間性』之中使經典獲得『超時間性』；另一方面則使讀經行動成為『尋求意義』的活動，讀經者的生命不斷受經典中之『道』的洗禮而日益豐盈。伽達默爾說：「在理解本身中顯示歷史的實在性，故理解的本性就是一種『效果歷史』〔註50〕」。潘德榮在《詮釋學導論》釋云說：「進入歷史視界並不意味著主體自己的視界之消失，純粹以歷史的視界作為自己的視界，而是主體在歷史的視界中充分發揮自己的前判斷之作用，從而真正形成一種『效果歷史』。」〔註51〕當人一個理解主體自身的視界，一個則是特定享歷史視界，道不是被動地被人們所解釋，以至於人們可以無視於它自己的意見。道其實不斷在提供各種動源與詮釋，文本的使用如果能在傾註與傾聽之中，坦誠而又不固執己見地交流著，並由這種交流而使雙方都有贊同與理解，這就是一種「效果歷史」，做為「視域融合」的運用。

　　他繼承了海德格的藝術觀，主張藝術是一種存在真理的顯現，也因此藝術的產生來自歷史的背景，藝術自身彰響著這一歷史脈絡的真實。如果抽掉藝術中的道德主體，僅僅沈浸於藝術審美的愉悅之時，則藝術就已經喪失本具之原始的生命力。伽達默爾的詮釋學提出了一種新的客觀性：他發展出一種提問的立場，在提問中開顯出的東西，乃超越主客的立場，也不是主體性的一種投射；它在呈現自身的同時，也影響並牽動著人們的理解。認為無論是科學中或人文之中，甚至在日常生活中，理解總是一種歷史性的、辯證性

〔註49〕傅佩榮、陳榮華等著：《西洋哲學傳統》（台北：臺大出版中心，2011 年 8 月），頁 234～235。

〔註50〕伽達默爾：《真理與方法Ⅱ》（北京：商務印書館，2013 年），頁 424。

〔註51〕潘德榮：《詮釋學導論》（台北：五南圖書公司，2002 年 9 月），頁 134。

的和語言性的事件。理解的要件不是操縱和控制，而是參與和開放，理解並非知識而是經驗本身，這不是方法論而是辯證法則。〔註52〕

（三）海德格及其美學

海德格哲學美學表現在其《存在與時間》〔註53〕一書，並認為《存在與時間》是一塊無法跨越的里程碑，然而本論真正運用到的是其後期的美學。海德格後期美學詮釋，也受到伽達默爾的影響，從傳統美學「實體屬性說」、「感覺複合說」、「質料形式說」等三項觀點，都是從主體客體對立的思維模式來觀察物。然而他認為，這種對象性思維是一種強力，一種對物的擾亂，是不能啓示物的本質。所以海德格省察到，人們應該回轉到存在者那裡，從存在者的存在角度去思考存在者本身，而在此時，這種思考中人們又要使存在者保持原貌，不受擾亂，這不但是對形上學的批評，也是海德格後期對前期思考的重新反省。他突顯出此在即有突出體體從而落入對象性思維之疑思，重要的是從在在者的存在角度來思考存在者，而不至於損害存在者。由此他認為：藝術的本質就應該是，存在者之真理自行設置入作品。藝術並不是對現實存在者的摹擬和再現，真理也不是觀念與存在者的符合一致。藝術作品開啓存在者的存在，這種開啓就是「解蔽」（Entbergen），就是存在者之真理的置入，藝術就是自行置入作品的真理〔註54〕。其中海德格也用了「器具」的概念來說明，只有可靠性的藝術作品中，才能讓器具有美感，這器具的器具存在才得以顯露出來，所以藝術作品只有讓「無蔽」產生，那才能真正的稱為藝術之美。

海德格以「如何開端，就如何保持」，所以思想的道路就是「返回步伐」。返回是是思想道路的特性，如云：「思想中特有的東西就是道路。而且思想道路於自身中隱含著神秘莫測的東西。我們可以向前和向後踏上思想道路。」〔註55〕所以向前的道路，同時就是返回的道路；而且又認為「思想之事情就是道

〔註52〕參考南華大學哲生所網頁：http://www.nhu.edu.tw/~sts/class/class_03_3.htm，2017/06/01。

〔註53〕海德格著，陳嘉映、黃慶節合譯：《存在與時間》（北京：北京三聯書店，2012年6月）。

〔註54〕以上參考孫興周：《語言存在論——海德格爾後期思想研究》（北京：北京商務印書館，2011年1月），頁190～193。

〔註55〕海德格著，孫周興譯：《走向語言之途》（台北：時報出版社，1993年10月），頁88。

路」「一切皆是道路（Alles ist Weg）」。顯然他對中國的「道」一詞的語義與內涵有著宏大的體會，並指出「老子的道根本上就是道路」〔註56〕這些觀念與道家詩性完全能夠整合，從眞人的角度來表達物，就是讓存在者進入存在之「道路」之中，即進入一即一切之中，此眞理才得以顯現，從而帶出眞善美的生命與生活觀，可說是與道家詩性相符合。

（四）其他學者美學的專論

王杰及《審美幻象研究：現代美學導論》〔註57〕，作者致於把審美、藝術和意識形態理論結合起來，又探索抽象的理論思辨與現實的實踐聯繫，認爲理論不應該將生活分開，甚且與生活脫離，認爲理論是生活的基礎，理論應該是生、具體的現實世界，是自我風格的表達。作者具西方美學思潮，又與道家的思維十分貼近，可以爲道家藝術與美學做出另一種詮釋。

李元洛與《詩美學》是一本二岸三地研究的參考範本，他力求縱向地接受傳統，橫向地向西方借鑒，以中西合璧的方式，解決社會學與美學、傳統與現代、再現與表現、小我與大我、作者創作與讀者再創作等的辯證關係，如其引馬克思以天性之說來表達審美之體的描述云：「詩，是詩作者對於作爲審美客體的生活的一種藝術反映和表現。」〔註58〕然本書中毫無政治色彩，作者要彰顯的是，對於天性的運用，就是對審美主體的積極肯定，掌握此主體就能有撫慰生命情緒的能力，達到療癒的效果。

鄭振偉及《道家詩學》〔註59〕一書架構，以道家的體用觀爲爲主。提出「道」不斷要與整體諧和達到一種「平衡」的作用，書中論述「道家」原始的思維，而原始又與神話思維不可分，因而道家對文學、美學產了重大影響。作者也借用二十世紀的心理分析和神話理論研究成果進行論述，書中也包括了心理分析、社會學分析、詮釋學的分析，將中國道家哲理和西方本體作出融匯的論述，成了本書受到筆者關注的特點。

以上詩學與美學等文本，詩學著重在文字、思想本身之眞善，而美學著重在藝術、形式之美，兩種可謂互含互攝。本文採中西會通的方式來進行研究，期能於闡述道家療癒學有著向上一路的表達。

〔註56〕參考孫興周：《語言存在論──海德格爾後期思想研究》（北京：北京商務印書館，2011年1月），引論頁4～5。

〔註57〕王杰：《審美幻象研究:現代美學導論》（北京：北京大學出版社，2012年11月）。

〔註58〕李元洛：《詩美學》（台北：東大圖書，2009年1月），頁2。

〔註59〕鄭振偉：《道家詩學》（南京：江蘇人民出版社，2009年6月）。

四、李白詩集注釋與專論文本

　　李白詩歌對後代產生深遠影響，唐人所編的李白集本，如今沒有流傳，到北宋中期宋敏求增補舊本李白集，得詩近千首，曾鞏爲之考定次序，在一部分詩題下注明寫作地點。後晏知止予以校正刊行，《李太白文集》三十卷，刻於甦州，世稱「甦本」。後又有根據甦本翻刻的蜀本，是現存最早的李白集，乃清代康熙年間的「繆本」。蜀本原刻（大約刻於北宋末、南宋初）現藏日本靜嘉堂文庫，日本京都大學人文科學研究所曾影印問世。最早爲李白集作注者，是南宋楊齊賢的《李翰林集》二十五卷，注釋頗爲繁富。元初蕭士贇刪補楊注，撰成《分類補注李太白集》二十五卷，大致詳贍，但仍嫌繁蕪而有疏漏。明代胡震亨撰《李詩通》21 卷，一般典實不注，偶下己見，並駁正舊注之誤。清代乾隆年間，王琦匯集舊注，補充訂正，編成《李太白文集》三十六卷，采擇宏富，注釋詳備。今人瞿蛻園、朱金城注本、詹鍈注本及安旗注本等皆有可觀，本論文以瞿、詹兩種爲主要參考，又有李白專著的回顧如下分述：

（一）王琦注本——《李太白全集》〔註60〕

　　清代王琦輯注《李太白全集》即是在楊、蕭等人注釋的基礎上增訂而成的，如杭世駿論王琦的貢獻云：「太白之集，歷五百年而始有蕭、楊二家，又歷五百年始有鹽官胡氏孝轅。孝轅亡後，今且百餘年矣。文士林立，未有起而補其闕者。吾友王君載庵以三家之注之典未核也，結轄之未疏瀹也，疵繆之未劃削也，專精覃思，窹寐太白於千載之上，一一扣其出處而究其指歸。太白之精神與前注之得失，軒然若揭日月，其諸太白之功臣與。」〔註61〕王琦的觀點又超於時人之境，深值讀者品味研究，而其影響之大也在其作學問的用心。如王云：「非其從爲人所深思而極慕者，何以能至是？後之人苟得斯意，以讀斯編，一展卷而太白宛然在矣，彼事之雜於眞僞有無，又遑論乎哉！」〔註62〕李白詩在明代的編集與刊刻情況，不僅有助於了解李白詩在明代的傳播歷程，而且更能進一步探索明代唐詩學發展演進的內在規律，具有多種學術史意義。

　　陳敬介認爲王琦的注本有項特色：一、李杜並重論：對李杜的詩歌特質提出「一以天分勝，一以學力勝，同時角立雄視於文場筆海之中，名相齊，

〔註60〕王琦注：《李太白全集》全三冊（台北：世界書局，2005 年 1 月）。
〔註61〕王琦注：《李太白全集》第一冊（台北：世界書局，2005 年 1 月），頁 1～2。
〔註62〕王琦注：《李太白全集》第一冊（台北：世界書局，2005 年 1 月），頁 54。

才亦相埒。」其中並提出讀李白集的方法,如溯源、參趣、掌握比興大義,兼考時代、生平史實等,以此能眞識其人其風。二、廣搜太白流傳的事跡:王本於附錄六卷(卷三十一至三十六)。廣搜有關李白序誌碑傳、李白詩文集序,贈李白或評論李白的詩文,及與李白有關故事材料、李白年譜及外記等,都是研究李白的重要資料。〔註 63〕王琦的注本不但增加了各種考察與注釋,又增加五卷文集及六卷外記,可謂其在李白的詩文上用了大量心力,後來才有《李白集》歷代相關的注本,本書可謂立功於前。

(二)瞿蛻園、朱金城注本——《李白集校注》〔註64〕

《李白集校注》以楊齊賢至王琦各家舊注爲基礎,旁搜唐宋以來有關詩話、筆記、考證資料以及近人研究成果,加以箋釋補充,並考訂繆誤。其書匯集諸家舊注補充訂正,並依體例純正、切於實用爲主,將諸注未備或繆誤、引證故典不能闡發者,仍加按語,並低二格排列,以示區別。又凡歷來各家均有定論者,仍依王本編次,存詩校而不加注,若在存疑之列者,如《草書歌行》、《笑歌行》、《悲歌行》等,經後人考辨者仍行加注。在王本中雖編有《李太白年譜》,本書詳訂之後,使其詩文年譜內容更能切合,故本書可采擇宏富、注釋詳備。又本書校訂不斷更新再版,於更新版中對詹本內容注釋上也判評了,並指出詹本某些錯誤說法或加注不同的評論。這對學人在做爲研究李白上有很大助益,兩本工具書的觀點,皆是必須具備的文本。

(三)詹鍈注本——《李白全集校注匯釋集評》〔註65〕

由於詹鍈編寫此書的目的是「是要寫成一個新注本,超越王注並取代王注,想要取代王注」〔註 66〕的注本,故乃要先指出王本的缺點和局限性。他認爲王注的詩和賦是以楊、蕭爲底本,而王並沒有看過宋刻本,詹本又發現日人平岡武夫影印的日本靜嘉堂文庫藏宋蜀刻本《李太白全集》,這個本子比蕭本更佳,故其按照宋蜀本分類編排,每類中又有曾鞏按作詩的地點、時代

〔註63〕陳敬介:《李白詩研究》(台北:東吳大學中國文學系博士論文,2006 年 6 月)頁 360～362。

〔註64〕瞿蛻園、朱金誠校注:《李白集校注》全四冊(上海:上海古籍出版社,2013年 9 月)。

〔註65〕詹鍈編注:《李白全集校注匯釋集評》第一～八冊(天津:百花文藝出版社,1996 年 12 月)。

〔註66〕參考詹鍈:《李白全集校注匯釋集評》第一冊(天津:百花文藝出版社,1996年 12 月),前言頁 1～31。

先後作了編排。並且在每類同一地點寫的第一篇詩題下注明寫作地點,而王琦注本則批題下注全部刪去,分類標目也沒有了。蓋李白寫詩並不是一般人所說的「天馬行空」,其詩文乃是「無一句無來處」,這些出處多半在《文選》可以找到。李白到處遊覽,隨時隨機賦詩,不可能帶著書本,這可以看出李白驚人的記憶力,能把許多古詩文化用到他自己的詩裡。而王本注詩文,往往只注出斷句,不注篇名。可知王本有多種不足的缺失。

詹本的特色可列如下:一、加入題解:使其注書比王本更易閱讀。二、加上校記:其收羅各家版本,並重新進行校校勘,並指出哪些版本的字句為勝。三、分段與串講:因王本有「釋事而忘義」之嫌,故其在字中加入必要的串聯,以及明句義。四、加入集評:王注很少收錄對各詩的評語,對鬱、朱二氏編的《李白集校注》,雖在各篇後面評箋收入了一些評語,但數量不多,其書輯更多的評語,力量完備。五、加入備考:其充分考慮了李白研究已成顯學,又收錄了近年來發表的相關文章和專著,其本著「片善不遺」的精神,吸收其成果列入備考資料中。

綜合上述,可知故詹注可謂是一部具彙校、集注、串講、集評性質的新校本,成為具有可讀性、編錄嚴謹、校勘審慎、注釋分明、評論全備的新校本。集合各家論述,將李白詩歌做了邏輯的編輯,讓人更有層次、條理地查閱。並以李白之所以偉大,就是他對生機活潑生命的高度體貼,認為李白詩的美是一種超越所有藝術形式,對生命的全人之美。人有最高意義的追求,這是對於一切刺激之考驗都能大而化之,而這種反應是長久的不執著和故意的高傲在他身上所產生的,李白能了解自己和別人,他知道怎樣移情使自己無限,他的智慧足以使任何負面情境東西都變成對他有益,這是對李白甚為崇高的評論。

(四)李長之及其李白專論

《道教徒的詩人李白及其痛苦》〔註67〕一書充滿了風趣,作者懷著獨特的情感與豐厚學術背景為李白敘述心聲。他運用了李白的「自我」精神,寫出李白從少年時就喜好任俠,在「混遊漁商,隱不絕俗」(〈與賈少公書〉)的長期生活中,又和許多民間遊俠之徒往來,受到這些人物的感染,寫了不少歌頌遊俠任狂的詩,說明李白不甘心白首儒生,也不願屈己從人的性格,流露著自信自豪的內心情志。正如作者看出李白做為「道教徒的詩人」,其所作

〔註67〕李長之:《道教徒的詩人李白及其痛苦》(北京:三聯書店,2008 年 11 月)。

出的舉動，是一種悲憤式發抒，其任情率真地無拘無束地抒發自己的才情，超越禮教約束與循規蹈矩的作爲，都是一種生命無奈的「痛苦」，是不得以而爲之的人生關懷，作者似乎也在爲自己的生命發抒，藉著李白的詩歌，表達出他認同這樣的關懷方式，若人以更爲獨立自主、更有豐富價值的主觀經驗，來書寫人生面貌，使人們自我接納與值得被愛的感覺，可以加強對人生的體認，這也是本書值得參考的特色。

（五）朱金城、朱易安及其李白專論

朱金城、朱易安父女皆是李白的研究大家，他們對於傳統考證李白相關事宜的說法，則有越是不斷閱讀與鑽研，則越不能認同的看法，蓋傳統的說法實在無法解釋李白在唐代文學中的特殊性，這特殊性就是朱金城、朱易安所想要提出的觀點，並在其研究中呈現出來。朱金城、朱易安的《李白的價值重話》〔註 68〕，乃代表其父子對李白研究的心得。作者從文化史的發展來發掘李白的歷史作用，又從文學批評的立場重新觀察李白的藝術價值，並力圖在更高的層次將兩者統一起來，故本書乃是將李白視爲士階層的一員，來探討他在中國文化史上的地位和意義，並論述李白的思想、行爲以及文風等考察，並重新發表與傳統不同的觀點。在女繼父志的學問下，兩代學者的精細研究，不肯姑息任何一個細小的錯誤，致本書詮釋顯得考證縝實，用力甚深。研究李白跟著作者的審視，不得不敬佩兩學者的學問嚴謹，作品果然擲地有聲，所有李白的研究中這是一本不可忽視的專論。

（六）李正治及其李白專論

李正治師是李白研究的大家，其《與爾同銷萬古愁——李白詩賞析》一書中將語言所建構的意象中，強調了「創造性的想像」，這種積極的語言表現與功能，這是種避免過度熟化的語言文字，造成詩歌意象的疲弱感而採用的積極性語言建構，並藉以生成新鮮的意象。故云：「創造性的想像便是先要打破固定聯想的方式，而建立事物間新的關係新的秩序，使表現產生一種新鮮的美感或具體的感覺，平常所謂「意象的鍛鍊」所以重要，進入創造性想像的表達是其目標之一。」〔註 69〕李正治更提出了作者的自我心靈層次，他說：「文學的思維有兩個路向，一是向內的，回歸到作者的心靈世界，一是外向

〔註 68〕朱金城、朱易安合著：《李白的價值重話》（台北：文史哲出版社，1995 年 10 月）。
〔註 69〕李正治：《與爾同銷萬古愁——李白詩賞析》（台北：偉文出版社，1978 年），頁 64。

的，著重於媒介物，即語言文字的組構藝術」、「言志觀念重視內在心靈，在詩評史上便是一個重要的傳統，占有很大的勢力。」〔註 70〕李正治從詩的表現層次，內化到作者的內心世界，形成一種「內心自我語言到意象」的過程，以作者的心靈世界與語言文字都是意象的生成基礎，這是對詩歌意象真正掌握，才能產生藝術的表達。

　　以上回顧代表性的文本中，乃以主要參要書目為代表，其中作者對道家與詩學意象藝術、表達的功能，乃敘事而隱喻地在詩學美學中，都是做為本論文撰述的根據。對於道家與詩學不只是心智或情感，也應包括身體與靈魂，閱讀詩文作品不能只看到表達的真理，而不注意情感意象、心理特質以及靈魂昇進，他們能把藝術與美學理論開創出一種有別於傳統的新局，如布魯斯・穆恩（Bruce L. Moon）說：「藝術創作都呈現了創作者信仰……作品就是我們朝聖旅途上的視覺祈禱。」〔註 71〕道家詩性常是與「天」的告解圖象，在此生命境界中的自畫像，其「獨」的頓見，是以一種自我、合一的儀式展開，他們在說屬於「自我」的敘事，他們是屬於直觀的、遮撥式的、非邏輯性的，總能給讀者一種淨化、舒解、撫慰的模式，也提供讀者各種療癒的作用。

第三節　研究方法與步驟

　　藝術與真理在傳統哲學和美學中，本是互不相連的兩種領域，藝術探討屬於美學，而真理問題則歸於知識論。康德的三大批判把真善美的三種領域化劃得井然清楚，從而影響而海德格的對思想轉向的意義，開出「解蔽」的真理美學。其學說又影響到伽達默爾，他認為在藝術中思維真理，並認為藝術作品的本源是一種「轟動一時的哲學事」，他把藝術理解為「整個世界歷史的基本事件」〔註 72〕歷史的成見會讓人產生「成見」，人立成見要對藝術的真實重新解讀，進而成見與視域中產生了新的意義，這意義形成了一種「效果」的歷史。

〔註70〕李正治：《至情只可酬知己：文學與思想世界的追尋》（台北：業強出版社，1986 年），頁 265。

〔註71〕布魯斯・穆恩（Bruce L. Moon）著，丁凡譯：《以畫為鏡——存在藝術治療》（台北：張老師文化，2011 年 8 月），頁 239。

〔註72〕參考孫興周：《語言存在論——海德格爾後期思想研究》（北京：北京商務印書館，2011 年 1 月），頁 189。

　　道家亦是對傳統文化現象的憂患，力圖追尋一超越的理境，其不斷強調回歸、虛靜、去執等，兼以牟子智的直覺、主觀境界、作用保存、詭辭爲用等爲架構，象徵著邁向道家的存有論的精神形態，也產生了一種革命性的解蔽。就存在的精神而言，道家及其詩人都是不斷在世界中挺立而起，他們熱愛生命，瞭解自己的存在狀態，以詩表現他原始生命的力量，並從中發現意義，他們以詩表達自我意識，清楚自我存在的結義構與意義，並自由地選擇自己的存在方式，去面對生活世界。他們的創作是一種文學的方式，是藝術的表達，也是一種存在的取向，當人以詩探索生命時，詩就成爲一種心志的意義，也是一種邁向療癒的根據。本文採用了有關中西學術比較研究法、詩學美學的方法、心理治療分析法等視域融合的模式，等面向來撰寫之。

一、比較研究方法

　　建立學術上的原理原則，從中西文明發展或問題的比較研究中，推論出中西方對美學的原理原則，有助於美學觀的建立與發展。研究過程中，擴大視域融合以擴大專業見解，破除偏見及偏狹的民族主義觀念，讓學術更具客觀化。〔註73〕對相同命題有不同方面或同一性質事的不同種類，透過比較研究，而找出其中的共同點或差異點，來深入認識體相用的一種方法。因此比較研究法之基本原理，在於對相同與差異的認識。當相同的目的在於以類似情況，做當前研究現象之比附援引，以做同因必同果式的解釋或預測；當差異時常爲證明不同因、不同果，故不能將當前研究的對象與其他對照現象混合比附。故比較研究法概分爲四項：

　　（一）敘述（description）。從蒐集資料入手，對欲研究的議題、事項等予以說明其中內容。從具備有系統的陳述研對象的資訊，才能對其有正確客觀的了解，故爲了詳細敘述，必須對資料廣泛而完整的蒐集，並於事前確立研究的計畫大綱，以便能正確引導資料的蒐集行爲。如對中西思想主題予以規範及陳述，並蒐集相關的文獻，是比較法的先決條件，不得有偏見、誤差的資料，否則將造成格義上的誤導。

　　（二）解釋（interpretation）。即從各種不同的觀點分析其中內容、意義或影響。採用質性與量性研究的方法作有條理、有系統、且客觀的分析對比，以找尋事件的相對原因，以增進研究者對事件的形成與事件的過程加以了

〔註73〕參考林清江編：《比較教育》（台北：五南圖書，1983年8月），頁819。

解，在實際的運用上，可作爲理論或制度革新的依據，是理論與實際並重的研究方法。

（三）並列（juxtaposititon）。是針對問題有目的的考察、比較、整理與歸納，以作爲問題及政策的參考依據，爲避免錯誤的比較，須依據共同的事實及問題，以同一觀點分析和判斷，並列出的主要的目的，即是根據適當的標準，找出可供比較研究和設準。

（四）致出結論（the final submission）。當研究進一步將敘述、解釋、並列後，將此命題的不同說法，進行項目對照研判，了解其中西方的異同，並做出最後做出研究結論。

以上比較研究方，是爲了將中國傳統與西方傳統做出一進程的脈絡說明，這兩種文化是指人類由原始推進文明所作的努力，表現在文學、歷史、哲學、法律、政治等方面，而不同的社會其文化內涵與特質自然也不同，所以在觀察中西兩種文化的行爲型態及價值觀念，必須就該文化的背景分析，才能了解問題的眞象，繼而從事比較研究。故在詩學美學與療癒的研究上，可以人之長補己之短，從道學、心理與療癒等觀察相互比較之中，常可從別處領悟，發現傳統中國每每具足一切的學問，然而可以在比較研究中發現新學術之路，並作爲改進的依據。

比較研究後之結果，僅具參考價值，並非是絕對的預指標，並無普遍適用的性質，除要了解本國教育可能存在的癥結與可能解決的途徑外，必須要與其他研究結果相互參證，並注意時間、地點及所處情況的異同，才能顯示眞正的意義，且非提供我們決定性、永久性的答案，此才是重要與正確的運用方法。〔註74〕

二、心理學分析方法

人們受限與環境與身體的束縛，都渴望身心靈達到完整，然而心理學家早就這爲如此，只是人們未必感受到完整的自我。心理的治療或療癒可以協助人們在生活壓待中妥善處理情緒，心理學家某一方面，是幫助大家具有統合感覺與經驗，並喚醒大家接受完整的自己。本文對於心理治療的運用，基本上與道家的詩性療癒相媒合，即道家在體相用的發明上，可與某些治療方法相對話，也是本文所採用的方法。

〔註74〕參考楊國賜著：《比較教育方法論》（台北，正中書局，1975 年 1 月），頁 27。

（一）傳統心理分析

心理治療對精神分析來說，源於意識的自我受限產生了神經病症，故從弗洛伊德即依此方向，開始了心理分析學派的心理治療典範。其之後的心理學家雖然每個精神分析學者的內容相異甚大，然而他們有一種共通的思考方式。他們認為人是一種充滿能量的動力系統，一但能量被引發，就需要使用種種行為加以發洩。弗洛伊德認為人的基本能量是生之本能，也就是性驅力，因而把人類種種行為皆解釋成性驅力的作用。〔註 75〕相對的。弗洛伊德的弟子阿德勒（Alfred Adler，1870～1937）則有不同的分析方式，其以生物學定向的本我轉向社會文化定向的自我，他認為人有基本的「自卑情結」，促使人發展「力爭上游」的基本驅力，據此產生各種生活風格。〔註 76〕榮格則依弗洛伊德的原理，趨向回歸的心理分析，如人格都有英雄之旅的三個階段：啟程、掙扎及回歸，以此說明人們如何從神經質的自我到健康的自我，最後回歸靈性的本我。〔註 77〕弗洛伊德所發展系列的心理治療，乃將人們從自卑恐懼等人格出發，透過轉化心理的力量，以抵達真我的本質。

（二）存在心理分析

存在心理學的出發點，乃是所有的存在面質上總是異在。其聯合意識和責任產生了統完整的人形象，其必須借助大量存在中的存在所看的內容才是明確的。存在心理治療對人性有許多假設，他們認為只要給人類一個完全安全的處境，人類便可以自動自主地產生對個體最有利的行為與思想。至於如何產生最安全的處境，他們主張要給予不帶評價的、溫暖的、關懷的、尊重的、非指導性的環境。存在心理學家認為關係（relationship）是一切的起源，人們都在自我與他者的關係上連結，人性的二重性造成世界的二重性，認為人類對意義的找尋並非是獨立於社會之外的一種完全孤立的活動，它是一種「我」與「你」之間進行的溝通及活動，故「存在」是發生於「我」與「你」之間，所以「存在」也包含了「相遇」、「關係」及「對話」等，故歐文·亞隆說：「人必須先和他人分開，才能面臨孤獨；人必須獨自經歷孤寂。不過，

〔註 75〕參考鍾友彬、張堅學、康成俊、叢中等著：《認識領悟療法》：（北京：人民衛生出版社，2012 年 2 月）。

〔註 76〕參考阿德勒著，吳書榆譯：《阿德勒心理學講義》（台北：經濟新潮社，2015 年 5 月）。

〔註 77〕參考大衛·里秋著，楊語芸譯：《回歸真我──心靈與靈性的整合指南》（台北：啟示出版社，2012 年 8 月）。

面對孤寂最終會使人深刻、有意義地與他人相遇。」〔註78〕因爲相隔讓我更認清了你，而你是相對的另一個我。布伯對關係云：「與精神實體相關聯的人生。此爲朦朧玄奧但昭彰明朗之關係；此爲無可言喻但創生語言之關係。在這裡，我們無從聆聽到你，但可聞聽遙遠的召喚，我們因此而回答、構建、思慮、行動。」人在其中生活，彼此發生關係，這種關是華人社會不可或缺的人倫運作，存在的意義就在這樣的關係中，人也因爲這樣的關係而有了生命的動源。故馬丁‧布伯（Martin Buber，1878～1965）云：「所有眞正的生活是「相遇」（All real living is meeting）認爲人的需要是實現與他人或他者發生「我—你」的關係，其中包括我與上帝、我與人、我與物境之間的相遇關係。〔註79〕而意義治療也是存在心理治療學的一脈，尋找意義是得到治療的根本核心也是法弗蘭克對人類所傾注的熱切期望，把全部生命投入到與其他者的「負責」，即我與人才能結合出生活世界的一切，唯有了知這人與一切的意義，才是對人類的整體觀照〔註80〕，故其內容上存在心理治療包括了存在心理、意義治療與哲學諮商與診治等方法。

（三）精神醫學分析

屬於精神醫學的直覺療法是一種整體醫學的運用，它不是教人用不生病，醫生會向癌證或其他絕症患者提醒，作者認爲，假如人們明白「病」這件事情，它可能是要教這個主人什麼的功課，或是在生病及治療過程中學到了什麼，比去研究病症會更重要。這樣的觀點，讓面對絕症的患者可以如釋重負，他不完全需要揹負病魔或死亡的恐懼，直覺療法以身體、情緒與生活三種面向來展開直覺療法的運用。

身體的直覺是全方位，它不僅尊重智能，還能召喚更深層的智慧以指引人，智能與直覺是朋友，它們可以合作愉快。堅信自己的信念，把此信念視爲直覺的指標，它可能是就病的先兆，也可以是避開就病的方法，預防疾比人想像的還要容易。當病人要面對醫生時，自己也要將這個行爲視爲神聖的療癒行程，因爲所有關於治療的關係，都是夥伴關係；療癒永遠是雙向道。你有權利針對自己的醫療表達意見，如有必要，甚至應該傾力爭取。

〔註78〕歐文‧亞隆：《存在心理治療》下冊，頁485。
〔註79〕以上布伯語句，參考布伯著，陳維剛譯：《我與你》（台北：桂冠圖書公司，2011年3月），頁5～6。
〔註80〕弗蘭克的「意義治療」亦可以歸類於「存在心理治療」的範疇中。

情緒的直覺一直與我們同在。過去所做不曾消失，如今影響也未曾走遠；想要躲開命運的人，常會在半路遇到命運。人們無所不用其極地想要趨吉避凶，強力地要用藉用各種外力想要召喚幸福，如今業力的粉塵用霧霾的方式襲捲世界，人是否能自覺，最致命的憎恨往往產生自最深層的渴望危機。「破碎的心，即是最完整的心」、「危機就是一種轉機」人如果能視最深沈的痛苦為療癒的機會，便能部除黑暗的詛咒。

生活的直覺，在現實上總是帶來太多的喜怒哀樂的刺激，為了逃離這些刺激所帶來的痛苦，精神會以失常的方式來回歸自然；所以當人性受到太多的激苦，大腦會也選擇用失常的方式來自我保護。老子說：「我自然」，故面對失常者，不要急著批判，因為失常其實也是一種正常。回歸自然代表著無論面對任何狀況，都能因此找得到內心的寧靜；保護代表可以直覺地抵抗負面及威脅的力量。看到生命的表相並不見得是實相，即使最痛苦的狀況，也包含光榮與靈性連接的可能。遇到黑暗時期，請份外的仁慈。關係是教導我們認識的無愛的大愛，從直覺的角度來看，每一種關係都在傳授無價的教訓，學習藝術乃避刷重蹈覆轍。直覺療法相信生命的賜予，無論你的經歷是辛苦的、還是喜悅的，目的都是要恐固靈性，在這個過程中一如求道的過程，人要保持專一、凝聚、全力以赴，這就是直覺的成就。〔註81〕

（四）正念分析

「正念療法」乃卡巴金博士於 1979 年為麻州大學醫學院開設減壓診所，所設計的「正念減壓」課程（Mindfulness-Based Stress Reduction，簡稱 MBSR），協助病人以正念禪修處理壓力、疼痛和疾病，從而獲得多方肯定。這個療法主要以中國的禪觀為主，對於人們在許多層面都很有幫助，他以靜觀禪修所面對心態，來面對身心的疾病，所以說是以禪法徜開到世界，從說關照到每個人的生活問題，這是一種修行與生活合一的療癒方法。這種療法，過去二、三十年間，為無數的人帶來通往平和喜悅，以及發現正念最可靠的方法。這與道家回歸式的思維相同，回歸自然就能化解人為的桎梏，舒緩世人僵固之病。其強調正念也讓人越來越清楚，原來自己的正念不只是對個人的身心健康非常重要，對整個地球的永續與文明發展也是同樣的需要，這種「整體觀」的觀點，這與道家整全的思想頗同，所以正念療法與道家詩歌療法，都是教

〔註81〕以上參考茱迪絲‧奧羅芙《直覺療癒》（台北：遠流出版社，2002 年 5 月）。

每一個人過著覺醒的生活，邀請人們細細品味生活的每一個當下，無疑地這正是現今人人最為需要的當務之急。〔註82〕

（五）閱讀療法分析

閱讀療法（Bibliotherapy）一詞源於希臘語，取自「圖書」和「治療」兩詞的意思合成，故也可以稱為「閱讀治療」或「讀書療法」。書目療法衍生自希臘文 biblion（圖書）與 therapeia（療癒）二詞（Cohen，1993），又稱為讀書治療或閱讀療法（Reading Therapy）、圖書治療法、文獻療法（Document Therapy）、資訊療法（Information Therapy）等。〔註83〕情緒困擾問題之讀者從事「療癒閱讀」（Healing Reading），以滿足其情緒療癒方面之心理需求，實為值得吾人思考的議題。閱讀治療，是主要是指心理問題患患者在少量或者沒有與心理治療師接觸的條件下，借助文字材料的暗示與進行的自行實施的方法，說這方法其實古人就已經在運用。「其假設是患者能夠從文字材料中，獲取與自己需要有關的資訊、經驗和解決問題的方法。」〔註84〕故這樣的治療是結合圖書和其它文獻資料，乃至之影音、網路等資訊的結合，藉以輔助醫治疾病，特別是情緒、情感方面的紊亂病症。學者對「閱讀療法」的發展說法，乃定位在是一種選擇性、參與性、引導性等範圍作為醫療用途的輔助作用。「閱讀療法可以分成兩種層次，一種是臨床性的，一種是教育性的。前者是協助有身心疾病的患者，做為醫療復的工具之一。後者則是預防性、輔導性的，幫助學校或感化機構的學子，對外界挑戰能有較好的因應，以促進心理健康，預防壓力導致的行為問題或精神疾病。」〔註85〕從古今中外的案例，亦可以得知，閱讀所帶出效果不知是醫療行為，而是生活的預防，透過閱讀可以讓產生自療的作用。

（六）表達性藝術治療（Expressive Art Therapy）

乃是一種自助（Self-help）治療的動力過程，它可以使用藝術、音樂、舞蹈、遊戲、戲劇、繪畫、書寫、詩歌等方式，讓人可以審視自我的人格，當人

〔註82〕參考喬·卡巴金著著，胡君梅譯：《正念療癒力》（台北：野人文化，2016 年 3 月），序頁。

〔註83〕參考陳書梅：〈閱讀與情緒療癒──淺談書目療法〉《全國新書資訊月刊》，台北：國立圖書館，2008 年 12 月。

〔註84〕湛佑祥、陳界、劉傳和、夏旭等編著：《閱讀療法理論與實踐》（北京：軍事醫學科學出版社，2011 年 11 月），頁 40。

〔註85〕黃龍杰：《心理治療詩篇》（台北：張老師文化，200 年 8 月），頁 124。

們常以藝術療法來進來生活，便能察覺自我一致的需要、目標、與價值。藝術法療使用媒介、意象及創造性過程，作爲當事人發展、能力、人格、興趣、關注與衝突之一種反映（rdflection）來源，可促進情緒與生理重新統整及個人成長的一種模式。〔註86〕本論文則兼採詩歌、書寫等方式來做爲省察方向。

　　以上諸療法的運用，將與道家詩歌的療癒展開對話，本論從道家的本懷，又輔以牟宗三的詮釋哲理與李白詩歌爲例，期待以不同視域的融合，來加強論文的理論，以建構自療與治療的理論及其研究。

三、超越反省法

　　本論文內在療癒精神的運用，在中國傳統理論上以唐君毅（1909～1978）之「超越反省法」爲論述之方法〔註87〕，是屬於哲學的療癒，筆者將之喻爲「中國式的精神療法」。

　　由於中國三教精神已深植人心，故筆在行文中時時體察唐先生所認爲，生命必須藉由心之本體的掌握，此心之本體只能透過超越的反省來確立，反省生命現象何以有病、痛、罪、惡、毀、艱、哀、虛、顚……等等現象〔註88〕，徹徹底底地將之翻至其後面、上面、前面，或下面加以省察，從這些現象中不斷的超越反省被體驗出來，終而回歸可以察覺那心之本體所發出的無爲作用，然後將人生負向現狀一一化除。筆者對於唐君毅的思想或問題的提出，引古今學者的論述作爲一積極呼應對治的方法，也旁徵博引依古今中西經典，反覆地申辯其一課題的文字，詮釋了他在哲學著述中思想，並以其「超越反省法」爲方法，將生命療癒的思維由本至末、由外到內，由前到後等超越反省的論述，期能靈活運用在他的思想的詮釋。

　　唐君毅的思維方式或哲學方法受黑格爾的影響，故以辯證法爲基本的哲學思維方法，然「超越反省法」中又含「辯證法」的運用，可帶出中國式的精神分析。唐君毅的「辯證法」又以超越反省的省察方式，能擺脫黑格爾的框限，故唐先生說：「必俟我們對原初之『正』作一超越之反省，而認識其後或其前之『反』，進

〔註86〕何長珠等著：《表達性藝術治療種——悲傷諮商之良藥》（台北：五南書局，2012 年 10 月），頁 1。

〔註87〕唐君毅：《哲學概論》上冊（台北：學生書局，2006 年 9 月》，頁 195。並參考李欣霖：《唐君毅生命療癒思想研究》（嘉義：南華大學，哲學與生命教育學系碩士論文，2012 年 6 月）。

〔註88〕參考唐君毅：《人生之體驗續篇》（台北：臺灣學生書局，2010 年），各章節名稱。

而再超越此『正』、『反』等，而後可能。」〔註89〕因爲在比較的辯證中，筆者特別注意的，從此一思想或思想系統之本身的超越，而從事於此思想與他思想或思想系統之或同質或異質的關係比較、類推或批判等等反省。故在邏輯的分析或推演的科學方法中，不能沒有超越的反省的作用，即在一切思想的引申推演，從超越一思想之本身，而另有所一思想的啓思，如對生命健康原貌肯認的詮釋，又從道德異化產生的生命病痛，又問人爲何會有病痛？而這樣的病痛不只在我，在與人事物之間必有牽連的影響，人事物也因爲我而病痛不止，哲人救本之道的再反省，於是在不斷超越反省下，扭轉異質又回歸生命的健康。故其中國儒道形上的掌握以此「超越」的意涵，主要要人在面對問題時更辯證、更仔細地對問題作出反思再反思，而可以的話，則進而「反思及其它之事」。這種遇見問題而不斷作出相應反思的回應態度，也是道家思考裏最基本的思考方法。

以上研究方法的運用，當人處在一種眞誠（authenticity）的模式，將可以察覺自己是生活世界的藝術創造及療癒的動源，如歐文·亞隆曾說：「人能眞誠地存在，在這種狀態中，人變得能完全自我覺察，覺察自己是超越的『自我』，而擁抱自己的可能性和極限。」〔註90〕一種對於承受命運的眞誠，可提升其生命的境界與價值。而這就是人生責任的體察，唯有建立在超越各種現實生活意義的「終極意義」，才能肯定人生的終極意義。弗蘭克則說：「人所要求的，並非如同某些存在主義哲學家所言，是去忍受生命的無意義；而是要忍受自身無能力以理性抓住生命的絕對意義。」〔註91〕這率眞的體現，在道家則呈現是對時空「沒有命限」之命運，理性超越了虛無，而達到絕對的意義。正如老子說：「大成若缺，其用不弊。大盈若沖，其用不窮。」（〈四十五章〉）最高的完美看起來好像不完美，但不管人怎麼用都無損於祂；最大的豐富看來像是貧乏的，但不管人怎麼用都用不完。體現道的人生乃是一條自然的坦途，生活的一切都已被超越，道家能在醒豁中見到一生都充滿了率眞的意義，已經從人生的「流浪者」成就爲一名生命的「悉達多」〔註92〕，

〔註89〕唐君毅：《哲學概論》上冊（台北：臺灣學生書局，2006年9月），頁193。
〔註90〕歐文·亞隆：《存在心理治療》下冊，頁63。
〔註91〕弗蘭克著，趙可式、沈錦惠譯：《活出意義──從集中營說到存在主義》，頁145。
〔註92〕赫賽（Hermann Hesse，1877～1962），德國詩人、小説家。1946年獲得諾貝爾文學獎。著有《流浪者之歌》（Siddhartha）一書聞名中西，其「流浪者」一詞，內容是在敘述悉達多如何成爲一名達成意義的人。「悉達多」一詞在《大藏經、西域記七》釋曰：「唐言一切義成。舊曰悉達多」。就此而言，老子、莊、李白、牟子等人，都可以是達到某種意義的人。

一位達成為意義的行者。道是整體性的，人只能透過整全而自然的觀照，生活一切都是置此身重於天地宇宙，故事情總是豐厚而新鮮，每一樣東西都像是未知的，如此人才能變得變得更有驚奇的能力，其生命是在正在進行的過程，他們一生都充滿了驚喜，從人生「流浪者」成就為一名達至意義的人，進入「道」的境界中。

第四節　研究進程與範疇

　　本論文以道家思想為主軸，又依當代當新道家所建構的體相用範疇為論據，隨時扣緊其療癒面向，以及其與現代心理治療的交涉等，來進行論文的撰述，以道的回歸，讓人可以觀察及不可觀察的「無」，其所發出的「無為」作用，然後提出其對人生負向現狀的化除的理論。茲將進程分析如下。

一、美學、詩學做療癒基源的研究

　　探論「美學」（Aesthetics）並須建基於主體，反觀主體才能有審美的自我，沒有審美主體就沒有美可言，故從自我中展開美的認識，故美學的定義是「研究美之性質及其法則也，亦稱審美學。發源甚古，希臘時即已有之。至十八世紀時，經德國哲學家包姆加敦（Baumgarten）之提倡，始成獨立學科。」〔註93〕美學是跨科際的學問，從哲學立場考慮，研究藝術作品或藝術創作的意義，可名為藝術哲學。專從心理學考慮，研究藝術創作和欣賞時的心理作用，可名為美學心理學。專從藝術作品監賞的角度來考慮，這算是應用美學。專從物理學角度來考慮，研究音律、節奏、和聲及各種音場的物理結構這是物理美學或稱為音樂學。完整的美學，包含著哲學、心理學及藝術鑑賞在內，由於人能力的局限，難得對這三方面都有深入研究。本小節中美學是以藝術鑑賞的角度來看詩歌之美，以及詩的教化與療癒功能。

　　美學的鑑賞不是從概念推導出來的，也不是從統計數字表現出來的，康德（1724～1804，Immanuel Kant）認為，美學要具有一種雙重的標準，並且是邏輯的特性，如云：「一方面有先天的普遍有效性，但是不是依據概的邏輯普遍性，而一個單一判斷的普遍性；另一方面有一種基於先天根據的必然性，但卻不依賴於任何先天的論證根據。」〔註94〕所以美是屬於愉悅的、主

〔註93〕熊鈍主編：《辭海》中冊（台北：臺灣中華書局，1980 年 3 月），頁 3523。
〔註94〕康德：《判斷力之批判》（台北：聯經出版社 2013 年 12 月），頁 132。

觀的，且是帶著每個人都同意這樣的要求來規定自己的對象之美，而主觀的判斷力就包含著一種「歸攝原則」〔註95〕，不是把直觀歸攝到概念能力（知性）之下，而是把直觀或表現的能力，歸攝到概念能力之下。如一個詩人不能因聽眾的判斷，就相信他的詩是美的，他必須堅持自己完基於理性之上，所做出的鑑賞判斷，所以美學是需要在文化進展中不斷保持榜樣，而不為世俗的論斷所染沒。

從美的分析上，由於判斷力總是涉及知性的經驗對象，所以也可以用康德的知識論中知性的四項範疇—質、量、關係、樣態等來考察審美判斷力，並進行美的分析。由此，康德提出了美的分析或趣味判斷的四個契機：

第一個契機：「鑑賞判斷按照質來看的契機」。即從質上來看，鑑賞（審美）是憑藉完全無利害觀念的快感和不快感對某一對象或其表現方法的一種判斷力。簡單來說，就是審美判斷的快感就是一種無關乎利害關係的快感。

第二個契機：「鑑賞判斷按照量來看的契機」。即從量上來看，美是那不憑藉概念而普遍令人愉快的。所以，美感是對對象的形式的一種純粹直觀（而非經驗歸納），主體由此直觀進行判斷而獲得美感，但美感的獲得是具有普遍性的。簡單的說，美感不是由概念的推論而獲得，但對不同的主體而言卻具有普遍性。

第三個契機，「鑑賞判斷按照觀察的目的來看的契機」。即從關係上來看，美是一對象的合目的性的形式。這裡所指的『合目的性』並不是主體的『合目的性』，而是對象（客體）的合目的性。在這裡康德將『數大便是美』的鑑賞力原則拋棄掉，而裝上『合乎人性的理想美』原則。

第四個契機，「鑑賞判斷按照愉悅模態來看的契機」即從樣態上來看，美是不依賴概念而被當作一種必然的愉快對象。所以，美的感受應該有一種共通感作為憑藉。〔註96〕

以上綜結可知康德美學的概念，美學是屬於審美的，是無概念而愉悅的，是基於先天的，是理想的、是美善的，是一個共通感的理念。當人仰望夜空時，當為那廣大無垠的空感到震攝，康德認為人反觀內心時，也當如觀望天空而充滿無限的敬畏，這無限的敬畏就是我們道德本質的「真實的無限」，如康德說：「我在這個世界裡認識到自己有著普世而必要的連結，因此我也與所

〔註95〕康德：《判斷力之批判》（台北：聯經出版社 2013 年 12 月），頁 140。
〔註96〕以上參考康德：《判斷力之批判》（台北：聯經出版社 2013 年 12 月），頁 37～80。

有可見的世界產生連結。」〔註97〕這樣連結的共感可以直觀心靈，專注在其中，人可以被引導、被形塑、被安頓，這種掌握可以解決人的空虛與荒蕪與焦慮。故此為康德體證審美的主體從而開發療癒作用。

「詩學」探論方面，在所有的文學樣式中是一種主觀情感的樣式，就是詩。駕馭這種樣式的審美主體，所用的表現、作用和特點，就是屬於天才般的詩人，所以康德認為「美的藝術是天才的藝術」〔註98〕想要了解這樣天才的藝術，其就是一種詩的學問，這學問是讓對於美的追求與詩人的藝術表達，成為人類嚮往的美學樣式。李元洛說：「古今中外優秀詩人的作品來啟示我們，詩美是審美客體的生活美與審美主體的心靈美，綜合的藝術表現。感受、提升和表現生活的美，作為詩人這一審美主體的審美心理素質有決定性的作用。」〔註99〕詩人的藝術感受度，常常表現為直覺的形態，是心靈對宇宙萬物最直托最迅速的感受，也就是對客觀事物立即作出形象的感受、定形與判斷，這種美感是作為一個審美主體萬物所必具的美學，它是一種敘事、隱喻、直覺的療法，而這樣療法，可以為「美學」也可以稱為「詩學」。

詩學（poietike）一詞源於亞里斯多德（384～322BC）的《詩學》，一切文藝理論都包括在詩學的範疇之中，並列舉史詩、悲劇、喜劇、酒神頌和雙管簫樂和豎琴樂等各項文藝理論，都是屬於詩學的範疇，故而為廣義的詩學。故亞理斯多德的美學著作就是《詩學》，是討論前希臘時期重要的知識『史詩』與希臘時期重要的藝術活動『戲劇』的理論書籍。亞理斯多德美學以萬象中的藝術象論之，只有藝術象的本質乃為可論，這藝術象的本質就是美的本質，美的本質並不能離開萬象的「美的自身」或「美的理念」。

從美的主體而言，亞氏提出「快感論」，並認為感覺愉快並不違反當時希臘人們對德行的要求，特別是因視覺與聽覺而得到的愉快感，是與節制的德目相適應相融的，透過聽覺與視覺而得到的愉快感不應被視為放蕩，反而應被視為德行的一環，而德行又存在於理性與慾望的和諧統一中。故學者吳璟說：「在《詩學》中，亞理斯多德對美的整一性解釋，是就每一件美的事物來說，無論它是一種有生命的，還是一個由部分構成的整體，其組成部分不僅要排列有序，而且必須具備量度。因為美是由量度和有序的安排組織成的。

〔註97〕參考史考特・薩繆森（Scott Samuelson）：《在生命最深處遇見哲學》（台北：商周出版社，2006年2月），頁252。

〔註98〕康德：《判斷力之批判》（台北：聯經出版社2013年12月），頁16。

〔註99〕李元洛：《詩美學》（台北：東大圖書，2009年1月），頁7。

由此，一個非常小的生物不能算是美的，因為我們對它的感覺是瞬間及逝的，因此必模糊不清；一個非常大的有生物也不能當作是美的，因為我們不能同時看到他的全部，其完整一體性便不會進入視野範圍。」〔註100〕亞理斯多德認為美的事物是存在於美的客體，而審美活動則存在於美的主體是人，美的客體要透過美的主體所擁有感官中介滲入主體的靈魂或內心深處，才可能完成審美活動，進而才有所謂『美』這個議題。正如尼采說：「所謂美好的風格本身這個字是沒有意義的，只是一種理想主義，就像美的本身或善的本身一樣。這種說法是個世界上有能聽的耳力，有能夠產生和值得產生相似動情力的人們。」〔註101〕這即是因為人類的審美活動是人類所獨特存在的，尤其是因聽覺與視覺而達成的審美活動，確是人類所獨具的美感，故如音樂藝術與造形藝術等，所帶給人類的快樂是人類德行的一環，不同其他動物雖難也有視覺器官與聽覺器官，但藝術品顯然沒有為這些動物帶來快樂，只有人陽能產生相似的動情力，是一種屬善的動力，只有人類專屬的療癒力，人類的審美乃有通向療癒可言。

亞里斯多德也強調悲劇的美感，蓋悲劇是對於一個嚴肅、完整、有一定長度的行動的模仿。它的用詞應該是「美化的講話」，即是有節奏、韻律、和旋律的講話，也就是詩歌的。而每一要素該隔開獨立運用，有一部分只用講話，而另一部分只用歌曲。而這些行動的模仿，必需是用演戲而不是用講述，其戲劇乃製造出悲憫和恐懼，從而能淨化人們的感情。

最典型的就體現在希臘悲劇裏面，其體具有了神性，因為個體在希臘悲劇裏往往遭受到了毀滅或犧牲，但是通過個體的毀滅或犧牲而後上升為神。故尼采《悲劇的誕生》談到：「希臘悲劇是阿波精神和戴奧尼修斯精神的結合，所以它是美與力的綜合，阿波羅的夢幻世界與戴奧尼修斯的醉狂世界如今達到最高的合一，使它既有夢幻式的美，又有醉狂式的力，於是希臘悲劇便產生了一種化腐朽為神奇的力量。」〔註102〕個體在肉體上遭受到了毀滅，但是在精神上它樹立起來了，古希臘悲劇通過個體肉體上的毀滅，表現了個體精神上的崇高，乃是希臘悲劇精神的結構，希臘人就是藉著這種悲劇的淨化力量，美化世界、美化人生，從而自悲觀主義裡面跳出來，重新肯定生命的價值和意義。

〔註100〕吳璟：《西方美學史》（上海：上海人民出版社，2002年），頁73。
〔註101〕尼采著，劉崎譯：《瞧！這個人》（台北：志文出版，2014年4月），頁92。
〔註102〕尼采著，劉崎譯：《悲劇的誕生》（台北：志文出版社，2014年3月），序頁3。

　　亞理斯多德的「美學」是融入詩學的內涵之中，故「詩學」也是屬於「美學」的一支。亞氏的美學是一種學習自然，人類在大自然中是脆弱而易毀滅的，在這樣的體悟裡所產生的心理素質，人必須以情感才能擬真，進而看見人類的真善，如此才能超越這樣的素質。我們無法知道上帝是否存在；我們無法知道靈魂是否不朽，但人類在實踐中相信自己是自由而真實的，詩與人的生命息息相關，創作者的心理與評論者的審美觀，看見人類存在的必要性。故詩是一種關於審美的活動，後世學者沿用其理論作為文學審美的評論。然而在西方「詩學」的概念，實與中國詩學有其不同之處。如毛正夫指出：「亞里斯多德開始，便確立『現實模仿』的藝術本源說」〔註103〕故西方對於任何藝術的創作，都是根據一個理型來加以複製，以自然的形狀為模仿，然後創作者再予以重新呈現。中國的詩學乃指：「中國人關於詩歌的學問，也就是古人對於詩歌的理論看法、見解，包括各種命題、範疇和術語、概念。」這詩學是自然的、生活的，即體即用的。

　　中國傳統對於生活美的觀念，是本然而且健康的狀態，如儒道兩家思想，從仁、性善、自然、純樸等……等觀念的建立，可以了解生命本質實存的原貌。然而在未病的過程，人一時的起心動念，就會讓人有了道德的異化，而產生病疾的狀態。然而道乃是美善的，生命也是美善的，人只要按照美善的方法趨向道，各種病難也會一一化解。不同於的西方「治療」的觀念，中國傳統乃言「療癒」之道，其是重在於心的化解與順撫。道家講求病命兩化，即病命兩者互為協調，因命而慰藉於病，因病而安適於命，透過療癒的心靈，生命得以提升情境而終能明善復初。道家的療癒觀亦屬於中國傳統的療法，是一種根據根源的療癒，消除病命的對立、追源溯本的療法。道家在傳統治療方法之上，更加入了親證的實踐與指引，讓人人都能從心去探尋本源，以心的力量將命與病融合起來，用心去整合出一套可以自療與治療的觀點，乃至他療的方式，甚也為人類文化提供治療之道。

二、詩歌與療癒的研究

　　詩的發展上也是相當的早，可以說在沒有文字以前，人們就開始在唱歌謠，以最簡單的語彙，表達最深刻的情感是為歌。文字記錄下的歌謠就是詩

〔註103〕毛正夫：《中國古代詩學本體論闡釋》（台北：五南圖書公司，1997年4月），頁6。

歌。當人快樂時，或悲傷時，常常本能地將自己的心情發洩出來，以詩歌的方式去告訴別人或自言自語地說出來。後來詩歌的發展，有重疊、迴環之疊詠成了詩歌的特質，進一步發展，字數的整齊、韻腳的協調、情境的審美的言語等，都可以發展成為詩歌。詩歌治療，乃是以描述及文字形式作為治療的輔具，並催化個人成長的做法，然而只要是透過詩歌的形式，被運用為心理治療的工具或媒介，從而達到治療的目的，都可被稱為「詩歌治療」，這也可以說總括在詩學的療癒中，道家的語言是屬於詩性的，所以本節嘗試介紹詩歌治療的方法帶入道家療癒觀。

希臘神話中宙斯和黑暗女神勒托的兒子──阿波羅（Apollo），是光明之神、藝術之神、眞理之神、預言之神、醫藥之神、預言之神、射箭之神的集合。阿波羅的典型形象是右手拿七弦的里拉琴，左手拿象徵太陽的金球，他是音樂家、詩人和射手的保護神；他是光明之神，從不說謊，光明磊落，在其身上找不到黑暗，也稱眞理之神；他把醫術傳給人類，也是醫藥之神。他精通箭術，百發百中，從不失手；他同時掌管音樂、醫藥、藝術、預言，是希臘神話中最多才多藝、最俊美的神祇，也象徵男性之美。尼采（Friedrich Wilhelm Nietzsche，1844～1900）說：「阿波羅是所有造形力量之神，也是預言之神。在語源上說，他是一光輝的神，是光之神，他支配我們內在幻想世界的美麗幻象。」〔註 104〕故以阿波羅為緣起的範式，是西方發展出以詩歌做為一種療法的開始。

中國詩歌的表達，有時話甚至覺得歌唱不足表達，便會加上雀躍歡呼的叫聲，或長吁短嘆的哭聲。將同樣歌詞，一遍又一遍地唱唱出來，也會讓人心有所感，此時還可以一唱三嘆，手舞足蹈，直到盡興為止。當人人被這歌聲所吸引，也會跟唱和起來，於是互相傳吞，便成為當時流行的歌謠。這樣的歌謠在節日或重大日子時，大家團聚在一起祈天酬神，唱歌的次數增多，歌詞的內容與種類也就跟著增多。如《呂氏春秋‧古樂》記載：「昔葛天氏之樂，三人執牛尾投足以歌八闋。」這種情景的傳述，使得歌謠越唱越多，各種傳達喜怒哀樂心情的歌都發展出來了，在這沒有文字記錄的時代，卻也留存在古人的記憶。所定型的歌，經過後人修飾後，流傳了下來，故歌謠乃是集體智慧的創作，一值到有了文字將這些歌謠記錄下來就成了詩歌。由於古代詩歌、音樂、舞蹈三者為一體，又具有綜合形式的意義內涵，發展到後來

<hr>

〔註104〕尼采著，劉崎譯：《悲劇的誕生》（台北：志文出版社，2014 年 3 月），頁 29。

政治、社會、生活的須要，儒者重視到詩歌的教化，形成儒家的禮樂在對詩的詮解中，並闡發詩對於教化、調和與治療的作用。

　　從詩歌治療的發展歷史上看，廿十世紀初期心理學家弗洛伊德（Sigmund Freud），對夢的解析是第一套將心理學和視覺形象結合的理論。其後弟子，心理分析學家榮格（Carl Jung）由於個人對創作藝術的研究，他提出藉著詩歌藝術等創作，可利用象徵符號（symbol）和原型（archetype）將壓抑的潛意識（unconsciousness）視覺化的提升至意識層面上來，如此有助於維持個人精神和心理的健康。正如布魯斯所言：「藝術表達讓人覺察，改變和行動則導致表達，表達又進一步深化覺察。焦慮、表達和覺察之間存在一個循環和相對的關係」〔註105〕由於弗洛伊德與榮格兩人開發出對於夢中形象和視覺藝術的理論，慢慢吸引了心理醫療對利用藝術、詩歌來治療精神疾病的研究。

　　詩歌治療（Poetry Therapy）又從藝術治療中獨立出來，是強調詩歌的獨性作用，與患者所需要的心理情志，所產生的一種屬於藝術、閱讀、表達性等心理治療。詩歌治療法是向患者提供一些有不同情感色彩的詩歌，讓病人獨自閱讀、創作或在治療者的指導下集體誦讀，通過認同、淨化、娛樂和領悟等作用，消除患者的不良情緒或心理障礙，是一種提高心身健康質量的心理治療方法，當人能誦讀詩歌能改善心理和情緒狀態，從而能夠起到治療心身疾病的作用。

　　「詩歌治療」這門學問的理論基礎主要是來自哲學、精神醫學、心理學、社會學、藝術美學……等，屬於二次大戰後新興的而且仍在發展中的一門「跨科際」學問。目標在於培養治療人才，以輔助心理醫師或精神科醫師了解病患乃至治療時的若干不足。但對於某些較輕微或慢性的精神心理困擾則可獨立作業，例如透過各種藝術技巧的表現，治療師和受測者產生互動、對話及解析等，以促進後者走向正常，抑或針對正常人，協助其自我了解深層心理狀況，乃至發現、挖掘、增強其潛在的創造力。

　　人類偉大的成就能運用詩的語言，成為生活的意境，而生活成為詩的解釋。古人所有的文學樣式，都可以看作是理解人類行為的主要來源，故一個人的認知和意識的理解，是由影響他的成長和發展的語言、符號、隱喻和明喻構成的。何長珠說：「人類想要找到賦予自我價值之準則，方法其實不只是

〔註105〕布魯斯‧穆恩（Bruce L. Moon）著，丁凡譯：《以畫為鏡——存在藝術治療》（台北：張老師文化，2012年8月），頁46。

經由理性結構，而是要允許混亂、多樣性與不安全的現形；也就是說，在創作過程中的當事人，要進步前一定會先退化，就像疤要撕去前一般，須先宣洩負能量、恢復正能量，然後以能更新。」〔註106〕這也是詩歌治療的作用，當心理師將詩歌用於治療和諮詢的實踐，並認為詩歌在治療過程中是一種工具而不是一種說教，從而樹立了療癒的方法。當詩透醫者、詩人或哲人被重新的體察時，可以成為一種讓讀者共感的認同，詩提醒了人們重新認識自己，重塑新的世界，詩是用真情生命寫出，而道家也是用本真來抒發詩性，他們寫出人們所想的，讓人真正活著並改造對世間的定義，故「詩歌治療」是人類生活的自然模式，就此面向亦可將之稱為「詩學療癒」。

詩歌是美感的存在，故有關詩歌的理論與學問，都是屬於「詩學」；然既是美感的範疇則也是屬於「美學」的內涵，而美學又是「哲學」的分支，故詩學、美學與哲學可謂是分而不分的學問。如陳良運說：「詩學，無論中外都是哲學的一個分支，也是美學的一種特殊形態。它一方面與歷傳詩人的創作實踐有密切聯繫，是詩人們創作經驗的總結、歸納和昇華；另一方面，它又與哲學氣脈相通，受著每個時代哲理思潮的鼓舞或制約。」〔註107〕故詩學可理解為美學概念下的一支，乃是屬於語言文字方面的美學運用，亦可知詩學亦是美學的一種，同時也是哲學的一種。所以筆者在本論中講到詩歌、詩學、美學等名詞，皆將之概括為同一語意的詞彙。而本節嘗試從美學、詩學、中國詩學、道家詩學等分類關係中找到一匯通的管道，並為道家詩學作一理論的建構。

三、道家與詩學的研究

西方詩學是以荷馬史詩或希臘抒情詩為基礎，所發展出屬於美的、文藝的理論，這與中國古代詩學思想不同。中國文人並不把對客觀事物的如實模仿當作詩的本體，更不把模仿的技巧當成本體論，詩歌的語言哲理隱喻，互為辯證，可作多種解釋，為讀者想像推斷留下許多空間。西方「詩學」一詞，與中國古代詩學實有不同之處，正如毛正夫指出：「亞里斯多德開始，便確立『現實模仿』的藝術本源說」〔註108〕，故任何藝術創作，都是根據一個理型

〔註106〕何長珠等著：《表達性藝術治療 14 講——悲傷諮詢的良藥》（台北：五南圖書，2012 年 10 月），頁 25。

〔註107〕陳良運：《中國詩學體系論》（北京：中國社會科學出版社，1992 年 7 月），頁 14。

〔註108〕毛正夫：《中國古代詩學本體論闡釋》（台北：五南圖書公司，1997 年 4 月），頁 6。

來加以複製模仿，然後重新呈現。然說西國古代詩學並不把對客觀事物的如實模仿當作詩的本體，更不把模仿的技巧當成本體論，而是始終當成一種高層次的精神活動，一深層的心理展現。這形成了東西詩學不同的特質，本文乃探討廣義的詩學，

又古人認為「詩無定詁」，這與中國古語的異義、多義、雙關等現象，提供解釋之不確定性有關，故詩無定質乃說明詩不容易定義，也不可定義，歷來就有各式個樣的說法，故用「詩學」的概念，來探討詩，就以詩爲性生活在日常中，詩則是俯拾即是，用心幅意，就能發現生活中存在許多詩意，故詩關係著個人主觀性出發，詩是言己之志，故毛正夫說：「中國古人對詩歌本質的最早命題，也就抓住了詩歌最根本的東西，即詩之本質在於人心，詩是人心的表現與外化。」〔註109〕詩是始終當成一種高層次的精神活動，一深層的心理展現。這形成了東西詩學不同的特質，本文乃探討廣義的詩學。

孔子刪定《詩》後，並認爲詩教者乃在於陶冶性情，改變化氣質，如曰：「入其國，其教可知也，其爲人也，溫柔敦厚，詩教也。」孔穎達疏：「以詩經中作品雖諷刺王室，但不甚尖刻，故教人以溫柔敦厚。」〔註110〕這可以從此古代詩學做出理論的奠定。即社會與生活永遠是詩文創作的泉源，詩人對於作爲心志與審美的一種藝術反映和表現，故詩是一審美主體對生活的精神觀照。中國古代詩並非獨立存在，而與樂舞合而爲一，詩與個體生命相融，是詠嘆生命的樂章，是發抒情志的語言，毛詩序云：「詩者，志之以所之也，在心爲志，發言爲詩。情動於中而形於言，言之不足，故嗟嘆之，嗟嘆之不足故詠歌之，詠歌之不足，不知手之舞之，足之蹈之。」〔註111〕可知詩樂舞的產生，乃是人心被物觸動之後而有所應感，所產生的言行表達，當主觀與客觀的心物相合時，形成一美妙的融攝，詩的創作者與讀者在詩所詮釋的時空中相互共心，與彼此鳴擊，這是詩的精神價值存在。以上可得論詩樂舞是一體的藝術，故本文論到詩歌、詩學、美學時是預設爲同一組概念，如此詩學美學與中國詩學美學既家道家詩學可以做一匯通。

〔註109〕毛正夫：《中國古代詩學本體論闡釋》（台北：五南圖書公司，1997年4月），頁15。
〔註110〕鄭玄注、孔穎達疏：《禮記》《十三經注疏》（台北：藝文印書館，2001年12月），頁3。
〔註111〕毛亨傳、鄭元箋、孔穎達疏：《詩經》《十三經注疏》（台北：藝文印書館，2001年12月），頁13。

　　道家的「道」它超出於存在之上而使萬物存在，在有無的變易中，轉化思想脈息要相通，雖然中西互釋的闡述方法不同，道家詩學經由這種古今溝通，乃因其思想有著某種共性，如真善美的共通、存在與此在的共通，這是東西方詩學可以互相分析的顯著特點，並從而肯認心的真實與自由，開出療癒的方向。如《老子》的體裁是詩，詩得要靠想像方式來表達，其常以比論、想像來表達經驗或概念，如云：「天地之間其猶橐籥，虛而不屈」、「谷神不死，是謂玄牝」（〈六章〉）、「治大國若烹小鮮」（〈六十章〉）老子在表達其包括形上抽象的概念及形下的經驗原則時，常借助自然現象，如飄風、驟雨、橐籥、谷神、音聲、顏色、嬰兒、芻狗等等，來傳達「反者道之動」、「道法自然」的信念。莊子則更是大量地使用幻化，以之想像之幻化，使萬物齊等，各適自喻，《莊子》一書是集體性想像幻化的產物。莊子的遊戲手法，以想像、化執、移情等方式故為人生意義的追尋，就是一種想像、一種虛構，一些幻化的審美手法，表達作者主觀境界的體現與詮釋，進而讓人起到一種虛靜、專一、化解等意義，可是屬於於「創造」的意義治療的方式之一，正如郭象所說：「游談乎方外」「不經而為百家之冠」〔註112〕這是品味道家需要有審美的創造力。

　　道家詩學亦由此而產生，對道家文本的閱讀，必須將文本置於歷史的語境中，也將文本置於當代的語境中，還要將文本置於西方的語境中觀照，包拓形上學、社會學、美學、詮釋學等分析，都要兼而用之。蓋詩必須具有藝術美感並能夠引起讀者的共鳴，並能自由地在思緒中任意奔馳，詩學的「意象」即是用具體的形象將抽象的事物表達出來，而這言與意之間，存在著詩人與讀者的相像世界。而道家詩學的展開，即在詩文理論中，納自己主觀情意於客觀的事物中，與客觀事物對話，誦其書、讀其詩，則人人能再與詩人對話，這筆者從中國詩學開發到道家詩學，發覺雋永無限，可以做為療癒理論的起步。

　　如道家「本體觀」與療癒，主要從老莊以自然觀道的觀點，來論述其對道的開展，並藉以打開療癒的視野，如以「無與無執」、「道法自然」、「慈儉有情」等的關懷。牟先生則以「無執的存有論」展開道家的本體視域，他認為：「道家的道與萬物的關係是屬於縱貫的，縱貫的不生之生、境界形態，再

〔註112〕郭象注，郭慶藩編，王孝魚整理：《莊子集釋》（台北：萬卷樓圖書，2007年7月），序頁1。

加上緯線工夫來理解，就成了縱貫橫講，即縱貫的關係用橫的式來表示。這橫並不是知識的、認知之橫的方式，而是寄託在工夫的緯線上的橫。」〔註113〕他的說法，以縱貫當指能對形上義有所掌握，橫講乃就實踐工夫來說，以工夫含有境界，此境界乃以世間有的化解來證成無的存在，故而成爲無執的存有論。以李白對「無執」、「自然」、「慈儉」的表達乃以道家「無執的存有論」爲基礎核心，展開自我爲主體的運用，將大自然內化與自我一體，開顯其主觀境界的形上思想。

道家「境界觀」與療癒觀，以道家「見獨」、「逍遙」、「虛靜」、「生死」等關懷，做爲其境界的開展，而這樣的觀點正與詩學的觀點相契。又以牟子「主觀境界」爲道相，對其從「主觀境界」來說明道家思想以形上自然爲境界的運用，把大自然內化與自我一體，開顯其療癒思想，乃爲翻上一層，從主觀境界上成一大詭辭以顯「當體具足」，消掉了其客觀性、實體性、實現性，而爲「靜觀則無」。又採李白的詩例，其任情率眞地無拘無束地抒發自己的才情，而超越禮教約束與循規蹈矩的世俗人情，是其內在因素的自我成長。他在不同的時空背景，經歷著不同的生活樣貌，注入對命運的體現，創造出自己的理想與使命，眞實的呈現意義的生命，以熱愛生命，更以獨立自主、有豐富價值的主觀經驗，來書寫人生面貌，因而提供了人們自我接納與值得被愛的感覺，加強對人生形上的體認，並以「孤獨」、「自由」、「虛靜」、「生死」等體察來說明其對人生的關懷與療癒。李白詩的「境界」體察來論述，其每每以「虛」爲主，以實達虛，即是用具體的形象來表達內在的眞實情感情，詩人任情率眞地無拘無束地抒發自己的才情，而超越禮教約束與循規蹈矩的世俗人情，是其內在因素的自我成長。在不同的時空背景，經歷著不同的生活樣貌，注入對命運的體現，創造出自己的理想與使命，眞實的呈現意義的生命，以熱愛生命，更以獨立自主、有豐富價值的主觀經驗，來書寫人生面貌，因而提供了人們自我接納與值得被愛的感覺，加強對人生形上的體認，以進行人生的療癒。

道家作用觀與療癒，乃從「不德」、「無用」、「遊戲」等開出關懷面向，道家的作用著重的是意象之抒情性，在思維指向方面與詩學是一致的，詩的生命性與隱喻化特徵，牟子提「作用的保存」更闡顯了道家的眞心聲，道家

〔註113〕牟宗三：《中國哲學十九講》（台北：臺灣學生書局，2002年8月），頁115～116。

的在世的關懷，乃以周文疲弊的時代省察，批評諸侯權貴、腐化的政治，看到人民文化的貧苦，道家選擇不做抗爭的行為，體察民眾的困苦，用詩性來表達心聲，以絕棄、不德、無用、遊戲執作用，來為達其在世存在的關懷，並寄寓世人回歸自然的療癒。而李白詩歌「作用」的例舉亦不勝枚舉，也可以看出他們如化解現實的糾葛，達到形上的超越。李白詩體在作用保存方面，體現生命與性靈舒寫為核心，李白詩對於中華文化共相「道」的體現為方向，依後人對此範疇的評述為研究，並在文獻分析與存在心理學的方法運用上，釋論李白的生命及對道的展現。

　　道家語言觀與療癒，以語言觀做為療癒視域的開展。如以「正言若反」、「得意忘言」、「寄言出意」等觀照面向，老子的作為可以「正言若返」的精神為代表；莊子以浪漫詩心為隱喻，以「得意忘言」為本宗，又每以「寄言出意」來表達他的內心世界的想法。以此做為一種閱讀介面，其風格上，如老子則是深邃與含蓄，莊子則比較顯豁而透脫，故全體朗現，體用綱維易化而為一。在表達方式上，是用描述的講法，隨「詭辭為用」化體用為一，以「非分別說」的方式，讓他從是非相對的立場，達到超是非、相忘、相泯的境界。「以卮言為曼衍，以重言為真，以寓言為廣」，此中是以「詭辭為用」的玄智，此種講法是謂「無理路之理路」「從混沌中見秩序」。牟子提出「詭辭為用」乃以非分別說、玄理型態、圓教論述等說法，展開道家的語言關懷。詩人李白以詩表達出人們生命的出路，用意志洞穿自己和世界被忘卻的陰影，擺脫不下的現實，成了潛意識下的吶喊，夢境告訴人要知而未知的真相，其詩歌中總是隱喻著人們已經清楚的事實，人們所期待的事物、或將要踐履的事件，自己要求將之統合在意志的理性中。李長之說：「就是杜甫、王維有時偶爾在詩篇中流露嚮往和憧憬。不過誰也沒有李白那樣當真，誰也沒有李白那樣實行，誰也沒有李白那樣發揮盡致。」〔註114〕道家之徒以疏朗的意象與典故，使其詩文直指本根，重表現的是道家自然審美觀，與時代的理想的張揚，道家有浪漫文化精神，言行飛逸、奇幻與獨特的思想，成為古今、時空的匯融，以為療癒的特效。

　　綜觀道家是以有為的造作，來理解周文的疲弊，並歸結這是人類文化與身心世界的病灶。故進而追溯有為造作在實存生命上的主體根據，一切外在

〔註114〕李長之：《道教徒的詩人李白及其痛苦》（天津：天津人民出版社，2013年9月），頁24。

的有爲造作，乃是由生命主體內在自身的主宰控制而來，這是成爲世間一切病難的起源，道家工夫乃是「無爲」的工夫，以「爲道日損」的修爲，將有爲復歸於無，此即常道，轉化人所執定的主宰性，回歸於與道同體的本眞，這就是「無」的功夫。本論結合道家與療癒觀、輔以當代新道家的理論、李白詩歌爲例等，又心理治療的對比，開出療癒的融合，能展開以道的另一種詮釋，即以道的體相用爲療癒的面向，做爲本文研究的論述。本論在中西方的心理交涉對談中，以道家爲本位爲主，從而說明道家對人民生命的關切之深意，並做爲道家、詩歌、心理等整體的療癒思維。

第五節　研究困難與突破

　　道家以其浪漫的詩性，掌握對自由的選擇，承擔生命意志，超脫人爲的僵化，尋求活力的揮灑，這是一種思想創建的開端，這樣的開端又是從藝術活動，是藝術歷史性的開端。他對人生的看法，是把握自我，勇於面對與超越，以創造與實現來發現意義，他尊重及關愛一切，並保持開放的心胸，去面對生命，這是一種存在態度，而以天才般的想像切入人生象限，爲人生獻策，探視生命的孤寂與空虛，實現自我的實存性；強調個人的獨特性及不可取代性，追求個人的自由、自覺與抉擇，是對人生意義的追尋，進而展現察覺的能力，達成生命的超越與實現。比較中西方的學術，雖然是一種科學的途經，但其中艱難也是可想而知。在本論文的學術艱難與突破方面，敘述如下：

一、「當代新道家」是否成立

　　中國傳統的人文理想，在於開顯人心價值與生命自覺的尊嚴，長期發展下來，可能因執著的負累而有滯陷僵化的危機。道家思想以老莊的哲理乃重在虛靜自然，正好是一副消解心靈困惑與生命悲苦的清涼劑，可以化解此一人文價值變質的可能性。然而道家經過了魏晉玄學的洗禮，以道家的自然，對抗儒家的人文，不在理想價值本身通過仁心肯定與生命擔當，而在儒學人文被政治現實所扭曲所利用，故走離道家思想以作用成全價值的生命進路，而反以道家自然對抗儒學人文，此一道家思想義理分位的偏離，亦存在著一分由歷史悲劇所拉引出來的知識分子的悲情。

　　道家思想在當代的療癒作用，顯然比儒家更讓人感受適切。不過假如當代的道家，一如魏晉只是消暑或只一時清涼，而缺乏生命主體之形而上的開發，在自在自得中，尋求創造價值的可能，那麼歷史將重演，致理想顯發不出正面的作用與意義。一直到今日，承受的時代衝擊，一者來自社會生活上量子與科技的獨霸，二者來自政治與媒體的對決破裂：凡此皆造成人心的迷離與生命的迫害。甚至學者董光璧認為：現代的物理學家、科學史家—湯川秀樹、李約瑟、卡普拉，乃稱得上是「當代新道家」。因為三人的新科學世界觀和新文化觀的哲學基礎，早已蘊含在道家思想中，三人自覺不自覺地塑造了當代新道家的形象。〔註115〕將科學家或物理學家歸類為「當代新道家」，只從形象上去做認定，實質上當事並不這麼認為，而其他學者也並不這麼認為，只能說是作者一廂情願的認知。

　　「新道家」一詞，在馮友蘭（1895～1990）的《中國哲學簡史》中提出，其對道家流派進行了階段劃分和重新命名。稱先秦道家楊朱為「道家第一階段」，老子為「道家第二階段」，莊子為「道家第三階段」。又說：「『新道家』是一個新名詞，指的是公元三、四世紀的『玄學』。『玄學』這個名稱表明它是道家的繼續。」〔註116〕然而這「新道家」名稱，指的是「魏晉玄學」的道家。學者陳榮灼說：「今天一般人都講儒家，對道家好像沒多大的心意來發展，有人講『新儒家』，卻罕言『新道家』，這是否意味著：如果『新儒家』成立，『新道家』就必須靠邊站？這是有待我們進一步去研究的。」〔註117〕陳先生說進一步去研究，是把問題拋出來，似乎嗅出當時的學術氛圍，但顯然沒有進一步的探究。

　　以上諸學者對「新道家」的提出都有其含義，張京華則將之分為兩類，如云：「其一，常規的歷史階段劃分，基本上是一個時間的概念；其二，認為

〔註115〕參考董光璧：〈當代新道家興起的時代背景〉《自然辯證法通訊》，第二期，1991年。《董光璧》（北京：華夏出版社，1996年）。董光璧雖然較早提出「當代新道家」這個詞彙，但認為道家思想的現代性和世界意義，是被一群科學家所建構出來的，故稱之為「當代新道家」。這種與生命價值沒有關連的定義，不但不是道家的本義，而且與道家自然虛靜的精神大相逕庭，只能說這是沒有什麼實質內涵的名詞。

〔註116〕馮友蘭著，余又光譯：《中國哲學簡史》（北京：北京大學出版社，1997年12月）。其中魏晉道家在第十九章為〈新道家：主理派〉；第二十章〈新道家：主情派〉此乃第一次在學術界出現「新道家」一詞。以新道家來代表魏晉玄學家，似亦沒有反對的說法。

〔註117〕陳榮灼：〈重建中國哲學途徑之探索〉《鵝湖月刊》137期，1986年11月，頁33。

在內容上又有所創新，有推陳出新、重建門戶之意。」〔註118〕這是以一方面以歷史演進爲分類，一方面以提出新的見解爲分類。以上學者雖分別提到「新道家」之一詞，但仍未明確的以「當代的新道家」爲標題的論述。

　　牟宗三的宗師氣象自然不是如此，從其著述中《心體與性體》《從陸象山到劉蕺山》、《才性與玄理》、《佛性與般若》、《中國哲學十九講》等，可窺探其對三教義理的圓熟。牟先生對道家哲理的論述，遍及其各項著作，然主要則集中於《才性與玄理》、《現象與物自身》、《中國哲學十九講》和《圓善論》〔註119〕等專著。同時他也可肯魏晉玄學對老莊的詮釋與創建，如後來的《圓善論》中乃高度肯定王弼、向秀和郭象對道家義理的貢獻，如「體無用有」、「跡本論」等，牟先生認爲他們雖不如老莊在言行上的圓熟，然而在會通孔老思想上能有所開發，亦是其貢獻；並且認爲魏晉玄學家的注老注莊，其說法都能回歸老子的精神而有所證成。故牟先生以承續道家源流慧命精神，在發明道家義理的圓教理論，可爲「當代新道家」的開宗典範。

　　一直到牟先生的後學——王邦雄先生才孤明先發地提出：「吾人當代講道家，就要積極的肯定現代化的價值，不管民主與科學，都當歸本於儒學的價值理論。問題在如何體現的作用上，道家思想可以空靈心知，疏通生命，順成立身當代的文化使命，這是我們呼應先秦原始道家，而自覺有異於魏晉新道家的『當代新道家』的生命進路。」〔註120〕他承繼牟先生的義理，解析老莊的形上智慧，發現道家思想的義理分位，正是作用保存儒學的義理，判定老子的實現原理，是「即用見體」，以虛用來成全實有；莊子援儒入道，墜是以道的「無」來成全儒的「有」，這符應道家形上性格的特質，也突顯道家思想的價值意義。又認爲道家思想要對當代生發其療癒作用，就是要扣緊這一

〔註118〕張京華：〈說新道家——兼評董光璧《當代新道家》〉《鵝湖月刊》304 期，2000年 10 月，頁 58。
〔註119〕以上牟宗三的著作，不斷有再版，本文依「臺灣學生書局」之版本，詳細出版年月，請參考本論文「參考文獻」。
〔註120〕王邦雄：〈道家思想的時代意義〉《鵝湖月刊》110 期，1984 年 8 月，頁 16。王邦雄與曾昭旭兩人，曾向梁漱溟、熊十力、錢穆、唐君毅、牟宗三、徐復觀等新儒家的學者學習，乃產生對中國文化及傳統文化的使命。又於 1975年，其與一群志同道合者創辦《鵝湖月刊》，起初主要在於師大國文系學風的反省，直至後來唐、牟的教學重心從香港轉至台灣，因此加深了當代新儒家與《鵝湖》的連結，王邦雄與曾昭旭兩先生皆不斷走入人間，面對廿一世紀的現代性世界，他們總能以常人的生活言語，說明道家微言妙義的作用，療癒了現代人的焦慮，其實也隱然地樹起了「當代新道家」的範式。

分位與性格來開出。〔註121〕可謂眞正將牟子的思想予以實踐的學者，而且也是有意識地以「當代新道家」思維來發揚光大的實踐者。

　　袁保新說：「『當代新儒家』作爲一種思潮、學說，在戰火頻仍現代化的口號震耳欲聾的時代中，居然一枝獨秀……只是令人不免好奇的，爲麼什與儒家一起照護中國人心靈的『道家』，在混亂的當代中國思想界，卻相形黯淡，既不足以與『新儒家』分庭抗禮，也無法重演魏晉玄學的盛況。爲什麼當代哲學中『新道家』缺席了？」〔註122〕袁保新以「創造性詮釋」的研究方法，作爲老子哲學在當代一個有效的詮釋系統，代表著方法論上的革新以及道家義理詮釋的疏通，並承托民國以來胡適、徐復觀、勞思光、方東美、唐君毅、牟宗三等人對《老子》之道的詮釋及反省工作，企圖提出「新道家」的界意。

　　林安梧論「存有三態論」〔註123〕則是從存有的本源、開頭與執定，更細緻地以本源就是超越一切的源起，以不可說來來是根源的彰顯，以主攝客走向分別的執定，將牟先生的體系更完整的分析，可以看出其想爲「新道家」提出新詮釋的用意。其新道家的概念也加入了「治療」的觀念，他認爲「道之保存放那裡呢？就在治療之間……如此一來，道家不一定是遁世的，他甚至可以是社會存有論，並展開我所謂『存有的治療』。」〔註124〕林安梧提出治療面向的觀點，爲本論重要參考，其對道家的新思維，隱然也可開出「新道家」的理路。察林安梧師與袁保新所謂的「新道家」當可指向「當代新道家」而言。

　　賴錫三有意識地以「當代新道家」爲目標，並創建以此爲主的論述。他進一步的以「道家式的存有論」作爲當代老子哲學詮釋的基礎，援引海德格、西田幾多郎等學者的理論，並在這個基礎上匯集成「當代新道家」的基本架構。他認爲：「『當代新道家』必須先基礎性打起，進入系統性，再全面性展開當代語境的新詮和當代課題的回應。如此有體有用，十字打開的有機發展，才有可能和當代新儒這些已發展成相當體系化的詮釋系統，再度產生不同或互補的對照效果。」〔註125〕其作道家式存有論的重建，又展開當代關懷的種種面向，

〔註121〕參考王邦雄：〈當代新道家的生命進路〉《道家思想經典文論》，頁8～19。
〔註122〕袁保新：《從海德格、老子、孟子到當代新儒學》（台北：臺灣學生書局，2008年10月），頁276。
〔註123〕參考林安梧：《儒學轉向:從新儒學到後新儒學的過渡》（台北：臺灣學生書局，2006年2月），頁189。
〔註124〕林安梧:《儒學轉向:從新儒學到後新儒學的過渡》，頁37。
〔註125〕賴錫三:《當代新道家——多音復調與視域融合》，序頁xiv。

如語言活化、根源倫理、權力批判、文化治療、美學拯治、宗教冥契……等，企圖將道的體用關係全方位的打開。他自認繼承了牟先生實踐形上學的優位性，並以海德格式的存有論來彌補牟子的不足。他也注意在牟宗三之後關於老莊之道的當代詮釋，那些發展具有典範再突破的啓蒙意義，並自創「後牟宗三時代」一詞。如其考察了袁保新、劉笑敢、傅偉勳、陳榮灼、楊儒賓諸位先生的觀點，朝向老莊之道的多元詮釋的可能：存有論、美學、神話學、冥契主義這四重道路。〔註126〕從而可以看出賴錫三標榜「當代新道家的」的企圖，並以爲《當代新道家──多音複調與視域融合》一書強調融貫互滲、再輻輳到自然、倫理的議題，又連結到隱喻、敘事這兩種語言面向，做老莊之道的當代詮釋之複調與融合的文本。可以說作者即以「當代新道家」自居，並且懷抱著殊殊情感與使命，要以「當代新道家」作爲另一種文明的救贖。〔註127〕

　　老莊的哲理重在虛靜自然，可以化解文明價值的變質。歷來關於《老子》《莊子》之詮釋及相關的研究著作相當豐富，在這個已然成型的學術傳統當中，道家思想幾乎已被層層詮釋包圍環繞，甚至產生「客觀實有」及「主觀境界」兩種針鋒相對的詮釋分化現象。道家思想的「創造性詮釋」，是否能在「後牟宗三時代」開顯出「當代新道家」的視域典範？筆者已嘗試從牟宗三先生、王邦雄、林安梧、袁保新、賴錫三等學者的方向，論述其可能的發展，筆者繼這些學者的心志，特別以「療癒視域」的面向，期能撐出一個融合古中西的意義脈絡，讓道家詩學與當代文明接榫，以老莊的智慧診斷，提供治療當代人類身心及文化病痛的處方。

二、牟宗三是否能代表「當代新道家」

　　「當代新道家」理論的建立，首推牟宗三先生。其本人雖以當代新儒家自居，其思想開創新的境界，其論述體大精深，亦成一家之言，斐然成爲當代中國思潮的寶庫，牟先生也成爲當代新儒家的一代宗師。他自己雖無意識要開創牟宗三，但其對道家的創造性詮釋，適足以開出牟宗三的範疇，故稱其開山祖師並不無過。正如林安梧所說：「道家與儒家不能夠切開，任何一個讀書人，基本就兼有道家、儒家的思想資源，只是有輕有重而已，這樣來理

〔註126〕參考賴錫三：《當代新道家──多音複調與視域融合》，序頁 xv。
〔註127〕賴錫三：「將道家的美學救贖放在當代性生活世界的公共批判脈絡來發揮……筆者在一篇以美學爲核心討論的論文，已首次點出道家所隱含（不同於儒家式的）另類關懷。」參見《當代新道家──多音複調與視域融合》，序頁 xvii。

解道，道家會豐富很多，而且道家太可貴了，如果從這個角度來講，與其說我是新儒家，毋寧說我是新道家。」〔註128〕這可說明，古來學者從未有只見專一家者，其生命內涵都是精通三教之傳，博覽九流之言，唯在人生面象上有其偏重的不同。故眞正成一家之言的學者，在學問上都可以稱得上是「豎窮三際、橫遍十方」。

車子是否能做爲「车宗三」的代表？是否爲「當代新道家」理論開創者？從後起的王邦雄、林安梧、袁保新、賴錫三等學者的角度來觀察，已是不言而喻。筆者將其思想做了大要的分類論述，以道的體、相、用爲範疇，分別將其「智的直覺」、「主觀境界」、「作用保存」、「詭辭爲用」等獨特的立論，做爲論文整體架構的應用，並期許可以成爲一種新的創見，並是對车子道家美學的理論建構。

從「道」的體現，车先生從西方哲學的觀點，轉而來成證成道家的思維，正如賴錫三所論：「车先生今日作形上學的重建工作，只能在境界形上學而不能是實有形上學的道路，本來是爲了提高儒家的地位，卻反而是站在道家的境界立場來批評儒家。」〔註129〕雖然依西方傳統哲學的說法，乃有其思辯進路而置定其形上實體，亦具有本體論的實體義、實有義和宇宙論的現實義，然而到车先生的轉化，其實境界形上學何嘗沒有包括實踐形上學？從詩性的視域來省察，正是因爲人所具備的詩性，讓人得運用智的直覺來掌握物自身，這或許可以說是车先生所創造的车宗三美學思維，並期待筆者的詮釋能夠圓融而完整。

道不是高調的唱和，不能劃界自清於人文生活，车子道家美學理論某部分爲後人所批判，筆者繼賴錫三的以海德格「存在歷史」的詮釋觀點爲出發，並結合西田幾多郎的「新康德主義」的路線，並依前面學者的論述，繼續解消车子的理論受限處，並詮釋出车子屬於開創性的論述，使道家是有本源意義的眞理，及道家詩學的本質成爲生活世界的彰顯，這也是道家詩學療癒所要建構的理想。期能與西方哲人採取經世的、客觀的態度可以融攝爲一體，適切地詮釋東西方的生命精神，開發出療癒道路。

〔註128〕林安梧：《儒學轉向:從新儒學到後新儒學的過渡》，頁 27。

〔註129〕由於「主觀境界」與「客觀實有」之說學者評論甚多，反駁车氏者也頗多，然而就詩學的意境而言，心就是依道而開向境，心道境三者而融合爲一，故其「主觀境界」之說反而能突顯道家與詩家心靈的共通之點。參考賴錫三：《當代新道家──多音複調與視域融合》，自序頁，頁 149。

三、道家療癒與心理治療對話上的困難

　　有關道家、療癒、詩學三方面，道家以生命旅程是一種圓教式、無爲的、自然的生活意義，故隨著自我成長與環境變化，生命隨時要能有所調適；認定人生乃是一種無執的基本態度本身，認爲人生一切人爲的造作都可起成爲一種束縛，只有回歸自然才是其不變的本質。對照療癒思想上，道乃是一種深刻的修養體認，是一種實踐的觀照，其建立在超越各種現實生活意義的「終極意義」上面，是修道的歷程。其肯定人生的藝術價值，是安之若命生命位階，這種超越的精神性或宗教性，是一種實際的體證，才能讓這詩性正義的使命，成爲最高而可貴的價值，此價值也是道家在世間的治療的用意。這是一種眞實的生活世界，能將生活藝術的融合，乃至以道乃做爲萬物之靈回歸適意、超越生死的境界，這都是筆者必須經歷有修養歷程，這樣的歷程不再只是學術探討而是道家眞正工夫的實踐。筆者只能做到學術研究，對其冥契其神秘的深層意境，是屬於體證式的境界而難以言喻，筆者不說自己知道，只能說自己喜歡去體會「道」的引導，必且嘗試詮釋出來，故亦爲一種艱難。

　　筆者論中引用了諸多療法如直覺療法、存在心理治療、意義治療、閱讀治療等但由於中西背景上的不同，難免有對比上的差距，這是對話與研究上的困難。又本論內文中其實還外延了諸多各式的心理療法，如領悟治療法、回歸療法、藝術療法等，要將這些療法理論對照於道家詩學療癒，也是學術上的艱難。蓋每一種心理的治療，都是人存在的一種實存的觀照，或心理的抒發，心理療癒因體現人的尊嚴與自由，並以實存的意義心理，點醒他人去了解人生是一種課題任務，每一單獨實存都應依據自己的生活、思想、教育、文化等等不同背景，去尋找適當的特定意義，以便完成個別不同的人生任務。再做爲療癒觀點上，中西的對話一向都可能「各說各話」，要將其合理闡釋也是一種艱難。筆者已完成本論，就在本論文完稿之際，或許也可以說是代表著某一程度的解決與突破。

四、李白詩歌療癒開創的困難

　　李白的詩歌做爲運用以及創造性的詮釋，對於李白詩體現生命與心靈書寫爲核心，並以後人對李白詩中，對於中華文化共相「道」的體現爲方向，依後人對此範疇的評述爲研究，並在文獻分析與存在心理學的方法運用上，釋論老莊與李白的生命及對道的展現，也可以做爲詩歌的療法運用，由於前人在這方

面的論述甚少，適否合理地詮釋出來，亦爲本文所要面對的第四項艱難。

若從「道」的體現，李白不斷在世界中挺立自我，他熱愛生命，瞭解自己的存在狀態，以詩表現他原始生命的力量，並從中發現意義，他以詩表達自我意識，清楚自我存在的結構與意義，並自由地選擇自己的存在方式，去面對生活世界的孤獨，體現其虛靜、孤獨、自由乃甚面對生死，也成爲作者一種視域的開拓，也是另一種研究的觸腳，而這觸腳必須是筆者要嘗試的一種超越之克服。闡述老莊與李白等人，不斷在世界中挺立自我，他們鍾愛生命、積極生活，瞭解自己的存在狀態，以詩性表現他原始生命的力量，並從中發現意義，他以詩表達自我意識，清楚人世存在的結構與意義，並自由地開發人類的存在方式，去面對生活世界的責任，並建構李白詩歌的療癒視野，目前學術界也很少發現，筆者不忖發爲先聲，故列爲一種學術之艱難。

本論文的研究，期望幫助人們解決實際的生命問題，建立一種生命的學問，其中在各種類型的學術中，選取適合自已研究範圍者，而研究時更應注意原則和限制，不可盲目地將研究結果拿來解釋所有的事象，有此等認識，才不致犯下「另一種殖民」的洋格義錯覺，也才能爲現代學術與傳統哲理的研究有所貢獻。道與世間的實存還是具有終極實體的依賴──天。學者潘顯一認爲：「道德與宗教都是要將人性朝向至善、潔淨、神聖、得救等境土的轉化。」〔註130〕這樣的轉化，可以說是就是一種「終極關懷」的情操，田立克（Paul Johannes Tillich，1886～1965）提出：「終極關懷是不受制約的，不依附於性格、慾望或環境的任何狀態條件。此一無限制的關懷是整體底，吾人本身或吾人世界的任何部份，都不能自這整體除脫，也無「地」可自它逃避。」〔註131〕本文預期以道家詩性進入「終極關懷」（ultimate concerns）的進路，以融攝中華文化深層的內在心靈──「道」，展開道家、美學、詩學、療癒與心理學等所作的視域融合。

〔註130〕潘顯一、冉昌光主編：《宗教與文明》（成都：四川人民出版社，1999 年 5 月），頁 278。

〔註131〕保羅・田立克對「終極關懷」之定義，參考氏著，羅鶴年譯：《信仰的能力》（台南：教會公報，1999 年），頁 17。

第二章　道家本體觀之療癒

　　道家以「無」作爲本體的觀照〔註1〕，並以觀照生活中的每一個當下，就如同鏡子一般「不將不迎，應而不藏」，達到內外的協和，我不傷物，物亦不傷我，兩兩各適其性，各得到各的自在，這正是「無」的療癒。從老子的「無」來體現一切，一方面指以無爲體，一方面指無執的存有論，這也是以老子的「無爲」來做爲療癒的原則，故「無爲而無不爲」乃即體即用的觀點。人能連繫到萬事萬物，也能體現到一切事物，這是屬於「道法自然」。道是有情有信，沒有分別、也沒有對立，是一個整體的存在，掌握了道的精神，就能達到自療自癒的生活。當人的生活是不合乎自然的，外在的不協調，象徵人們內心的處於對立，爲什麼人會作息不定？因不按自然法則，也沒有清淨的時刻，人常常處於對抗狀態、壓抑、焦慮等，儘管外表符合世人的標準，但對於病情的滋生就無法避免了。

　　道家的哲理是人的內在想要有一種對療癒的掌握，要有能作主的心，此心是沒有任何執著的，用此心看待一切人事物，人可才更能生活在道中，道家要人取下慣性思維的框罩，看看周遭一切花草樹木、山河動物等都是偉大自然的導師，因爲它們可以反映出人的心靈，人要保持這種觀照。今日人對科技文明的進步避免產生誤解，人們必須要更謹慎，療癒發自內心而且人人本有，那療癒力是無限的廣大；若是向外求取的、介入式的療癒方式只是一種短暫、幻化的方法，可能暫時地消除人們的病痛，終非長久之計。

　　本章詮釋道家的本體療癒觀爲要，引用了西方「直覺療癒」的觀點，以

〔註1〕　王邦雄說：「道家的心，是無心自然，是無執著、無分別的道心，虛靜觀照的心。這個『觀』跟佛門很貼近。依民族感情，當該說佛門跟道家很貼近，眞正的民族大義在此。因爲道家是我們本土的傳統，佛門是外來的，這一點微言，藏有大義；兩大家在『觀』的洞見等同。」王邦雄：《莊子寓言說解》（台北：遠流出版社，2015年11月），頁46。

發自內心的直覺觀照，而歸趨自然運作。並引用牟宗三「智的直覺」的理論，來加強說明道的道體。終以李白詩歌爲例，闡述其詩對道家道體的體現，多元視角來開發道家觀照智慧，開創療癒的新境，建構出道家本體觀的療癒。

第一節　道家本體的觀照與療癒

道的本體是對「無」，無乃以「無爲」爲用，故「無」就是在「無執」的用中體現。又本體是屬於「自然」，不是人們常論說的大自然，而是形而上的自然。道家形上的自然，乃能自發自用、自動流行，對於萬物無不作用、無不關懷，所以又是「有情有信」，故沒有時空距離，道隨時滋潤著萬物，撫育著萬物。就是要像水，水可以利萬物，但是利之卻沒有給萬物壓力，故是柔弱、不爭，所以沒有弊害。水是自然而然，是無心存心，對於「病」也以如水的心靈來體現，靜靜地流淌而過，不與任何障礙抗爭，不與病爭，也不刻求對治，用如自然一般，以心靈來化解世間各類的病狀，這就是屬於道體的本質。道是自本自根，生天生地，周遍流行，無所不在，是萬物的形上之源，也是一切人間實現的根據。葉海煙說：「道的客觀的無限性—未之盡的實存狀態，轉爲心靈主觀的無限性—未之盡的虛靈心態，而虛靈包含實存，化眾有爲一體之大有。」〔註2〕是爲道家超本體的內容。故對道的闡述，是指形上學的最高原理，亦是實現自由生命境界的憑藉，本節即以「無與無執」、「自然無爲」、「慈儉有情」等面向來展開論述。

一、「無與無執」的觀照

道家的本體觀必須透過「無」來理解，體察「無」是屬於悟性之「智的直覺」，人能以「無執」爲存在的核心思想，而「無」要從「無執」爲方法體認，以無到無執展開，才能掌握老子的「道」根源，並用以對人生疾病的預防與治療，如老子曰：「上善若水，水善利萬物而不爭，處眾人之所惡，故幾於道。」（〈八章〉）故見道如水，道家以從來不強調利益眾生，甚至不知道自己在利益眾民，所以沒有優越感，沒有求回報，如大自然中空氣、陽光、水等，都是天生利益萬物，是自然地利物，所以不覺得犧牲、也沒有在奉獻，而承受其潤澤的萬物就不必有虧欠或感謝之意，這正是老子的詩性直觀，亦

〔註2〕葉海煙：《莊子的生命哲學》（台北，東大圖書，2003年6月），頁14。

為詩性的療癒。如云：

> 道可道，非常道。名可名，非常名。無名天地之始；有名萬物
> 之母。故常無欲，以觀其妙；常有欲，以觀其徼。此兩者，同出而
> 異名，同謂之玄。玄之又玄，眾妙之門。（〈一章〉）

> 道沖而用之或不盈，淵兮似萬物之宗。（〈四章〉）

> 天下萬物生於有，有生於無。（〈四十章〉）

> 道生之，德畜之……生而不有，為而不恃，長而不宰，是謂玄
> 德。（〈五十一章〉）

老子的道可歸為兩層：無有是一個層次，天下萬物是一個層次，其形上性格的特質；另一個層次，乃由無與有的變化同屬於道的層次，從人來看道同時具足在身心靈中，故人人可以是道的體用活動。「道沖」「不有」「不恃」「不宰」是無，「而用之或不盈」、「生」、「為」、「長」是有，所以道也是亦有亦無，就在這亦有亦無之中稱之為「玄」，王邦雄認為：「此亦有亦無之雙向圓成的生化作用，就是『玄德』。」〔註3〕故「道」一方做為萬物存在的根據，一方面也成為被實現的萬物，道一直在我們的生活之中，所以人可以相信萬物與人們從出生到死亡，隨時都充滿「道」的指引與保護，人們或可以稱之為上帝、天、冥冥之力或天命的力量，所以人們並非想像中那麼孤單。

　　「道體」是一種持續不變的，與清淨智慧真髓連結的感覺，祂早在一切事物之前便存在，療癒的力量便是來自於「玄」、「道」的無限。奧修（OSHO，1931～1990）對「道可道」的解釋有著甚具詩性的論述：「老子說沒有途徑，就是他的途徑。沒有什麼要去什麼地方，你已經在那裡了，所以『途徑』這個字變得沒有意義，如果你要去某一個地方，那麼途徑是需要的，而如果你已經在那裡，那就根本不需要途徑。……真正的求道者無需遵循途徑，因為所有的途徑都會引導到其他的地方，而真理就在此地。」〔註4〕療癒的路上，自己的觀照是很重要的，某人說有一種偏方，將會是危險的，他可能會讓人走入歧途，尤其是自身體質的療癒，只能走專屬自己的路，當遇到兩種醫療是危險的，聽信民間的療法者更加無所適從。當知與道相遇的路上，只有自己走自己的路。

〔註3〕參考王邦雄：《當代新道家的生命進路》，台北：立緒出版社，2013年11月，頁15。

〔註4〕奧修著，謙達那譯：《老子道德經》第四卷（台北：奧修出版社，2001年5月），引言頁9。

　　老子所說走自己的路，乃是「無路之路」，故奧修又云：「最開始，老子就不是一個參與者，他不屬於型式或範疇的世界，他超越那些玩意兒。」〔註5〕老子認為真正的求道者無需要途徑，道是最終的出路，超出他之外就沒有什麼，第一步就是最後一步。但並沒有哪一步是最後一步，沒有開始，也沒有結束，依靠指導的路和思想的路兩者會把人帶到老子的始點，他們的終點就是老子的起點。

　　人要隨時感謝道給自己的感覺，人間最重要的關係，是人與道的關係，人在負向狀況發生之前，都要保有這樣的關係。關係本來很自然，但人有時候會變得虛假，會一時糊塗，認為一切想要執為自我，以至於療癒變得很不自然，治療變成很困難也很可怕，當人們不相信任何東西，甚至不相信自己，此時智慧被蒙蔽了，療癒能力也就消失了。故老子云：

> 我無為而民自化，我好靜而民自正，我無事而民自富，我無欲而民自樸。(〈五十七章〉)

> 為者敗之，執者失之，是以聖人無為故無敗，無執故無失。(〈六十四章〉)

依老子之言「為者」和「執者」皆屬有為者，是屬於人為的執取、以及人為的造作，這都是非關乎直覺，對於療癒作用無法開啟，故聖人不取。謂「無執」乃是對一切不合乎「自然」的事物，無為、無事、無欲、毫無起心動念，無執就不會分別，不會分別就不會對立的思考，不必詮釋、不必分解，是當下即是的心靈躍動，是屬於「智的直覺」。但是當世間有了對立的思想，人就必須判斷、選擇，因為判斷、選擇就會產生出對錯、美惡、長短、高下、健康生病⋯⋯等現實狀況，造成紛亂叢生而無法對治。

　　莊子的直覺是「忘」的智慧，以詩性直觀來說「道」，表達療癒的心靈，是屬於直覺的、全體觀照的，無有邊涯的境界。他的思想始終一貫地追求屬道的天德天心，即是超越人為的一切是非、彼此、對錯等僵局，做為對立面的概念和價值判斷的觀照，故是打破一切相對價值判斷。如云：

> 夫道未始有封，言未始有常，為是而有畛也。⋯⋯

> 夫大道不稱，大辯不言，大仁不仁，大廉不嗛，大勇不忮。道昭而不道，言辯而不及，仁常而不成，廉清而不信，勇忮而不成。

〔註5〕奧修著，謙達那譯：《老子道德經》第四卷（台北：奧修出版社，2001年5月），引言頁11。

> 五者圓而幾向方矣。故知止其所不知，至矣。孰知不言之辯，不道
> 之道？若有能知，此之謂天府。注焉而不滿，酌焉而不竭，而不知
> 其所由來，此之謂葆光。（〈齊物論〉）

謂大道沒有界限，眞理之言也沒有定常。是以聖人也沒有任何對立分別，因爲對待乃隨著各自立場無窮變化。故聖人乃求入於「天府」，達人天通明。莊子的「去知」，正如王邦雄釋云：「知是成心，不知是道心，從成心進至道心，而以道心照現萬物，這才是最高理境的開顯，故云『至矣』。」〔註6〕這是指去知並非對所有知識的全然否定，而是要去除人爲造作之知進而充盡天知，故莊子說道昭、言辯、仁常、廉清、勇忮等是屬於「智」；不稱、不言、不仁、不嗛、不忮則是屬於「不知」，莊子乃不以知識爲主脈，化解了心知的執著，高柏園說：「此乃是以不辯而全辯，無言而立言，不仁之仁，不勇之勇」〔註7〕乃聖人之心圓融無方，故人秉此虛靈也就可以成就於道體生命的大格局，故莊子終極目標即在「葆光」，人本有此光，而只有用沖虛無心才能保荏其光明。故莊子「照之於天」是屬於道之「有」，「藏之於府」是屬於道的「無」，正如老子謂「明道若昧」，是非雙遣，是超離於心知二分的相對之上，故謂之「天府」。

莊子的「無」或「忘」乃言至道的無爲修養工夫，此「忘」就是從忘己、忘物而到忘適，這是透過無己、無物而到無竟之境。莊子認爲人之執著乃始於自己執己，因爲執著於有限的身心和有心的成見，這是假的我，因執於人爲的我，形成心的執物。故莊子無爲的工夫，要先從無己開始、經過無物而達到忘適或無竟的理想境界。但在實際上，無己、無物及無竟三者爲同時進行，因爲忘己即牽涉到忘物，而到了兩忘之境界，乃能進入到忘適，終而無竟的境界。其無爲的工夫雖以無己爲出發點，一旦要實現無己則有無的「兩忘」隨即同時進行。因爲有了自己，才能成立與他人或他物之間的分別關係；因此沒有自己，自然就沒有他物相分。故無己和無物工夫乃同時進行而不可分離。而莊子無爲，主要乃是無知、無欲以及無用的工夫，如云：

> 夫隨其成心而師之，誰獨且無師乎？……夫成乎心而有是非，
> 是今日適越而昔至也，是以無有爲有。（〈齊物論〉）

莊子謂無成心，也是無知工夫之一。這「成心」是指發人爲自我的所有主觀

〔註6〕 王邦雄：《莊子內七篇・外秋水、雜天下的現代解讀》，台北：遠流出版社，2015年4月，頁118。
〔註7〕 高柏園：《莊子內七篇思想研究》（台北：文津出版社，2000年5月），頁97。

價值判斷，有了「成心」，必自有相對是非對錯的分別。只有人的回歸自然，乃能成為赤子，赤子是屬於無成心的；赤子是屬於美善的，人無法找到一個被認為是醜的小孩。但當小孩長大被貼上頭銜或標籤之後，所有的美都消失了。當赤子有了「成心」，這是出自於人為中心的認識判斷，有偏有私，故產生各種是非爭執。〔註8〕若有了成心，自然會出現與其真面目不同者。人之成心因各有所執，故不能分辨真正的是非，人之所謂是非都是相對概念，唯有天、道是絕對價值、絕對精神。故莊子為了消除成心要「照之於天」，這是道家的「無」的門徑。如云：

> 故有儒墨之是非，以是其所非而非其所是。欲是其所非而非其所是，則莫若以明。……聖人和之以是非而休乎天鈞。（〈齊物論〉）

> 官知止而神欲行，依乎天理。（〈養生主〉）

文中所言「休乎天鈞」及「依乎天理」指向自然之道，乃是去人知而合於天知的修養工夫。當人能去掉執著分別之知，就是合於天知之常。如廚師妙手炒一盤菜，看來沒什麼，但其火候、時間、工夫、調味和於一顆心，需要平常的經驗與熟練。如果將這些運用於做人處事上，當然就有更多道理存在。而不平常即，那就要靠技巧、靠作為、製是非對錯的標準，如馬戲團裡的技藝的表演，秀出來的都是令觀眾嘆為觀止的技能；起先看到時非常奇妙，讓人覺得超越標準，但那不是平常人的作為，凡人難以持久，平常則是常久的；道是平常的，技是不平常的，技必需進入平常，才可能符於道。日常生活食衣住行，雖是十分平常，但由其中卻可以體驗到很多直覺的啟示，人心總是崇尚不平凡，喜歡拋棄現有的去追逐感官知覺的特殊情境。

天鈞乃是指離開真與妄、是與非、捨與取等二分的世界，不再從人為的意念創造對立的思想。如正念工作者薩奇、聖多瑞里（Saki Santorelli）所說：「處在當下，別轉頭，這簡單的三個字包含了正念練習的重要精義，要求我們處在當下，深入觀察在我們眼前所呈現的一切，仔細觀看我們所不想面對的。」〔註9〕以天鈞照之，是一種專注於時時刻刻的當下能力，人的健康與對健康的觀照是相互依存的，而「天鈞」是處於當下，是這兩個領域的主要橋

〔註8〕 此處「成心」非言自然之道所賦人之自然真心，而指出於自我中心的人為心。以上參見陳鼓應：《莊子今註今譯》（上）（台北：臺灣商務印書館，2016年5月），頁56～57。

〔註9〕 薩奇、聖多瑞里（Saki Santorelli）著，胡君梅譯：《自我療癒正念書》（台北：野人出版社，2014年12月），頁58。

樑。人能「照之於天」，就是使它們不要兩兩對立，這就是靜靜地觀照，「天鈞」是屬於和的境界，沒有不要判斷、沒有好的壞的。

　　道家討論到生命的現狀，本來身心靈是合併爲一體的，故治療身體的病疾，必然以安心爲要務，安住「無」的心靈，掌握絕對的道體，從而化解外在一切虛假。如巴卡金說：「面對壓力時，不論是情緒或身體上的反應，我們都不要壓抑、否認或掉頭假裝沒事。我們學習如何與自己所有的慣性反應和平共處，情緒上或身體上的慣性反應均然。如此一來，我們才有更清晰的觀察能力。」〔註10〕壓力會造成病勢也是自己所造成的，需知人世間一切的罪惡都來自於清白，通往地獄的路經常是由善意舖成的，對於人心執持造作的假相，人人要有這樣的覺醒，必須要有一種破繭而出的體悟。覺知與觀照的豁醒，不是因爲天生而來，而是對於痛苦的容受程度，那是一種經過磨練才能擁有的力量，認爲疾病與身體是對立的，則是自損其身。道家從其無與無爲的理論中重視無執的工夫，以即體即用回歸道家的自然，用於人類追求幸福自在的療癒能力，只有透過人與道存在的連結─天鈞，一種詩性的自然連結，方能擴增此直觀療癒能力。

二、「同體自然」的觀照

　　道是自本自根，生天地生萬物，周遍流行，無所不在，是活活潑潑的美善之源，也是一切人間、萬物、自然共體的根據。道所闡述的道，是形上學的最高原理，亦是實現自由生命境界的憑藉，是先天而後天，由後天而返先天；是守母而知子，亦由子而探母。宇宙間萬物的變化，其中有其運作的通則，這個通則名之爲「道」。道的運行普遍而永恆不變，故名爲「常」。〔註11〕知道這個常道的人就是「明」，老子曾說：「知常曰明」，能將此「明」用之於處世接物的人，因爲能掌握一定的方法故謂之「德」。

　　道的生於天地萬物之先，又是天地萬物的本。道的作用，並不是有意志的作用，只是「自然」，故道常無爲，自然即自己如此，而萬事萬物自己如

〔註10〕喬・卡巴金（Jon Kabat-Zinn）著，胡君梅譯：《正念療癒力》（台北：野人文化，2016 年 3 月），頁 322～323。

〔註11〕對於「常」的說明，禪家也有很多相同的說法及例證。如禪師說「麻三斤」或「乾屎橛」時，就其字面意思爲像是表達一種泛神論的理念。然而鈴木大拙說：「那些禪師認爲佛在一切當中開顯自身，在麻布裡，有一塊木頭裡，在流水裡，在高山裡……在平凡的事實述句裡。」參見鈴木大拙著，林宏濤譯：《鈴木大拙禪學入門》（台北：商周文化，2016 年 2 月），頁 122。

此，能夠自己如此也是由於道。因此了解道，也是從「自己如此」去了解。
故老子曰：

> 有物混成，先天地生。寂兮寥兮，獨立不改，周行而不殆，可
> 以為天下母……人法地，地法天，天法道，道法自然。(〈二十五章〉)

道的概念只能勉強形容，袖是母體的存在，一種無生之生的德。放諸於世間
其實就是一個生活實踐的觀念，是對人事物要能「無為」，就是把人的把持、
矯飾、造作等「有為」遮撥而去，如感官的欲求、名利心機、意念的拘蔽……
等化去，以求得主體的自由自在、自得自適。如陳鼓應說：「道以自然為歸，
道的本性就是自然，自然這一觀念是老子哲學的基本精神。」〔註12〕所以「無」
作為本體的概念來看，只是虛層上的意思，因為並沒有一個物叫做「無」，是
以作用層的「無」，來表達實有層上的「本」，這一切即是自然。

　　莊子言無是非、無真偽、無生死，乃是為了證明人心、人知、人言所見
的一切價值判斷，皆屬於相對性認識和判斷，並沒有一定準則，毫無可靠性，
因而必須去除人知而完全依靠作為絕對價值、絕對精神的天道、天知，是自
然。莊子透過「照之於天」、「莫若以明」工夫，真實地觀照那存在的天道，
在人知的直覺中，直覺此性而即見此天，天是屬於自然，故人要有真知，真
知乎天，如云：

> 知天之所為，知人之所為者，至矣。知天之所為者，天而生也。
> 知人之所為者，以其知之所知，以養其知之所不知，終其天年而不
> 中道夭者，是知之盛也。庸詎知吾所謂天之非人乎？所謂人之非天
> 乎？且有真人，而後有真知。(〈大宗師〉)

知天，必要默契此天道之自然，掌握此自然之理。郭象注：「知天人之所為者，
皆自然也。」「真」來自於「天」，「天」即自然之道。故最高之精神乃在於回
返自然之天道，「自然」為宇宙至高之真理，若吾人體現之，則吾人生命也當
與宇宙至高之真理合而為一。牟子釋云：

> 天待人而顯，人待天而見，即知天之所為，知人之所為。天人
> 相與為一冥，天即人，天而非天。人即天，人而非人。「知稱絕，為
> 名去」則人而天也。天者自然之謂也。則天而人矣。〔註13〕

〔註12〕陳鼓應：《老子今註今譯及評介》（台北：台灣商務印書館，2012年10月），
　　　　頁151。
〔註13〕牟宗三：《才性與玄理》（台北：臺灣學生書局，2002年8月），頁217。

人之所知所為本屬有限，是為知的困窘，但知「生有涯，而知無涯」(〈養生主〉)知其有限而不強不蕩，即不牽引歧出而落於知無涯的追逐，能歸於「知其所知，為其自為」，則雖與有涯之生同其有涯，卻也同歸於玄冥之自然，而無不知，無不為。如是，則自知無知相，自為無為相，而知與為俱全矣，知為俱全，則雖有限，而取得無限之意義，是為知的超越。以所知養所不知，即以有限之知悟入於所不知，故而知與不知乃為一。常人總想要以心知之造作，以無涯的方向為追逐，窮盡一切所不知的，進行無盡的探索，殊不知愈追愈遠，「所不知」的永不能知盡，此牟子謂「生命離其自己」〔註14〕。正如薩奇、聖多瑞里說：「在當代的詞典中，我們幾乎找不到把業務或執業，視為一種需要對自己內在工作意涵者。」〔註15〕如今人人重視在業務的表現，卻不會把業務視為內在的工作，形成生命只有「為道日損，損之又損，以至於無為。」(〈四十八章〉)道家卻要人歸於自然如此，故然後而才能「生命在其自己」〔註16〕。

　　但是人的「知」有可能以天為人，或以人為天，如高柏園說：「此即造成一永恆的不定與顛倒的可能。」〔註17〕故必須要找尋一可定的標準，即「有真人而後有真知」。郭象註云：「有真人，而後天下之知皆；得其真而不可亂也。」〔註18〕有真人而後能任物之自然，此判準是超越所有形式、理論與系統，而以一開放、自覺之心靈統攝一切、安立一切。

　　真人體認人的行為活動內在根據，是來自於道之自然，故必須捨棄主觀的認知分別與價值區分，讓自己真正成就為上善、上德。在上德的敦化下，人人撤銷情識心知與欲望分別，他能將這些「損之又損」，重返生命素樸原貌而達到「天人冥一」的療癒。故高柏園說：「真人是一理想人格的提出，此亦正為吾人生命真正完成之歸宿所在。」〔註19〕當人事萬物都能歸向於道，一如川谷之歸向大海，一切只有依從於道，則道與人、人與物、上與下、內與外各正其位、各適其性，兩不相傷而互相挺立存在，人與物生活都是互相依存，這就是「道」—無為而無不為的療癒方式。

〔註14〕牟宗三：《才性與玄理》(台北：臺灣學生書局，2002 年 8 月)，頁 216。

〔註15〕薩奇、聖多瑞里著，胡君梅譯：《自我療癒正念書》(台北：野人出版社，2014年 12 月)，頁 62。

〔註16〕牟宗三：《才性與玄理》(台北：臺灣學生書局，2002 年 8 月)，頁 216。

〔註17〕高柏園：《莊子內七篇思想研究》(台北，文津出版社，2000 年)，頁 177。

〔註18〕郭慶藩編、王孝魚整理：《莊子集釋》(台北：萬卷樓圖書公司，2007 年)，頁 250。

〔註19〕高柏園：《莊子內七篇思想研究》(台北：文津出版社，2000 年)，頁 184。

三、「慈儉有情」的觀照

一個需要療癒的生命，無論歷經多麼巨大的艱難過程，都需要擁有一個正向的信念系統，病痛可能是我們生命的一個面向，他需要呼叫，狂吼，想要讓他的主人不要再漠視它。如薩奇、聖多瑞里說：「當我們提到『心』這個字，指的是一種深層的感覺，超越時間、空間、和線性思維的連結。那是在想法出現前令人動容的美感。在日常生活孤單分離的錯覺下的無窮悲憫，那是渴望已久的溫柔，全然地被了解，無言、無聲、寂靜、卻生趣盎然，對此，我們稱之為愛。」〔註20〕故面對病痛請出「心」裡所有負面的、破壞、摧毀的聲音，聽聽它們怎麼說，讓這些人們熟悉卻不體面的演唱者說出來，世間的殉難者、受害者、被迫者，它們也常常大喊：「我需要救治，我是受害難者，我急要膚慰。」生命的受創需要有個安住的心靈，老子認為道一直是給予心的安撫，故適時地提三寶的藥方，如慈、儉、不敢為天下先等三種道藥，如云：

> 我有三寶，持而保之。一曰慈，二曰儉，三曰不敢為天下先。
> 慈故能勇；儉故能廣；不敢為天下先，故能成器長。今舍慈且勇；
> 舍儉且廣；舍後且先；死矣。夫慈以戰則勝，以守則固。天將救之，
> 以慈衛之。（〈六十七章〉）

老子的三寶，在於關照到人民的各種病疾，是療癒者所存有的修為。老子說我有三大重要原則，常常持守並存養它們：第一是慈愛，第二是儉愛，第三是謙愛。奧修釋云：「透過愛，人就沒有恐懼；透過不過分，人就可以保存很多力量，透過不成為世界第一，人就可以發現他自己的才能而使之成熟。一個人拋棄愛而變得很神勇，拋棄節制而一味地擴大，拋棄謙卑而硬要衝到前面，那麼他是死定了。愛是源頭，同時也是盡頭，如果一個人錯過了愛，他就錯過了一切。愛是最微妙的能量，比原子還更微妙，一切能量的最都本就是愛，它以很多方式展現出來。老子說：第一寶是愛，第二寶是愛，第三寶也是愛，那就是老子所說的，但我們必須加以了解。」〔註21〕老子講慈愛、儒家講仁愛、佛家講大愛、基督謂博愛，這些觀念都集中在愛，「愛」生命中最偉大的奇蹟就是愛，它同時也是最偉大的奧秘，比生命本身來得更偉大，因為愛就是生命賴以存在最重要的本質。

〔註20〕薩奇、聖多瑞里（Saki Santorelli）著，胡君梅譯：《自我療癒正念書》（台北：野人出版社，2014 年 12 月，頁 69。
〔註21〕奧修著，謙達那譯：《老子道德經》第四卷（台北：奧修出版社，2001 年 5月），頁 13。

　　老子說的甚玄，所以其弦外之音常被人們忽略，故陳鼓應解釋說：「慈一愛心加上同情，這是人類友好相處的基本動力；儉一意指含藏培蓄，不肆爲，不奢靡，這和五十九章「嗇」字同意；不敢爲先天下一即謙讓、不爭的思想。」〔註22〕慈愛，所以能表現勇武；儉愛，所以能表現大方；謙愛，乃不敢居於天下人的前面，所以能成爲天下的首長。如今捨棄慈愛而只講勇武，捨棄節儉而只講大方，捨棄退讓而只求爭先，就必定陷入死路。慈愛之心，用於征戰則可獲勝，用於守衛則可鞏固家國，當上天要幫助一個人，必是合道的人，並將會以慈愛來保衛他。

　　強調人要以的直覺發揮本能，要以「慈」是以柔弱、謙卑、愛人爲主。老子也說「民復孝慈」，復慈的心如果沒有了感情內容，慈柔的心又如何能發生？林安梧解釋說：「滿懷『愛』的人，無所怖慄，無所憂懼，因此是最爲勇敢的。『儉嗇之道』可以令人回到自家生命之源來，不外放，不衰歇。不用急，在後頭，只要有生長的力量，後頭總會跑到前頭來的，戰爭是不得已的，只有『愛』才能化解亂爭。」〔註23〕人類用戰爭的方式來解決問題，不是究竟的方法，以戰如何止戰，只有以本源的以慈儉之道才能眞正解決人世的亂象，這道是對世間至情甚深，從來未曾離開過世間，故莊子以「道」的表達是有情有信，如云：

> 夫道，有情有信，無爲無形；可傳而不可受，可得而不可見；自本自根，未有天地，自古以固存；神鬼神帝，生天生地；在太極之上而不爲高，在六極之下而不爲深，先天地生而不爲久，長於上古而不爲老。〔註24〕

　　道雖內在於人與萬物之中，同時亦超越人與萬物。道有情有信，四時有序，有徵而不妄，至誠不息，風霜雨雪，依時而降，適時而來。道在於人身上正如王弼所謂：「聖人有情」、「應萬物而不累於物」，本段憨山則注云：「有情謂雖而有實體，不失其用曰信。湛然常寂故無爲，超乎名相故無形。以心

〔註22〕陳鼓應：《老子今註今譯及評介》（台北，台灣商務印書館，2012年10月），頁289。

〔註23〕林安梧：《老子道德經新譯暨心靈藥方》台北:萬卷樓圖書，（2015年10月），頁205。

〔註24〕牟宗三說：「老子之道有客觀性、實體性及實現性……。而莊子則對此三性一起消化而泯之，純成主觀之境界。」《才性與玄理》（台北，臺灣學生書局，2002年8月），頁177。

印心，故可傳可得。妙契忘言，故無受無見。」〔註25〕葉海煙認爲：「『有情』指道自身之絕對之有，『有信』則指此絕對之有有其超越屬性，萬物之有即得自此」〔註26〕道作用在一切事物之上，因爲有其作用，可使一切成爲可能，沒有道即沒有一切，故道是又內在又超越。道是如此的有情有信於人的內在，人又豈能無情，如莊子說：

> 惠子謂莊子曰：「人故無情乎？」莊子曰：「然。」惠子曰：「人而無情，何以謂之人？」莊子曰：「道與之貌，天與之形，惡得謂不謂之人？」惠曰：「既謂之人，惡得無情？」莊子曰：「是非吾所謂情也。吾所謂無情者，言人之不以好惡內傷其身，常因自然而不益生也。」惠子曰：「不益生，何以有其身？」莊子曰：「道與之貌，天與之形，無以好惡內傷其身。今子外乎子之神，勞乎子之精，倚樹而吟，據梧槁而瞑，天選子之形，子以堅白鳴。」（〈德充符〉）

道是無爲無形，本不妄爲，因道體本虛靜恬澹，而其用則無不爲，如日月運行，生萬物均。所以大道就是不變不易的眞理，不有、不無、不散、不逸，其性無形無象，卻能無處不通、無所不眞，人與萬物非道而不生，非道而不成，故道內具於人是有情有信，守乎其神的人可得知道的妙用。人對道的體悟必須不以好惡爲情，不以散亂要，守住此心神以冥契大道。但若整終日勞累精力，追逐欲望的心，去驅動身動，只是勞累一生而終將失去道。

惠子勞心勞形，故心中不能有所領悟，天賦與其才能，他卻以堅白鳴爲行業，因而不能見有道悟，更不可能知道，道有情信生化之本。如高柏園說：「道乃是理境，即是聖自然無爲之境界的客觀化。就其爲一眞實之境界而能成就一切而言，乃爲『有情有信』；就其爲一自然之境界而非一有形之對象而言，乃爲『無爲無形』。」〔註27〕道體言之，道乃是萬物之本；以時間言之，未有天地道就存在；因爲先天地而生，但對道而言沒有長短，長於上古而不爲老，道比天地先生而不爲長久，意謂道無始無終。空間言，道在無窮高處而不爲高，在無窮深處而不爲深，意謂道無所不在。故道乃自因而生，並有超越時空永恆性與無限性，這同時也是人能開出無限可能的依據

〔註25〕釋德清：《莊子內篇憨山注》（台南，和裕出版社，2009 年 1 月）頁 106～107。

〔註26〕葉海煙：「相對之有並非分受絕對之有，而是絕對之有經由創生的原理，創生相對之有，使相對之有得以顯發「有」之眞實內涵，並繼續以其創生性表現道的創生性。」《莊子的生命哲學》（台北，東大圖書，2003 年 6 月），頁 98。

〔註27〕高柏園：《莊子內七篇思想研究》（台北，文津出版社，2000 年 5 月），頁 171。

　　無與無為，乃道家直觀的覺知示現，道與人的關係，說明道在人之中，故而有情，而道家療癒是「存有的療癒」〔註28〕道家是詩性的、是直覺的，是超乎意義之先的，不是人文主義的詩學。如薩奇所說：「這表示允許自己深深被觸動，將心門開啟；允許自己持續改變，以超越原先的認知。」〔註29〕道產生萬物與人，並內在於其中，但又無限地超越了萬物與人，使得人不再有自我中心之不明，又由於人能體合於道，而又不以自己為中心，人知要超越知見去認識祂，在道境中人自能展現一種獨特的人格之美，構成其體質與氣度乃不朽而為「長生」〔註30〕之道。

四、道家本體對療癒力的開發

　　人類歷史的經驗已經步步接近道的實相，但仍不是道本身；經驗必須知道一切的所見所想都是過程虛影，只有保荐這樣的經驗才會讓「無」成為可能。道是屬於「無」的，無的人總是閉口不談，知道「無」的人應該讓鋒芒更收斂，人生有時候放手不是最艱難的，而是學習如何從「無」開始直觀是艱難的。道的運作方式是智慧的、是直觀的，故人人需要尋求這智的直觀之指引。既然人是屬於道，人必須經常去體認「道」，那是一條與自己的直覺連結的生命線，只要人能無執，透過體認道，人的身體會知道什麼東西對自己有益，直觀不是透過分析，乃純粹是一種感應、接收，不費吹灰之力。當科學家嘗試用醫學的分析，卻無法知道「道」在我們身體上的作用，身體的複雜性會讓人驚訝，天地大宇宙怎麼複雜，人體的小宇宙就怎麼複雜，就道而言宇宙沒有比較大，身體沒有比較小，同屬於道。故人們必須承認身體就是一種奇蹟，本體的療癒觀也是一種自然的奇蹟，因為這道，使每一個人都有資格感謝自己的直觀，因直觀的智慧來自於無盡的「道」的指引。綜合以上小節的論述，道家「本體」觀照療癒歸納如下：

（一）生命的本質是無病的

　　本體「無」也是對「無」的體知，而「無」也是以「無為」做為工夫的

〔註28〕林安梧認為「意義治療」、「存有治療」、「般若治療」、「五行治療」等中國宗教的治療思維。總的來說，當可以『意義治療』一詞涵概之。」「道家則屬於『存有的治療』。」參閱：《中國宗教與意義治療》（台北：明文書局，2001年7月），序言1。
〔註29〕薩奇、聖多瑞里著，胡君梅譯：《自我療癒正念書》（台北：野人出版社，2014年12月，頁72。
〔註30〕老子云：「有國之母，可以長久，是謂深根固柢，長生久視之道。」（〈五十九章〉）

具體內容。老子乃是以「即用爲體」的性格可以做爲其詩性療癒的進路，故王邦雄說：「老子的形上思想，主要通過無、有、玄來詮釋……從形上性格的分析，判定老子的實現原理，是『即用爲體』，以虛用來成全實有。」〔註31〕老子書中提到無爲、無事、無欲、無執、無知，以及守柔、靜篤等，都可以是即用爲體，體是母、用是子，天人之間沒有對立，天之道沒有比較大，人之道沒有比較小；天是複雜玄妙，人也變化萬端，這一切通貫的法則，就是遵道守德，是謂之玄，是爲療癒之根。故老子「『無爲』即指自覺心不陷溺於任一外在事物。『無爲』之第一層意義乃破『執』而言。」〔註32〕道所以是道，道所以以成爲天地萬物的實現原理，就在其亦有亦無之間，天地萬物之大能就是「療癒之德」，無才是天地的大爲，是屬於詩的聲音，故老子云：「萬物作焉而不辭，生而不有，爲而不恃，功成而弗居。夫唯弗居，是以不去。」〈（第二章）〉生、爲、功乃是指屬於有；不有、不恃、弗居是屬於無。「夫唯弗居，是以不去」，從療癒的思維來解讀，直覺療癒是自然而然得，人人可以做到「生而不有、爲而不恃，長而不宰」等本能，即能達到「功成而弗居」，亦即捨棄一切人爲將對療癒既有的成就，超越任何的詮釋，才能使得此道「不去」，因爲一切直覺的指導即源自於無限的「玄德」或「道」。

莊子以「天知」是自然之知，即對任何分別心或妄執心徹底排斥，惟追求不取不捨、無滯無礙的認知、思惟活動不必斷絕的繼續下去，即是「天籟」，只有「吾喪我」才能聽得到一切的音聲，如云：「南郭子綦隱機而坐，仰天而噓，荅焉似喪其耦……子綦曰：偃，不亦善乎，而問之也。今者吾喪我，汝知之乎？汝聞人籟而未聞地籟，汝聞地籟而未聞天籟夫。」（〈齊物論〉）莊子此處提出「吾喪我」乃放下一切人爲造作的我，去除人爲的成心偏見而打破一切界限。故謂「吾喪我」是言如同失去寄於身之我，說達到一個完全自由的境界，即是徹底突破一切拘束的無我境界。依莊子人有兩個自我，一是眞我稱之爲「吾」；另一是假我稱之爲「我」。所謂「喪我」乃言去除假我，同於忘己、無己、無我。透過「吾喪我」的工夫，從人籟而進地籟，終升到天籟之最高境界，這也是〈逍遙遊〉謂「無己」、「無我」的境界，無我就無對立、無分別，也就對世間人情事物沒有任何障礙，也沒有任何病情的干擾，人的本質是虛靜自在，身心是從容而自得。

〔註31〕王邦雄：《當代新道家的生命進路》，台北：立緒出版社，2013年11月，頁17。
〔註32〕勞思光認爲：禪宗慧能謂『無住』之含義，更接近「老子「無執」的概念。以上參考勞思光：《新編中國哲學史》（一）（台北：三民書局，1986年），頁241。

　　莊子以「去成心」而沒有人我，從化解了各種的分別與對立，療癒了自己也成全了別人。唐君毅「去成心」解釋「以明」：「去成心而使人我意通之道，莊子即名之曰『以明』。」〔註33〕依莊子透過「去成心」的工夫而達到「以明」的境界，即同通過「官知止」的工夫，即沒有感官的欲求，沒有妄想的執念，人只要合於道，「依乎天理」人就進入沒有病難的境界，這不是刻意去尋找各種方法，讓自己達到長壽健康。如莊子寓言云：

　　　　刻意尚行，離世異俗，高論怨誹，爲亢而已矣，此山谷之士，
　　　非世之人，枯槁赴淵者之所好也。語仁義忠信，恭儉推讓，爲修而
　　　已矣，此平世之士，教誨之人，遊居學者之所好也。語大功，立大
　　　名，禮君臣，正上下，爲治而已矣，此朝廷之士，尊主強國之人，
　　　致功并兼者之所好也。就藪澤，處閒曠，釣魚閒處，無爲而已矣，
　　　此江海之士，避世之人，閒暇者之所好也。吹呴呼吸，吐故納新，
　　　熊經鳥申，爲壽而已矣，此道引之士，養形之人，彭祖壽考者之所
　　　好也。若夫不刻意而高，無仁義而修，無功名而治，無江海而閒，
　　　不道引而壽，無不忘也，無不有也，澹然無極而眾美從之，此天地
　　　之道，聖人之德也。（〈刻意〉）

對於世間有爲之士，莊子認爲都是太過造作而矯枉過正，他舉出如山谷之士、平世之士、朝廷之士、江海之士、導引之士，這些人強調某些作爲，讓自己達到某種功效，反而可能引發某種副作用，而且形成不良的仿傚。如薩奇、聖多瑞里所說：「人猶如飛蛾圍繞著燭火，被某些好像知道，卻無法透過思考來完整定義或掌握的東西給吸引、誘惑、迷住。我們每個人都在自己的路上，也被跌入某個更大、更引人矚目的地方。」〔註34〕人們無處可以逃被帶回自己的生命範疇。莊子說，只有「無不忘也，無不有也，澹然無極」才能使人感覺到美善而自然進入道中，這才是自在自爲，是道的作爲。

　　「道」要告訴人的非常簡單，由於「那個」太簡單，所以人很容易錯過祂。老子說：「吾言甚易知、甚易行」爲何人們仍然不知「道」呢？問題不在於道，而人有一個很聰明的思想，這思想不是一個可以解決問題的頭腦，任何用這個頭腦所想的事，都會使它變得更複雜，成爲一個惡性循環。雖然用

〔註33〕唐君毅：《中國哲學原論・原道篇・卷一》（台北：臺灣學生書局，2008 年 8 月），頁 238。

〔註34〕薩奇、聖多瑞里（Saki Santorelli）著，胡君梅譯：《自我療癒正念書》（台北：野人出版社，2014 年 12 月，頁 140。

頭腦的思考是不可能找得到祂；但是要找到祂，卻是必須要有一個非常「天真的頭腦」。要了解「道」，了解「那個」是容易的，只要回歸天真。容易的並非總是容易，明顯的也並非總是明顯。爲何祂仍不曾發生在你的身上，因爲自己的緣故。人總是非常芒昧、總是非常困惑、非常複雜，人的整體存在是顚倒的、是片斷的，人把整體分而成很多部分。

「道」不會去製造任何難題，道家不是一個哲學家、不是一個系統的製造者，祂是一個回歸源頭的人，祂從那裡來看生命。生命本身並不是一個難題，任何想要解決生命問題的努力，都是愚蠢的。如卡巴金說：「我們透過感知與情感，明白自己與這個世界的相互關連，我們也經由科學探索，看到自己的存在與大自然的循環是如何緊密交織。」〔註35〕因爲生命是一個必須被經歷的奧秘，他沒有離開人世的生活，它不是一個要被解決的難題。道家教人離棄人爲之知，只依乎自然來觀照生活一切，故老子說「絕聖棄智」、「不如守中」、「道法自然」，而莊子謂「照之於天」、「依乎天理」、「休乎天鈞」、「莫若以明」等理境，即是一種不被任何人爲的偏執、欲望所拘，完全自由自在而一無所限的境界。這與禪宗謂「無相」之境界極爲類似。「無」即透過無欲、無知、無我、無用等一系列「無爲」工夫而達到「無病」的「本體」觀照之療癒。

（二）沒有治療的治療

老子的「道法自然」以人文之道開向自然之道，將人文的束縛回歸自然的素樸，道雖然周流天地一切，卻作用在無名之樸中，從人道導向地道及天道，這一切都是自然而然，故道的作用是自然，自其本然，並非自然又在道之上。人人若能體道守樸，不自以爲是，則其德能潤化一切病根，人事萬物的運作使其均和，這是守道抱一的至人之醫。故云「功成事遂，百姓皆謂我自然」（〈十七章〉）這是道家智慧的醒察，確定人與自然的關係，了解健康與疾病的定義，療癒之道是追尋自我的眞實、以及世界的和諧，謂「精之至」、「和之至」（〈五十五章〉），乃是「道」的終極作爲。

這正如希臘的醫學之父─希波克拉提斯曾在科斯島（Kos）創立之庇護所，讓病患接受徐風以及海潮漲退慰藉，讓自然的完整性進駐心靈，從而獲得康復。這是以眞人觀之直覺，讓自我清淨下來，仔細觀照自然並且調頻對焦，大自然的液體中，有三分之一人類液體，人眞的和海洋的拉力脫離了嗎？地球轉

〔註35〕喬‧卡巴金著，胡君梅譯：《正念療癒力》，頁197。

動夜以繼日，眞的和人的睡眠週期無關嗎？〔註36〕地球的健康就是人類的健康，地球生病人類也終將生病，這是道家教人的「兩忘」、「兩行」的道理。

道家以凡是相對的個體，皆有分別變化，而絕對的眞我—眞人，才可與天地精神往來，故從「相忘於江湖」而至「兩忘化其道」。眞人的「兩忘」一方面是眞知超然於是非之外，另一方面是對道的大化，即「自忘而後自化」、「忘物而後物化」、「忘忘而後神化」〔註37〕，把相對世界轉化爲道的境界，得天人之際的開闊無限與身處其中的逍遙自在。故莊子曰：「是以聖人和之以是非而休乎天鈞，是之謂兩行。」（〈齊物論〉）此處言「兩行」境界，就是經過「照之於天」之工夫而達到物我兩忘的境界，經主體的修養以雙方肯定，兩邊皆適性，因而自然不會有對立的關係。物與我各得其所，一切萬事萬物皆得其所，是可爲兩行，當物物各有其自己，則生命無不自在，這是道家道法自然—無。

道不能用心智、眼睛、耳朵去獲得，要無相才能獲得。因爲大道本是恍惚的，無二之法，離開了言語，脫離了形相，無始無終，並無證道的說法。人無法說出它的特徵，它不是一個什麼樣的東西，更非那個東西，這一切只能去主觀的體驗，人無法述說之。相同地，若想獲得不病的身體，以醫能治病、以藥能除病，以放任爲無病、以有病而執著有苦，當人執「有」、「無」等相狀，都是體道的錯誤見解，是知見所衍生出來的謬說，因爲人的知見總是有始有終的，無法接觸到實相，無法理解存在的恆久，知見是在於有限的時空裡。如卡巴金說：「痛苦本身其實是中性的……決定痛苦的程度不是疼痛本身，而是我們如何對待疼痛以及對疼痛的反應。換言之，讓我們恐懼的是痛苦而非疼痛。」〔註38〕痛苦是對執著，就如莊子喻知、離朱、喫詬是從來不知將心回歸，他們總是回顧過去、朝向未來，思索一下子想著已過往的事，轉眼間又擔心未發生的狀況，思索一直生活在「有」的執著裡面，總是著根於不存在的事實，思索無法理解存在，於是莊子以「象罔」乃是教人處於「無」，不活在恐懼裡面，如實地面對一切如幻的現況。

當人表面上好像沒有什麼事，認爲自己已無任何掛礙、執著，然而實際上人可能已經做了好多事情，只是自己沒有意識到。如人正在「執行」痛苦、

〔註36〕參考茱迪絲・奧羅芙：《直覺療癒》（台北：遠流出版社，2002年5月），頁103。

〔註37〕吳怡：《新譯莊子內篇解義》（台北，三民書局，2009年10月），頁247。

〔註38〕喬・卡巴金（Jon Kabat-Zinn）著，胡君梅譯：《正念療癒力》，頁335。

無聊、與焦慮時，人可能花了不少時間，徘徊在自己的思緒與記憶裡，回想過去快樂或痛苦的時光；人也可能正在執行著寂寞、怨恨、自憐或無望⋯⋯等時，這些都因而障礙人的直覺，也可能耗盡人所有的能量，也可能使得時間變成漫無盡頭。卡巴金說：「孤寂，本身可以惡化病情與提高死亡率。⋯⋯時間的快慢長短，取決於我們的想法對照於無止境的想法巨流之間的距離。」〔註39〕道家教人回歸天眞的赤子，赤子只要當下的喜樂，人物的照應，兩兩照應，安於孤寂與平和的能力，超越了想法巨流本身，安住在永恆的此時此刻，故當下乃處於時間之外。

　　道家以「和」是免於好與壞兩端，是不將眞與假、是與非、病與命分別起來的，超越這些對立，以「兩行」之姿去覺照之，對於現象只要如實觀察，這乃是道的眞理。如果人能夠只是觀照而不要分別，漸漸地意念會平息下來，在那個平息當中，「和」就產生了。人的痛苦執念全部消除，當情緒變得完全清靜，如此清淨久而久之，以明乃無有私執，豁然貫通，達了無之境。因爲不爭，所以不會亂；因爲豁然貫通，就是無執；無執就是無爲，無爲而可以對病無不爲。

（三）療癒是發自慈愛、情信

　　道內在於萬物是爲德，祂以慈愛的方式潤澤萬物，但沒有人知道祂的慈與愛，人必須返求才能夠了解道之德。道可能看起來「不德」的方式，如此才可能有德，此即「不德」是心中不以德爲德，化解了對德的認定執持，故德行不會固著僵化，如此才能在道中發覺生機活力。這是道的德因爲是「大而無外、小而無內」，所以其慈、愛總是讓人無法表面的了解，正如人們需要空氣、陽光、水等的滋養，道不斷地提供這一切，但不曾有人感謝過空氣，妙的是空氣也不覺得在幫助人，更不需人的感謝，就是在這樣的關係中，成爲道的「慈愛」，當人心中不執著於教條歸定，不死守模式，能與人事物之應對有感應之道，才能進入道之德的境界。

　　佛家言「慈悲」是不帶感情的愛，故慈悲基本就是「愛」。道家則提倡「慈儉謙」之愛，是要人化除人情因素，讓人在這些生活中看見道而能安時處順。莊子道的有「情」是那不情之情，不執於人情的情，即是人對外在事物及內心感受的超越觀點。人的情感因素雖然存在，正因爲好惡、愛親之孝及事君之義也是命的一種，這些情感仍是心靈本身的一些運作，屬於道的運行，是

天的給予的命；凡人的情感可能造成負擔與勞累，對體道者而言不會因此而傷害自己。莊子以執著的情來形容那因為不安於命的非道症狀；以無執的情來形容安命的狀態。人能不執著於情而安時處順，符合自然，那就是「信」，是人在是非好惡中仍可以有心靈的自由。

　　莊子認為真正的大愛是無執的愛，道的愛就是讓眾人忘記了「愛」，人適宜於道。適宜水的，挖掘水池使通往江湖來供養；適宜道的，安息無事就天性自得。所以說，魚游於江湖就忘記一切而自由快活，人遊於道術就忘記一切而逍遙自在。慈愛的方式就是給予對方自由自愛，所以道本來就是有情有信的，故其寓言云：

　　　　南伯子葵問乎女偊曰：「子之年長矣，而色若孺子何也？」曰：「吾
　　　　聞道矣。」（〈大宗師〉）

　　　　古之真人，其寢不夢，其覺無憂，其食不甘，其息深深。真人
　　　　之息以踵，眾人之息以喉。（〈齊物論〉）

　　　　物與我無成也。是故滑疑之耀，聖人之所圖也。為是不用而寓
　　　　諸庸。（〈齊物論〉）

莊子說讓自己可以「色若孺子」、「真人之息以踵」、「寓諸庸」等無病自在的方法，便是根據道與氣與人的關係來思想，高柏園說：「莊子顯然不是建立在才性上……即才性而言，其可歸入命的領域，而隱含對命的超越。」〔註40〕只有人能去除「是非」的感情，以及「照之於天」、「得其環中」的工夫來達到超越之境，他是將宇宙萬事萬物皆寄託於各物的功用上，故萬物乃是因為天道所賦予功能而作，為無用以於環中，以無乃拋棄一切人為造作，順著自然來發顯作用，這便得色若孺子、真人之息以踵、寓諸庸等智的直覺之開顯。故徐復觀說：「莊子只從物之『用』的這一方面來看物，從『用』的這一方面來看物，則物各有其用，亦即各得其性，而各物一律歸於平等，這便謂之『寓諸庸』，即從物的用來看物。」〔註41〕言萬物各具其用，故應從萬物所各具之用處聽任萬物，這是屬於「直覺」的，人面對世間的各種事物，都能用此直觀智慧來符應與化解，將不會致病。

　　當人能在直覺中開顯道之時，道卻顯示出具有一些完全獨立於萬物及人類經驗規定以外之性質，例如：「無為無形」、「不可見」、「自本自根」、「時空

〔註40〕高柏園：《莊子內七篇思想研究》（台北：文津出版社，2000 年 5 月），頁196。
〔註41〕徐復觀：《中國人性論史》（台北：臺灣商務印書館，2010 年 7 月），頁402。

無窮」等等。故眞人在遊於道之時，能體得天地之大美；但道之超越性與無限性更使此種美感不至於停滯不前，卻有無窮的可能性，美的療癒力量乃是「兆於變化」，美因爲於變化無已，故成爲道家詩性療癒力量。

第二節　牟宗三「智的直覺」對道家本體的關懷與療癒

當代新道家主以牟宗三所提出道家的詮釋爲要。其是對整中國的文化生命和所發出的智慧有相當的理解，融合西方學術，扣緊文化生命來論述，非憑空而講是不切實際的，而且對其對道家也展開相應的了解。牟子先要對「無」如何理解？才能進行第二步了解，即如何講「有」？第三步了解無與有和物之關係如何？〔註42〕其發明本體講「智的直覺」的概念，牟宗三以中國文化觀點，認爲人可有智的直覺，實踐其眞實的自我而成聖成賢，故人必須立此心爲本與實，人才能在有限的生命中建立無限的價值，釋證了這個實有，人始有實有性，有了實有性乃可以開向無限性。牟子雖承繼此一思想，進而創造性提出「無執的存有論」、「人可以有智的直覺」及「人雖有限而無限」的說法，開發道家屬於詩性的關懷面向。

一、「智的直覺」與「無執的存有論」的關懷

人的直觀乃是「人由之爲對象所激動」的形相，屬於感性的；人「感性直觀的對象」屬於悟性的，二種結合才能產生知識。〔註43〕然而人的一切直觀僅爲現象的表象，人所能直觀的事物，仍然只停留在「現象」，因爲時空不是眞實的，只是觀念的存在，故無法觸及到「物自身」，那只有爲上帝才可以。海德格認爲感性是人直覺的必然起點，而不是有待克服的目標，任何理論，若不加反省即預設理性能力的無限性，就是遺忘了人的有限性。

「智的直覺」的概念，首從康德的提出，但卻認爲那是屬上帝的啓示，人類不能有智的直覺，智的直覺只屬於上帝，但人類因自由意志，可以掌握上帝的救贖與靈魂不滅等說法。觀察康德在《純粹理性之批判》中，提出「先驗」三步曲，來說明對「智的直覺」的理解。

〔註42〕牟宗三：《中國哲學十九講》（台北：臺灣學生書局，2002 年 8 月），頁 87。
〔註43〕康德認爲：「無內容的思維成爲空虛，無概念的直觀則成爲盲目，唯此二種聯合，才能發生知識。」參見康德：《純粹理性之批判》（北京：商務印書館，2013 年 6 月），頁 79。

　　首先〈先驗的感性論〉是以時間和空間的形式，作為一切感官世界存在的根據，只要人的理性把握住時空的形式，就可以把握住整個感性世界。人的感性直觀總是受到時空的限制，只有因為現象在某個時空，才能從中獲取零碎紛亂的質料，在感性直觀的限制下，人的認知必須依靠知性概念的協調，知性能力本身是空洞的，沒有直觀內容，故此不能直接創造事物。故康德云：「若干哲學家以現象的總和，在吾人直觀之限度內，名之為感官世界；在其為吾人依據悟性法則以思維之限度內，名之為悟性世界。」〔註44〕康德舉例，如對於星空變化的觀察天文學，可說是感性世界；但若其依據哥白尼學說體系或牛頓之重力法則所教授的理論天文學，則可說為悟性世界。對於理性與悟性二者的不同，在於所面對的對象是否為現象？若以目視直觀的是理性範圍，若經由目視直觀仍需要思維判斷的則是屬於悟性，故康德說：「當對象被思維時為直悟的，即謂思維為僅授與悟性而不授與感官之時，則對象實作本體解。」〔註45〕如此，以對象直觀之後，需要經過思維，則見對象即見本體。對象必需表現為經驗的對象，即對象應表現為在彼此互相徹底聯結中之現象，這就是「現象」；但是如果對象是離開與其可能的經驗或任何感官的關係時，則是屬於「純粹悟性」之對象，是屬於智的直觀，也是屬於物自體，但康德則說「這是永為吾人所不能知者」，即對人而言，仍然只能直觀於在「現象」界，而無法碰到「物自身」，這是以傳統的經驗主義為思想所導出的結論。〔註46〕

　　第二步提出〈先驗的分析論〉，康德知道經驗主義無法把握時空的形式，要把握時空需要理知的分析，以「永恆」和「無限」的不可知，提出要回到悟性，在理性之中尋求認識的思想形式，以傳統抽象及歸類能力，他提出十二種不同的範疇，以此為思想形式，以時空的範疇為思想最根本的元素，故範疇與時空都成了主思思維的客體和對象，但這已經不是靠單純的先驗分析，而是由整體人生的形式的綜合作用，故進而提出「先驗統覺」，即提升感官經驗，而變成抽象的概念去形容範疇，範疇從形式走向內容。此時人仍然只停留在「現象」，連理知作用也只是抵達了「我思」，並沒有走向「所思」的自體，故康德也否定理性主義的學說。

　　第三步是〈先驗的辯證論〉。即將前二步的成果，以為由理性通過時空以

〔註44〕康德：《純粹理性之批判》，頁238。
〔註45〕康德：《純粹理性之批判》，頁239。
〔註46〕參考康德：《純粹理性之批判》，頁239。

及範疇的先天形式，所得到的是內心的形式，仍不是內容本身，也就是說感知作用與理知作用都是只能達到「現象」，不能把握「物自身」。最多也不過是把握人性的綜合能力，知性能夠提供綜合的規則的思想中，整理感性接收回來的質料，間接地建立對象觀所給予的質料，感性直觀的接受性決定了人的有限性，這個說法賦予人有限性地以具體的內容：有限者之為有限，在其必須接受所給予者，而不能自己創造事物。

所以他又提出三大概念：靈魂、世界、神，以「二律背反」〔註47〕的模式，充分證明世界中人是自由的、靈魂不死的、神是存在的，但無論是否證成這三大概念，對於康德這樣的說法，是否陷入自己所提的「二律背反」的定義之中？康德〈先驗的辯證論〉下，認為只有上帝擁有智的直覺。上帝智的直覺可以創造物自身，並且其直覺不能受任何條件限制，因為物自身不能有時空性，上帝說有光就有光，智的直覺是完全的自性，不需要以時空形式接收感性質料。人的認知方式是感性直覺與知性思想的結合，當設想到有一個這樣的對象是上帝，不僅對我們而言不可能是直覺對象，人們就得分別剔除時間與空間的條件，因為所有祂的認知必然都是直覺，而非是有所限制的思想。〔註48〕

至此《純粹理性之批判》所探討的問題，康德以各種可能的方法，就要是否定理性的能力，以純粹理性的力量，根本不可以到達「物自體」，所以結論是「物自體不可知」，人不可能有「智的直覺」。但是面對客體有「現象」和「物自體」，將客體的認識立體化，面對這樣的客體，當然主體就要提升，康德從感官、理性、心靈等層次，將人的「知」導引到「行」的動作，故又提出《實踐理性之批判》。以然而不可知的事物，有時是可追求的，當純粹理性不能到達時，實踐理性就有到達的可能；知的極限可由行的實踐來補足，預設了一個獨立自主、不假外求的人性，而這個思想法隱然地合於中國的傳統哲理，鄔昆如認為這就是一種「人性向上的原則」〔註49〕，故康德的思想對西方哲學有著深層的影響。

〔註47〕 參考康德：《純粹理性之批判》，頁 359～380。

〔註48〕 鄔昆如：「康德哲學中，最有貢獻的一點就是，把『觀念』變成『存在』。如柏拉圖一般，以為理念就是真實的。因而一切『先驗統覺』所綜合的，都同時是理念的，也是真實的。」《西洋哲學十二講》（台北：東大圖書，2009 年 10 月），頁 151～152。

〔註49〕 鄔昆如：《西洋哲學十二講》（台北：東大圖書，2009 年 10 月），頁 157。然而康德這樣的觀念是否來自於中國思想？值得推敲。蓋尼采曾評云：「康德是一位住在德國的中國人」。

　　海德格的時期，以人類的認知方式卻有別於此，人的直覺只能是感性的，只會被動地片面地接收感性質料，無論人的理性看來多麼強大，始終不能逾越感性直覺的限制，一旦有所逾越，不免引起各種理性幻相，海德格扭轉傳統以來形上學的預設，認為感性是人直覺的必然起點，而不是有待克服的目標，任何理論，若不加反省即預設理性能力的無限性，就是遺忘了人的有限性。海德格承認人有此智的直覺，只不過是重在表示本真乃至自覺的意志，乃可以呈現智的直覺的可能根據，其直接而恰當的答覆是在道德。設想一個擁有智性直觀的上帝，在邏輯上沒有矛盾，因而是可能的；不過邏輯上的可能，不代表事實的可能。故海德格援用上帝，僅限於這種反面的運用方式，他認為上帝是一個「權宜概念」〔註50〕。

　　德文中「知性直觀」（intellektuelle Anschauung）是有直接以視覺的觀看，內在產生了各種判斷意識的涵義，牟宗三則翻譯為「智的直覺」，可以表示某種直接的覺知能力，而這種覺知能力非感官意味，因為智的直覺可以表現心性這種直接覺知事物的能力，觀看事物的能力一轉而為覺知事物的神秘體驗，牟子順勢將直覺通向中國傳統的心性之學，有限的實踐理性能夠成就的無限是德性。亦即確信人格朝向道德律無窮地前進，並確信在此持續的進程中做到堅定不移，再者若要達致這個境地，必須預設無限的歷程不斷地追求之，康德所提靈魂不朽為最高善（highest good）的設準，牟子云：「上帝存在不存在於我們的力量所能者之中，但我們卻必須肯定之一肯定之以保證圓善之真實的可能。」〔註51〕即人因為相信有著上帝的存在的意志，故圓善可建立其可能。但人要落實最高善必然牽涉無限的進程，這種思想某方面又與中國哲學思想有一定的相關性。

　　牟宗三認為達到這「最高善」的理境，可以與道家致虛守靜論其工夫以及智的直覺對無執存有論的建構型態相稱，乃是為道家智慧之綱維，以工夫論的進路來詮釋道家的形上學型態，從而開創出道家型態的「無執的存有論」。如云：

　　　　玄覽、冥契，則無定相可執。此亦是實相一相，所謂無相，即
　　　　是如相。此如相是因著虛無之靜所生的明而朗現，亦因著無而穩住

〔註50〕以上說明參考海德格：《存在與時間》（北京：商務印書館，2012 年 6 月），頁
　　　　380～419。
〔註51〕牟宗三：《圓善論》（台灣學生書局，2010 年 3 月），頁 208。

此如相之有也。此亦是無執的，亦即本體界的存有論。存有是就物
之在其自己說。本體界中之本體，若實指而言之，便是以無爲本體。
無當然是一種有，此是無限的有以無限的妙用來規定，是因著虛無
了那一切浮動妄動之造作與膠著而遮顯出來的。因此，無限的有，
無限的妙用，就是無。即以此無來維繫那在其自己之有。此有無兩
者同而爲一，便曰無執的存有論。〔註52〕

這是以老子虛靜工夫入手，從郭象冥契意旨，而說道家主體的玄覽、冥契的
工夫是對萬物無相實相的明照，當人明照住萬物之在其自己，即是萬物如如
之相，即是進入物自身。當人自識進入物自身，也就是察照本體的存有，用
這樣的明照之，就是一種無的明照，用「無」來規定之，以無來穩住此如如
之相的有，並用來維繫在其自己之有，這就是牟宗三「無執的存有論」。

「道」提供了一個保全自己的方式，就是不要跟任何情境對抗。人要放
棄所有的策略和對治的方法，面對情境就是接受，人按照自然本來的樣子來
接受，並跟著它流動變化，除此之外沒有方法。不要抗拒，跟著道的腳步，
就好像一個小孩在深深的信任中，跟著他的父母走，道就是那父母，人必須
要有全然的信心。以無執的存在會給人一個強烈的自信。反之它將會使人成
爲各種形象，而用各種形象與人對立，與父母對立、與師長抗爭，與社會抗
爭，生命成爲一個戰鬥體，隨時處於緊張的情緒之中，說這正是致病之源。

道家認爲「有執」是一切問題之所在，不要使它變得更強大，不要製造
任何抗爭，不要強調適者生存，征服病症是荒謬的思考，這才是「不敢爲天
下先」的謙虛人生。「自然」會提供奧秘，不需要去抓取、不需要去打天下，
不需要去衝破那個障礙，融入自然，自然就是給人奧秘，那就是逍遙的鑰匙。
道的療癒除了做爲醫生與醫療體系的重要輔助，同時也是整體健康系統的一
部分。不管你在何種況、何時開始信服道，將會幫助人邁向更好的健康與保
全。

依道家「無執的存有論」理論，牟子認爲：一、人可有智的直覺；二、
人雖有限而可無限。故其《智的直覺與中國哲學》一書乃是對「智的直覺」
觀念彰顯，其中以道家所具智的直覺，乃在「無」的玄理中，以「無」化除
人間的持執與煩惱，成就人人本有的道，以及悟道後之無限心的自由。

〔註52〕 牟宗三：《現象與物自身》（台灣學生書局，1993 年 1 月），頁431～432。

二、「人可以有智的直覺」的關懷

　　人的無限性，乃要擺脫處境的羈絆，以證成無時空性的價值存在，牟子標舉以康德而來的智的直覺以及物自身的觀念；又從海德格而來的倫理學及存有論等觀點；再加上由天台宗圓教模式以及魏晉新道家迹本論等等〔註53〕，牟子承繼這些觀點，完全吸收消化後，創造出「人可以有智的直覺」的說法，也開發道家關懷的觀點。牟子言的「智的直覺」，乃是要直覺地認知之，同時即實現之。就認知意義來說，他更重視智的直覺的創生義。當海德格說人有善的意志，牟子則說人有智的直覺；當海德格說人既屬感性世界又屬智性世界，牟子則說人在事實上有限而價值上可無限。故牟子承認人有此智的直覺，因而也承認「物自身」一詞之有其積極的意義。

　　牟子以智的直覺既是可能，則康德說法中的自由意志必須看成是道家逍遙主體的心境，但這自由意志不只是理論上的設定，而且也是在實踐上的呈顯。故云：「智的直覺既本於本心之絕對普遍性，無限性以及創生性，此本心即純一不滅永恆常在之本體。」〔註54〕牟子承認人的自然是非創造的，可是他認為人在經驗領域固然是有限的，但在超驗領域卻可以是無限的，把康德的觀念一轉，並化解將海德格只說到有限者的超越，卻不知道真正的超越是無限的，故而人可以通過一超越的無限性的實在或理境之肯定，而取得一無限性，因而人可以是創造的直覺，若要把握人的無限性與創造性，則要承認人的直覺是純智的，他的知性是直覺的，即是肯認「人可以有智的直覺」。

　　從道家的理論來分析，老子曰：「知常曰明」，知道「常」就是道的運行。常道乃終日默守不離於生活，而人的運行是一種心理、情緒以及生理功能的最佳狀態與安適。這種狀態，可以透過系統性及規律性的控制，通過不斷體認其存在的真實價值，逐漸發展出來。讓身心靈建立更親密的關係，同時也經由開發生理和心理潛能，本自具足的安適、智慧、慈儉與善良來達成。道家的「常」，其實就是調和生理和心理的潛能，在體認中體會有關覺知的本質，積定、涵容，使人從貶低及忽略自我的習性中釋放出來。所以人必須每天隨時體察此直覺，讓其成為生活的一部分，發展純然的專注力與洞察力清明的

〔註53〕　參考杜保瑞：〈對牟宗三道家詮釋的方法論反省〉，第八屆「詮釋學與中國經典詮釋——「全球化」作為「視域融合」的詮釋學經驗」國際學術研討會，成功大學中文系與中國山東大學文史哲研究院合辦，2011 年 11 月 4～5 日。
〔註54〕　牟宗三：《智的直覺與中國哲學》（台北：臺灣商務印書館，1974 年 10 月），頁 201。

觀察，了解自己對事物的覺知的智慧，人人都具足這種智慧，而這智慧就是回到不病或不惱的狀態，故稱之為「正常」。

人人可具有智的直覺，能「常」則人的心靈隨時虛明照鑑，不是單獨地佔有，心不是孤懸的，當說到心時就能隨時呈現而覺察一切，故道家要讓一切存在。讓憤怒存在，讓欲望存在，讓貪求存在，讓死亡存在……。感恩於生命的一切而觀照它，你會覺得歡慶多了，憤怒少了；快樂多了，貪求少了；喜悅多了，欲望少了。那時你會發現正確的道路，一切是非對待都消失了，達到了無物、無人、無待之境，更無生與死之境，人生再也沒有不安與恐懼，現象是智的直覺的存在因素之一，因為心了然清楚，所以對於清虛光明而言，黑暗是變幻的現象，都可以在心的覺照中化解，故人人可以擁有這樣的玄德之能，以「自知自證其自己，如其為一」〔註55〕所以智的直覺是所以可能的，而且是人能自見一切，而化解一切，這是人以「常」去面對人生的黑暗、生死、無常的本能。

三、「人雖有限而可無限」的關懷

牟子倡言人可以有智的直覺，乃以人的有限性開向智的無限性，故人雖有限而可無限。其中「無限」的意指無限的歷程，此說承認人是有限的，而價值是普遍客觀地無所限制的，有限的人若要完全實現價值，必然預設一個無限的歷程不斷追求之，故無限（unlimited）說，是提高人的心境到一個無以復上的地位，是以「人雖有限而可無限」。故牟子說：「純粹理性其自身是實踐的，這完全可解明的事，唯此解明是依據智的直覺，而不是依據感觸的直覺，它是創造性的」、「智的直覺亦只能如其為一內生內在物而覺之，實現之，除此之外，再無所知。此義是就道德行為說，擴大而可以應用於一切存在。」〔註56〕故此心與道相合，是能擴充於天地萬物，能玄冥一切、玄照一切、玄成一切，是無限性的存在，而且以遍潤一切萬物為其體，故有其絕對的普遍性。

道家是去執之有，是以去除心中成見後的表現，這必須經過修為的工夫，而此工夫，當指「守柔」、「不爭」、「心齋」、「坐忘」等具體的修為；其體現出來的效果猶如「不將不迎，應而不藏」（〈應帝王〉）中的明鏡，如實地反映

〔註55〕 牟宗三：《智的直覺與中國哲學》（台北：臺灣商務印書館，1974 年 10 月），頁 196。

〔註56〕 牟宗三：《智的直覺與中國哲學》（台北：臺灣商務印書館，1974 年 10 月），頁 199。

世間萬物本來如此的狀態而不參雜任何主觀的動機或意志。故莊子談到「莫若以明」作爲心境的一種清明狀態，那不僅僅是明白變化之理後的結果，而必須同時兼顧具體的修煉功夫，即爲「化」，亦爲探至超越的可能根據。

　　人原本拘圍於自己心中的成見而使精神處於一種封閉的狀態。當人明白萬物變化不息的道理之後，就會順應變化的道理而寄身於虛靜的修煉功夫中，從而化解內心的偏執和成見，最後超越世間的各種是非之爭。道家以清明之心去觀照一切，人能夠以明就會知道一切是非都是相對的。一切是非都是相對而形成的，莊子的認識論事實上就是一種「相對主義」，莊子敏銳地察覺到人世間乃「有限」、「無限」等相對價值所構成，所以他主張通過「以明」的心境超越各種相對的價值，意即從整體來把握一切事物的變化，這即是道家認爲人可以有「智的直覺」的根據。可知道家在主體對待天地萬物的問題上，多以止寂虛無之存有姿態，這是道家工夫的特殊旨趣，牟子認爲這是依道家形上的智悟，如云：

> 　　道家自始即不對應道德創造而說。故其無向就只是無向，它的自然，無爲，就只是一個止、寂、虛、無，而無任何規定者。此若落實了，就只是一個圓照，而非方中之圓者。此非方中之圓之圓照，其創生性就只能是消極意義的生──我無爲，萬物將自化。〔註57〕

牟宗三的立場就是要說道家有智的直覺，並「縱貫縱講」與「境界型態」說，「實有層與作用層」之說，而得以定位落實。故不必刻意創建人間的道德，爲自然無爲便是一種超越的境界，如果人能止、寂、虛、無體悟那道，老子要人「道法自然」，則莊子教人「莫若以明」，都是透過虛靜的工夫，開放其心靈，使心靈達到虛無的境地，一如明鏡可以如實地呈現外物的實況，但卻不執不取，故以道家之說也可以證成「人雖有限而可無限」。

　　如人人都有命限的存在，有時帶來領悟，有時帶來情緒負擔，這可能讓我們的生活更好或更糟？人們存在的命限內容是好、是壞、是美、是醜，都要體會其意義，如此便能體驗到內在的圓滿完整性，既然命運是人的生活，爲什麼不把它超越，甚且轉爲強大的力量呢？道家說當人皆有此直覺，乃是智慧之所在，而可貴就是覺知「這個」直覺，有了這樣的覺知，可以爲爲智慧的運用，此時人們就有能力超越思考的習性，當下如其所然地觀照念頭，

〔註57〕牟宗三：《智的直覺與中國哲學》（台北：臺灣商務印書館，1974 年 10 月），
　　　　頁 209。

保持一切了然於胸的覺知，達成我與命的關係圓滿，並接納事物，如其所是的歷程，其中關懷療癒便悄然展開，故說「人雖有限而可無限」矣。

以上就牟宗三就道家的觀點，重新將道家「智的直覺」展開到人的自主性及物自性，這是一種直觀的智慧。正如西田幾多郎所說：「特別是在要相對於他者來回顧我們遠祖以來的文化的時代當中，我們需要回到最根本的對物觀看與思考的方式中來思考與觀看。」〔註58〕這最根本的直觀，就是以此自主體所發的智的直覺來顯示人具有闡顯人可以有智的直覺可能性，從而對於物自身得到掌握。這也是傳統中國學術的自覺，道家認為那就是「無」的自體，正如今人相信「仁心」、「佛性」或「內在上帝」一樣，乃屬於先驗能力的自有的特性，當主體發揮「智的直覺」時，物自身也將跟著顯現出兩者的根本立場，那是一種自身運作的邏輯性，是直覺與現象的統一，是人人本具的邏輯，是「自見、自知自生之自在義。是自爾獨化之謂。」〔註59〕這也可以說是一場「視域革命」〔註60〕的展開。

四、「智的直覺」對道家境界療癒力的開發

道家思想出現的歷史機緣在於周文疲弊，眼見時代的貴族生命墮落，而維繫人間的禮樂教化也流於僵化形式，道家乃要在其生活情境展開一套療癒的方法，並提出整體性的觀照之道。牟宗三則以面臨了一種更多元、更混雜的時代現象，他承繼道家理念，他以「智的直覺」是「由有至無」來辯說，意欲擺脫「處境」的羈絆，以追求那個無時空性的，他是以「回歸自然」的契入，以人在實踐的過程中感受到的行動，當此時刻人即能「無執」而自覺覺他到其踐行則有一股動力來源，這種源自親身感受，稱之為「體證」，而回歸的工夫表現了人有覺知的能力，以此心不再注意處境的限制，從經驗感受轉而成超越之心的真實，繼而證成「智的直覺」所具的無時空性。「智的直覺」作為可能性，最重要的意義在其理想性是引導人生價值的向度，是超越現實困境及拘限的最大力量。牟子以「無執的存有論」、「人可以有智的直覺」、「人可以有限而無限」等，提出道家對本體論的關懷，筆者依之歸納出「無執為

〔註58〕參考西田幾多郎著，黃文宏譯：《西田幾多郎哲學選輯》（台北：聯經出版，2013年3月），頁42。

〔註59〕牟宗三：《智的直覺與中國哲學》（台北：臺灣商務印書館，1974年10月），頁206。

〔註60〕賴錫三：《當代新道家——多音複調與視域融合》，序頁xx。

用的療癒力」、「人人皆有的療癒力」、「人本具有無限的療癒力」等三方面，把牟宗三療癒觀點歸納詮釋之。

（一）「無執為用」的療癒力

牟子標舉道家「智的直覺」的理境，這個理論不是憑空幻想出來的，而是一個現實的可能性，然達至這個境界，乃要直觀體認整個生活世界都是沒有虛偽、沒有裝飾；是一種少私寡欲、見素抱樸的本然，人以原貌的方式呈在自然面前。如老子「絕聖棄智」、「絕仁棄義」、「絕巧棄利」、「絕學無憂」等說法，而莊子也說：「吾生也有涯，而知也無涯。以有涯隨無涯殆已。」（〈養生主〉）等。道的目的是在反身自證、自知、自明，不傾注於對象而一無所得，向內返求而不疲於奔命，故道家減損就是消除那外取，那些本來多餘的以消化之，所無的就是從人為造作中所得的，只有做到「無為」，只有見到了那本體，方知那「無」是本質。牟子說「這無為就是『無為而無不為』」〔註61〕在無不為中以求灑然自適，人生就不會為病所苦，因為那病也是自己找來的，只有放下想要得治的心態，想要主宰的企圖，如此才能體無，於讓它自然而然療癒其自己，這就是「無執為用」的療癒力。

人世間心智的巧偽作用，須要致力於虛壹無知的最佳狀態；去除人為欲望之煩惱，讓自我呈現最安靜平穩的狀態，故老子說：「道常無為，而無不為。侯王若能守，萬物將自化。化而欲作，吾將鎮之，以無名之樸，無名之樸，亦將不欲。不欲以靜，天下將自定。」（〈三十七章〉）牟子云：「就是使人不自覺欲求之可貴，而渾化其欲求，而復歸於其自在之自己。」〔註62〕當人能歸於自己，心就能安定下來，如此一切的躁動都可以得靜，一切病況也得以治癒，這是道的直覺之理境。

唯有使心靈虛空澄靜，才不會受外在事物的表象牽累，也沒有物欲追求的不滿，在外在事物的表象脫落後，才能觀照萬物，實現萬物。卡巴金說：「每一個活著的有機體本身都是圓滿完整的，同時存在於另一個更大且圓滿完整的系統中。」「我們的身體存活於一個更大的整體中，亦即環境、地球、宇宙之中，以這種角度看，健康其實是動態的歷程，而不是一個固定的狀態。」〔註63〕道是以虛靜的充滿，讓生命真善美的動感，故這虛靜之道，是整體性的、活動性的，是

〔註61〕牟宗三：《智的直覺與中國哲學》，頁 204。
〔註62〕牟宗三：《智的直覺與中國哲學》，頁 205。
〔註63〕喬·卡巴金著：《正念療癒力》，頁 203。

天地萬物及其彼此之間的互依關係，任何一物皆為此共生性總體中之不可或缺的一部分，且此一共生性總體亦即「道」的本然，人對於「道」的體貼與證成，其實也就是在於稟之元氣（自然之氣）維持這個共生總體的圓整，透過修持時，人要具有覺察之眼，只要意願夠，隨時決定便能投入，即可以止息紛擾。

世間知識的追逐無止盡有其相對經驗，這相對經驗都可能成為一偏之執，人要具備如實化解一切執持的工夫，就是平實、平淡、平常之道，故老莊教人只是個「常」與「明」的工夫，以無執便能達此境界。牟子認為當人可以進入一「玄覽」境界，則生活世界莫不符道，無執於萬事萬物，人事物合一，相忘於江湖，則人處在道中，可說是企及「智的直覺」之本。

人會朝向籌劃自身的可能性，這種踰出自身的方式也是一種的超越。牟子說：「智直覺是在泯除外取前逐之知而歸於自己時之無住無得之『無』上出現。」〔註64〕這是道家的玄覽工夫，也是郭象說的「任其自分」、一切都能「自爾獨化」，就不會有依待遷流之相，這就是要知常、知明，一止一切止，則泯然不知事在己，這就是冥極，郭象注：「冥極者，任其至分而無毫銖之加。」〔註65〕止即是照，即雖病在己卻超越而有所不覺，更不會讓病況所困，這是道觀照的工夫讓智的直覺自己呈現，而外在病也在其自己的朗現，當朗現照住而安住之，就不再有病況的危害，這是屬於智的直覺之觀照。

（二）人人皆有的療癒力

牟宗三的觀點中「智的直覺」是人之先驗的根據，而且是人人可以擁有的，並依此可進入無限的道體。體驗人人跟他人可以相互連結，並跟一個更大的世界相互連結，我們在那裡發現自己，故而體驗生命本身，無論是窮通禍福，也都只是驚鴻一瞥，這樣便足以深深地觀照自己，也正是人可以療癒自我的泉源。正如賴錫三所言：「道家並不肯定一實體性的主體，然後才在主體上肯定智的直覺性，相反，只有在工夫實質中轉化了主體執取的同時，這個非主體、非表象的敞開狀態，才能在其敞開中聆聽存有之道的開顯，而此時敞開中的聆聽，或許才可強名之曰─智的直覺。」〔註66〕以學術的觀點可以說人們將感觸直覺對事物的建構和掌控給解放時，那個讓事物如開顯其自身的敞開心境，就是「智的直覺」。

〔註64〕牟宗三：《智的直覺與中國哲學》，頁206。
〔註65〕郭慶藩編，王孝魚整理：《莊子集釋》，頁128。
〔註66〕賴錫三：《當代新道家──多音複調與視域融合》，頁158。

人人本具有的療癒能力，即道家認為的「玄德」。如老子云：「生而不有，為而不恃，長而不宰，是謂玄德。」（〈五十一章〉）牟子採王弼的解說，當道家講玄德，都是有德而不知其主，出乎幽冥。因為人不執德，就不會胡亂作為，也不會騷擾他者，如此就能萬物自生，非謂有一創生之體。由於道的發動是無條件的，讓自身無事地去行無為之，它沒有方向性、沒有條件，是自然無為，故沒有任何規定要求，故而止、寂、虛、無，因為人人本具，所以就是一種圓照。

莊子常以醒夢對說，來闡述其對人生有所掌握，但是道家知道世人一直在作夢，人生是一個夢，人本身也是一個不真實但存在的夢，他說「兩忘」，乃是讓夢與醒成為和諧，兩忘含有「靜觀」的意思，如雖處夢境然如是觀照，靜觀是一種回復的方法，協助我們再次回到適當的內在度量，卡巴金說：「我們發現，靜觀與醫療的深層意義裡也有圓滿完整的意思。」〔註67〕這就是一種人的契悟，從凡人可擁有真人般「智的直覺」的本能，然後發現人不是一輩子隨時擁有這「直覺」，那必須時時進入靜觀的「常」，才能湧現療癒的動能。

牟宗三的療癒觀點，乃以「萬物將自化」，人不執而止即在自化，故而一切都得到了關照、得到了療癒。此道家虛寂圓照本是由學、知的滅於冥寂而顯現，所以當人對於主宰、掌控、求癒等作為放下時，道也照了自己，物也照了自己、病也照了自己，這就是圓照。其智的直覺就是其圓照的自我活動，是動而無動之動。但道的圓照，並非空懸懸的道，他必在具體的因應中，而成就其圓照，其自我活動是多元的呈現。正如莊子謂：「其不好之也一，其弗好之也一。其一也一，其不一也一。」（〈大宗師〉）牟子釋云：「此不一也一，最能表示圓照之所以為圓照。」〔註68〕從不一來看圓照，表示現象必然是不一的、雜多的，但不一之雜多，不是感觸外物之雜多，只是具體圓照物物在其自己的理境，圓照所照出的理境，乃說明「病」也是有道理的存在，它有其然而然的理，所以其存在，牟宗三要人「非決定判斷」，不要判斷病的缺點、惡處，它有其自爾獨化之理，所以了解病相也就能化解病勢，這「智的直覺」就是牟宗三所說「人人皆有的療癒力」。

〔註67〕喬·卡巴金著，胡君梅譯：《正念療癒力》，頁203。
〔註68〕牟宗三：《智的直覺與中國哲學》（台北：臺灣商務印書館，1974年10月），頁210。

（三）人有無限的療癒力量

道家要人「致虛、守靜、觀復」等觀照，是直接體驗圓滿整體的途徑，當人面對病、命、困要與之為友，是無論心中出現什麼，都要在圓照中溫和地包容它們。能隨時讓自己進入寂靜，終而回歸於自然，自然是那心之源，是人人本具，是無限的、圓照的療癒能力。

圓照的意義告訴我們，不要單獨地佔有，要讓一切存在。讓憤怒存在，讓欲望存在，讓貪求存在，讓死亡存在……感恩於生命的一切而觀照它，你會覺得歡慶多了，憤怒少了；快樂多了，貪求少了；喜悅多了，欲望少了。那時你會發現正確的道路，一切是非對待都消失了，達到了無物、無人、無爭之境，更無生與死之境，一切都能與之共舞，如此虛靜自見，是莊子謂：「虛室生白，吉祥止止。夫且不止，是之謂坐馳。」（〈人間世〉）當人內在智的直覺乃融攝於覺而為一種主體的朗現，因而將物圓照於其中，故對於世間病相也是不實的，以圓照的工夫，無心於好、無心於不好。故賴錫三言：「虛室乃就工夫的擴撥面說，即掃除成心之積習，以回返本性的清明光亮。此清明光亮之開敞，一方面可說是神之宅舍；另一方面更精地確地來說，此光明開敞自身就是神之覺照妙用自身。」〔註 69〕神就是自身的精神，使其神而明之，自不會有病，然而生病正是療癒的起動，以無待之心來對待病情，當人能無待、無執時，他的生命就能通體透明，就像虛室充滿光亮，沒有任何的隱晦，其無障無隔的智慧圓照現，一切物象都能得宜，人自見其神明，因而神光無不照顯而能遊心而乘物。

人的直覺本來是有限的，人的感性與知性亦當然足以見人之有限性。但通過一超越的無限性的實體或理境之肯定，則人可取得一無限性，因而亦可以是創造的無限，如杜保瑞說：「在其通過實踐以體證超越時得以見真實性與實有性時，即見其無限性與創造性，他的直覺是理智的，他的知性是直覺的，這是可能的。」〔註 70〕故牟子認為：「唯自虛靜工夫上，損之又損，以至無為，無為而無不為，則進而自詭辭為用，以玄同彼我。」〔註 71〕這是說投入於個人的、

〔註 69〕 賴錫三：《莊子靈光的當代詮釋》（台北：清華大學出版中心，2012 年 3 月），頁 152。

〔註 70〕 參考杜保瑞：〈對牟宗三道家詮釋的方法論反省〉，第八屆《詮釋學與中國經典詮釋——「全球化」作為「視域融合」的詮釋學經驗》國際學術研討會，成功大學中文系與中國山東大學文史哲研究院合辦，2011 年 11 月 4～5 日。

〔註 71〕 牟宗三：《才性與玄理》（台北：臺灣學生書局，2002 年 8 月），頁 228。

密集的、系統化的修為的靜觀工夫是相當重要的，卡巴金說：「靜觀訓練可以讓人從連接不斷且高度制約的扭曲狀態中解除；此扭曲來自於每天情緒與思維的波動，這足以持續侵蝕我們對內在固有圓滿完整的體驗。」〔註72〕道家所開展「無與無執」的理論與實踐方法，正是人人內在心靈整體的關照，且為生命無限力量的開發，所有的治療都希望達到病人恢復「正常」功能，亦即一般清醒的意識狀態，道家的「無」是人正常的樣子，這是最根本的療癒方法。

　　道家的不刻意、不執取、不主宰，這道理甚為深刻，因為人們都要把「自我」養得壯大，形成一切都是我的，自己開創了一個廣大的自我，都是因為連續不斷的「我」。生活之際，人們不自覺落入自動化的作為模式時，趕快讓它回彼到「心智模式」，這意味著我們在每個當下都可以做出選擇，覺察自己總是那麼的先入為主，多麼執著於「我的」。道家要人警覺不需要自動地、毫無覺知地掉入自我中心，或是人為造作當中，若能馬上斷開執取，放開這些世間的假相，重新凝視自己，會很快察覺到人的想法、習性、主宰等其實是扭曲了事實，這是人為創造了幻想與錯覺，最後將人牢牢束縛。而人所感覺到自己的想法與感覺是分別對立於他人的，這多少是來自於意識層面的感官錯覺。道家是要人擁抱大我，欣賞自然之美，藉此讓自己從牢籠中解脫，道家以無執為解脫的歷程，那是內在療癒的基石，也是無限的能源。

　　人的真正「智的直覺」，也可以從後天純粹經驗上來統一作用，並以回歸先驗的本具，正如西田幾多郎說：「當物我相忘，既不是物推動我，也是不我推動物，只有一個世界，一個光景，一談起智的直觀，聽起來似乎是一種主觀的作用，但其實超越了主客的狀態。」〔註73〕當人真能領悟主客合一，便不難了解宇宙間生生不息的道理了，牟宗三點出了生命的真相，人能解放則日夜一樣，身心一如，以有限邁向無限。道家理境是圓通無礙的，其不從道德倫理闡顯，也不從宗教解脫來訴求，祂是超越兩端之僻執，但又不與兩端相忤逆，因而能任天地人我和諧無障。牟宗三藉此一道同風的想法，認為道家的創生性類乎康德的『反身判斷』（reflective judgement）〔註74〕即審美判斷是無所事事，

〔註72〕喬・卡巴金著，胡君梅譯：《正念療癒力》（台北：野人文化，2016年3月），頁204。

〔註73〕西田幾多郎著，何倩譯：《善的研究》（北京：北京商務印書館，2007年5月），頁32。

〔註74〕牟宗三：《智的直覺與中國哲學》（台北：臺灣商務印書館，1974年10月），頁209。

無所指向的品味判斷，此無執、無爲、無事，正是道家本體以「智的直覺」的關懷療癒，從人人本具的療癒力，開展到人人都可以有無限的療癒力。

第三節　李白對道家本體的省察與療癒詩例

　　中國文學、詩壇上，李白才情昂然、本性天眞，情性中本有率眞的本質，其眞情中被世局的打擊，常常對天地吶喊「我本不棄世，世人自棄我。」，他想要說我眞可以、我眞的想要，但仍不能爲時人所受容，他的理想在世間，卻以嗜酒與醉飲來揮翰如灑，放任自在、行爲超越常規，本文即從其天眞的本色，分析李白眞情的獨白之詩，其接受莊子眞人觀，以道的眞實意義必須在眞人的生命境界中被認知、被證成，道就是眞人所呈現之理境，因此眞人綜合人性與自然，體合於道，能貼切的以「本體」的體悟而開顯道。本章從道家本體的無執、自然、有情等面向，來說闡述李白詩對道的體證與其生命的理想。

一、李白「無執」的省察

　　從人際關係、心理情感及存在現象來看，李白一生是孤獨的存在。他以年少輕狂的釣鰲客來到長安後，發生了諸多傳奇事情，這些軼事記述了李白慣常的飲酒、狂誕性格，以及在皇帝面前不尊禮儀的形象。〔註75〕當他這「釣鰲客」被拒絕而離開長安時，卻頓見他詩歌的生命，一如「黃河之水天上來」，有源源不絕之追溯，也有入海的不回傲骨，他的理想無人可以了解，連時代也不一定認同，他不能與人談訴，只能藉著創作來表達，他的精神開闊已經涵括出整個天下，常藉飲者增加了隱喻的濃烈，詩以揚激之辭，悲而能壯，表現了對現實的批判，抒瀉了詩人在理想不能實現的高歌，是來自他將「一個遼闊世界與遼闊思想得藉此結合起來的形上學眞實論點。」〔註76〕這是李白的無執的詩心。展開李白詩歌，詩人因體驗道而有不斷的生活勇氣，從觀照中又體現「道」而躍入偉大。

〔註75〕宇文所安：「傳奇的李白有著豐富的資料，蓋過了凡人李白的貧乏資料，而李白自己的敘述也是對前者的貢獻遠超過後者。但在文學研究者看來，傳奇遠比眞人重要，於是李白的多數作品都被用來幫助和美化傳奇的形象。」《盛唐詩》（台北，聯經出版社，2007 年），頁 184。

〔註76〕加斯東‧巴舍拉（Gaston Bachelard）著，龔卓軍、王靜慧譯：《空間詩學》（台北：張老師文化，2012 年），頁 287。

　　李白浪漫的語言是有其豐富生活經歷為基礎，他每以詩歌來表達其對人
世間的理想，託外事來說道理，言在此而意在彼。其經驗著一生的磨難，以
意在言外的方式表達手法，故詩常能以實化虛，讓人更感其託意之深遠。李
白人生際遇不斷地挫敗中，表達為生活情境的真實，他讓心虛包容各種現象，
成為他抒情的食糧。如云：

> 棄我去者，昨日之日不可留；亂我心者，今日之日多煩憂。長
> 風萬里送秋雁，對此可以酣高樓。蓬萊文章建安骨，中間小謝又清
> 發。俱懷逸興壯思飛，欲上青天攬明月。抽刀斷水水更流，舉杯消
> 愁愁更愁。人生在世不稱意，明朝散髮弄扁舟。（〈陪侍御叔華登樓
> 歌〉）〔註77〕

李白在宣州餞別族叔李雲，難忍自己對國事的憂心，只能使其心中充滿煩惱
和憂愁。此時他滿懷著豪情壯志，意興風發，一心嚮往著追求那高遠的境界，
命運的阻礙也可以拋之九霄雲外。李白的想像豐富、感情激昂，使他的作品
上窮碧落下黃泉，不受時間和空間的限制，開顯無限的生命力。「俱懷逸興壯
思飛，欲上青天攬明月」，表露出的是大氣和壯闊；「抽刀斷水水更流，舉杯
消愁愁更愁」，極細緻的描寫出自己的愁思，現實中壯志未酬讓心如愁水，想
抽出刀劍砍斷那滔滔的流水，它卻奔流得更加的湍急。想要舉杯借酒澆愁，
怎奈愁悶更深，卻難以消解。李白每每用「虛」為言而內藏實意，即是用無
來表達內在情感的真實。正如朱金城所說：「此詩由心中多煩憂，遙對長風吹
送鴻雁的萬里秋空，不激起酣飲高樓的豪情逸興。這樣就可以使上兩句從極
端苦悶中，立刻轉入一個爽朗壯闊的境界，讓人不可捉摸的情緒變化，給詩
歌帶來了奇妙的藝術效果。」〔註78〕這樣的藝術效果不只是書寫的表現，更
可以做為一種激勵的療癒效果。他將言語心聲寄寓於抽刀、舉杯之中，就如
巵言日出一般無執，萬物雖然知道太陽已現，期望太陽的初照，但仍不知太
陽真正的關懷是無不遍照的，李白做出了那如日出的照耀。又如云：

> 鳳飛九千仞，五章備彩珍。銜書且虛歸，空入周與秦。橫絕歷
> 四海，所居未得鄰，吾營紫河車，千載落風塵。藥物秘海岳，採鉛

〔註77〕朱金城認為：「李白的〈陪侍御叔華登樓歌〉，李集均作「宣州謝朓樓餞別校
　　　　書叔雲」，此據《文苑英華》較為合理。」參考《李白價值話》（台北：文史
　　　　哲出版社，1995年10月），頁215。
〔註78〕朱金城、朱易安合著：《李白的價值重話》（台北：文史哲出版社，1995年10
　　　　月），頁216。

青溪濱。時登大樓山，舉首望仙眞。羽駕滅去影，飆車絕回輪。尚
恐丹液遲，志願不及中。徒霜鏡中發，羞彼鶴上人。桃李何處開，
此花非我春。唯應清都境，長與韓眾親。(〈古風‧其四〉)

李白常以鳳凰自喻，不但是使人們震撼在其雄偉氣勢的詩藻，也爲其高節欣
然嚮往，其對「言」獨特方式的也如莊子，不是空幻暇想的苦怨，對於在世
關懷，莊子以鳳凰之鳥自喻，云：「夫鵷鶵發於南海，而飛於北海，非梧桐不
止，非練實不食，非醴泉不飲。」(〈秋水〉)李白也以鳳凰般耀翔自比，鳳凰
飛在這不能自我掌控的時空，卻仍期待得濟蒼生，他拿著仙藥要來療癒人間，
他想要有用於世，對於人世的理想，一如道家在世精神未曾或忘。

李白也以鳳凰般高志自喟，他要以紫河車濟世之藥，爲當世人帶來療癒，
李白以時代之鏡，因光照而眞誠反應出事物的影像，不會加上自己的雜質，
事來則應，事去則靜，故「羽駕滅去影，飆車絕回輪」。鏡子反應外物而不加
上自己的執著妄心，這也是李白「不將不迎」的心志，鏡子映照反射出最眞
實的樣子，不會有所隱藏。正因爲至人的心像鏡子一樣，是由無心無爲而生，
「桃李何處開，此花非我春」所以面對任何事物時都不會抗拒也不會迎接，「故
能勝物而不傷」，所以它能忠實地照現反映出事物最眞實的樣貌，而沒有任何
遺漏。鏡子的全然映現，讓每個人可以回歸自己最眞實的樣貌。鏡子不討好
人，也不委曲自己，當下映照之後便當下遺忘，沒有任何分別與成見，以全
幅的生、不生之生。李白一生不斷在命限中展現「用心若鏡」的工夫，對於
一生命限的境局，必須不斷淬煉才能步步昇進，在實存有困難中，他從鳳飛、
採鉛、羽駕、飆車中來應世，但也不戀世地即來即去，這是李白對待人生以
「無執」爲工夫，也是對道的詮釋。

又詩云：「鳳凰不至河無圖」(〈悲歌行〉)、「鳳飢不啄粟，所食唯琅玕。焉
能與群雞，刺蹙爭一餐。朝鳴昆丘樹。夕飲砥柱湍。」(〈古風〉，其四十)詹
鍈註云：「鳳不食粟何爭之有？朝則鳴於崑岳之瓊枝，夕則飲於砥柱之清湍。
鳳之所食者其潔如此，所處者其高如彼，鳳德之盛，豈凡鳥所及哉。」[註79]
謫仙的智識兼具各種人士的美好特徵，詩中寄寓著善良和美好的社會理想，因
此鳳凰與治世不斷在意象群中出現。如莊子云：「眞者所以受於天，自然不可
易也，故聖人法天貴眞。」(〈漁父〉)。李白的眞情中常被世局的打擊，他想要

[註79] 詹鍈主編：《李白全集校注彙釋集評1》(天津：百花文藝出版社，1996年)，
頁194。

說我眞可以、我眞的想要，但仍不能爲時人所受容，「堯舜之事不足驚，自餘
囂囂直可輕。」（〈懷仙歌〉）對於堯舜之事，他以狂歌狂語，嗜酒與醉飲，揮
翰如灑，放任自在來體現。但也因情眞而透世，自然性情中原有眞情的一面。

二、李白「自然」的省察

　　李白以個人生命起伏飄蕩，面對無言天地的時空人事情物，他的詩歌常
以一種「我自然」的精神，自我屬於世間，世間也任我馳騁，詩云：「今古一
相接，長歌懷舊游。」（〈謝公亭〉）他每對懷古之思，見得古人的風貌，溝通
了古今界限，終在精神上產生了共鳴，此時見古今人物則與我爲一。王夫之
說：「五六不似懷古，乃以懷古……『今古一相接』五字，盡古今人道不得。
神理、意致、手腕，三絕也。」〔註80〕又云：「情景名爲二而實不可離，神於
詩者，妙合無垠。」〔註81〕，這種詩歌的表達是對莊子「坐忘」的體現。李
白對人生的洞視，以長桑爲隱喻，只有「洞視」。如詩云：

　　　　長桑曉洞視，五藏無全牛；趙叟得秘訣，還從方士游。西過獲
　　麟台，爲我弔孔丘；念別復懷古，潸然空淚流。（〈送方士趙叟之東平〉）

「洞視」是生命透過修行淬練，對世間一切全然了知，「無全牛」是因爲與自
然爲一，是在一個「齊物」的胸次中看待自己，在「逍遙」中走出自我。在
一個「眞人」中看到眞我。趙叟得到了秘訣，仍要從方士遊，這就是一種爲
生活世界的必然，身雖心懷出世與在世同遊，這訣在「長桑曉洞視」中一語
道破，他內在的洞視已至無全牛，面對世間李白自有游刃有餘的化境。如羅
門說：「凡是能引起我們內心感知的生命都去追，不必只限定在某一個方位上
去追；可把內心擴大到目視與靈視看見有人與生命的地方都去追。」〔註82〕
「目視」所見，儘管是世界可能一切都是如虛如幻，李白卻是以「洞視」的
態度去超越一切，他關懷發生在人境的相接處，唯有李白這樣的「無全牛」
的理解，才可以體現整全的道。又如詩云：

　　　　眾鳥高飛盡，孤雲獨去閒。相看兩不厭，只有敬亭山。（〈獨坐
　　敬亭山〉）

〔註80〕王夫之：《船山全書》（長沙：嶽麓書社出版，1996 年）第 14 冊，〈唐詩評選〉，
　　　　頁 1015。
〔註81〕王夫之：《四部叢刊初編——薑齋先生詩文集六》（上海：商務印書館景印本，
　　　　1922 年），頁 21。
〔註82〕羅門：《羅門詩選》（台北：洪範出版社，1996 年），頁 3。

在李白詩中的「盡」、「閒」二字中給全盤拖出「坐忘」的意境。《文心雕龍》云：「詩人感物，聯類不窮；流連萬象之際，沉吟視聽之區。寫氣圖貌，既隨物以宛轉，屬采附聲，亦與心而徘徊。」〔註83〕物是客觀的存在，心是情感的活動，心是自我主體的掌握，以心去駕馭物。在此詩中敬亭山是境的呈現，一如往昔，詩人以心不是高飛、也不是獨去，而是對境物超越，以盡、以閒，不爲外界環境的變動而改變，物我交融之際，詩人對境的存在是「隨物以外轉」，物雖不斷出現，但只是映照，如敬亭山是物，相看兩不厭是「與心徘徊」。詩人的情並沒有因境而起變化，與心之徘徊是詩心逍遙自由，獨是自由地支配與調遣，有情而忘情。故沈德潛誇此詩是「傳獨坐之神」〔註84〕，簡潔文字所勾勒出的直覺意境，人們在面對這生活世界，有時無法從中超脫，但關於個人情感昇華與超越上，詩人對於天地的回應，達到坐忘的境界。

無論是什麼情景，詩人深深會心的「只有敬亭山」，這「只有」是不論鳥兒是否飛盡，管他孤雲是否去了又會不會再回來，只有敬亭山，讓詩人的情感能暫且有了表訴。此刻詩人心中已無旁騖，拋擲不如意的心事，在無爲的境中享受著孤獨，因爲敬亭山正與詩人共在，詩人與自然合一。

李白將自我化爲閒適自然的心靈狀態，歐麗娟說：「消解了深沈的虛無感，泯化了個人的時間意識，更超越了種種因社會參與而帶來的挫折與悲憤，而達到身世兩忘的『忘境』、『忘情』的境界。」〔註85〕這種深刻的意義，並不存在歷史或神話的素材中，而是存在於詩人用以表達的道悟經驗中。榮格（Carl Gustav Jung，1875～1961）認爲：「我們通過感覺去體驗已知的事物，但是我們的直覺卻指向了未知和隱藏的事物，這些事物的真實本質是隱秘的。」〔註86〕這隱秘必得詩心的「洞視」而重新開顯。李白以其雄偉闊大的意象，玄芒難測的景觀，繽紛多彩的形象，清新奇特的手法，也是體現了「智的直覺」的藝術理境。詩云：

> 問余何事棲碧山？笑而不答心自閒。桃花流水窅然去，別有天地非人間。（〈山中答問〉）

〔註83〕劉勰著，羅立乾注譯：《新譯文心雕龍·物色》（台北：三民書局，2011年），頁417。

〔註84〕沈德潛：《唐詩別裁》，（北京：中華書局，1975年），卷十九，頁253。

〔註85〕歐麗娟：《唐詩的樂園意識》（台北：里仁出版社，2009年），頁316。

〔註86〕榮格著，姜國權譯：《人、藝術與文學中的精神》（北京，國際文化出版，2011年），《人、藝術與文學中的精神》，頁119。

問答之間，李白與景象是同屬於一體的連繫，透過萬物之間，應和而萬物心聲，而我就是天地萬物意識狀態，此時萬物自然非王者的天下，一如一切在道中。他眼中萬物因為我而自由，所以白雲、山花、春風等無不自得其樂。張芝說：「在李白看，白雲明月固然像自己一樣是天地間有生命的東西了，但他自也也何嘗不像天地間的一朵白雲一樣，一輪明月一樣？所以他是自己宇宙化，宇宙又自己化。」〔註87〕李白將一切物化來看待，是則萬物不齊而齊，萬物自其本然，故「非人間」，就是別有天地的人世間。

　　從這角度來看，李白是道家存有的關懷者。他遠遠超越時代的文化氛圍，我們完全可以想像得到，當時李白隱約相信有一個創造萬物、超越時空的獨體可以聽其心聲，他與祂正行對話，表白心中的理想。無限孤獨正反映出個人情感昇華與超越的一個世間障礙，這是詩人對天地造物者的感通，用詩情與意境來抒化，而萬物自然是觸處皆在，故知音也是「在世存在」，此依海德格（Heidegger，1889～1976）解釋說：「這一首要的存在實情必須作為整體來看，我們不可把『在世界中之存在』分解為一些復可加以拼湊的內容，但不排除這一建構的構成環節具有多重性。」〔註88〕一如海德格的詮釋，不做分解但不排除各種環節，知意是無限、整體、多重，存在是李白的知音，存在以各種不同的方式讓李白感受到無限、整體與多重。故詩云：「世無洗耳翁，誰知堯與跖。」（〈大車揚飛塵〉，古風其二十四）李白所見的「自然」，是與他為一整體存在，洗耳翁、許由、堯、盜跖等，一如生活的自然情調一般，互相緊扣互相牽扯，誰是聖人俗人？都是在自然大化的關懷之中，當自己與知音處於共存狀態，知音視其為對象，自己藉由與知音的交往和關係，將「自己」投射出來，如此達到在世存在的見機而忘情，也是李白「自然」的關懷。

三、李白「有情」的省察

　　詩人往往在靈魂細微變動中安靜的開始，沒有刻意的方向，只是藉著一個點，詩人可以透過那完全展現情感，他不斷添加線條和形狀，圖像逐漸形成，這個圖像是詩人的人生經驗中，不斷和情緒、想像和衝突中角力，因而創作過程充滿人性強烈的感覺，李白雄心壯志為了安頓百性，也曾以「釣鰲」

〔註87〕張芝：《李太白研究》（台北：里仁書局，1985年），頁154。
〔註88〕參見海德格（Heidegger）著，陳嘉映、黃慶節譯：《存在與時間》（北京：三聯書店，2012年），頁62。

的態勢來到長安，故他決心披肝瀝膽，直諫天子，橫批逆鱗，並提出十條勤政務本的建議，玄宗不悅，李白乃被「出宮思過」。他悲憤彷徨，過分高估天子的愛民之心，低估奸臣的誹謗中傷，這條理想道路竟然如此泥濘難行，他的狂意直抒高歌，曾於《侯鯖錄》記載：

> 李白開元中謁宰相，封一板，上題曰「海上釣鼇客李白。」相問曰：「先生臨滄海，釣巨鼇，以何物爲鈎綫？」白曰：「以風浪逸其情，乾坤縱其志，以虹霓爲絲，明月爲鈎。」又曰：「何物爲餌？」曰：「以天下無義氣丈夫爲餌。」時相悚然。〔註89〕

年少輕狂的釣鼇客來到長安，發生了很多傳奇事情，這些軼事記述了李白慣常的飲酒、狂誕性格，以「天下無義丈夫」爲戒，又在皇帝面前不體官箴的形象，他的放任不羈在某種程度上是被允許的。

李白透過謁宰相李林甫的故事，建構李白無懼強權的形象，對於醫治世間的病情，只有大刀闊斧割除弊害才行，故李白對省察人世的病情，從來就懷著能有用於世的信念，其覺察到人生病相，也有要加上對治的雄心形象，並且常以釣鼇、斬鼇、斬鯨的比喻爲映證，如以下詩例：

> 我有吳趨曲，無人知此音。姑蘇成蔓草，麋鹿空悲吟。未誇觀濤作，空鬱釣鼇心。舉手謝東海，虛行歸故林。(〈贈薛校書〉)

> 意在斬巨鼇，何論繪長鯨。恨無左車略，多愧魯連生。(〈聞李太尉出征東南，懦夫請纓，冀申一割之用，半道病還，留別金陵崔侍卿十九韻〉)

李白釣鼇、斬鼇的理想寄託，以主動的「釣者」而言，鼇是指權奸了。因此，釣鼇客就是胸懷剗奸除惡的人間俠客。李白的〈贈臨洺縣令皓弟〉中說：「終期龍伯國，與爾相招尋」，顯然，詩人已經是對《列子》龍伯國產生認同，甚至於自身也在情感上投向龍伯國。「釣鼇客」是足以投射其對眾生的眞實性生命，李白希望展開釣鼇的行動即爲剗除奸險的行爲，成功之後就像龍伯國人「合負而趨歸其國」，乃是回到自己的國度，符合李白一貫性「功成身退」之道家襟懷。〔註90〕

〔註89〕 參閱，趙令時撰，〈海上釣鼇客李白欲以天下無義氣丈夫爲餌〉《侯鯖錄》卷第六，收入王雲五主編，《叢書集成初編》(台北：臺灣商務印書館，1939年)，頁54。

〔註90〕 參考李政治對李白的研究，其作品中多次提到功成身退的人生觀，如說：「在他的思想裡，歷史上的魯連、范蠡、張良、謝安等，都是功成身退的完美典型，也是他的生命向歷史上的投影。」《至情祇可酬知己》，頁150。

　　李白釣鼇意識有雄心壯志，爲國除害之心，但卻事與願違，李正治說：「『釣鼇』卻和『空』『鬱』等消極負面的語辭相連在一起。」﹝註91﹞所以，透過李白的釣鼇意識，似乎表現了他現實世界中理想不得開創，雖有壯志而無法發揮的感嘆。但即如此，卻又時常敘詩以明志，因爲不是他不得展才，而是因爲障礙太多，故李白眼中的「鯨」和「鼇」都隱喻爲權奸小人或亂賊，故「鯨」與「鼇」在其詩中是屬相同的隱喻象徵，如云：

　　　　安得倚天劍，跨海斬長鯨。(〈臨江王節士歌〉)

　　　　撫劍夜吟嘯，雄心日千里。誓欲斬鯨鯢，澄清洛陽水。(〈贈張相鎬〉)

　　　　手中電曳倚天劍，直斬長鯨海水開。(〈司馬將軍歌〉)

李白在「斬鯨」的態度上，似乎表現得比「釣鼇」直接，並且認爲斬鯨是可以直接「澄清洛陽水」、「海水開」，有其立即效果，這也是李白所認定的「人間正義」，正如李正治說：「在上引詩中「斬鯨」出現時，常和「倚天劍」對舉，「倚天劍」是上古神兵，人間正義的象徵，「斬鯨」則是維護太平的實際行動。在太白生命史上，一直肯定人間正義。﹝註92﹞」將「倚天劍」的「斬鯨」行動視爲具有普遍性的「人間正義」表徵；在主談「釣鼇意識」的專文中加入「斬鯨」的觀念，除了在爲民興利除害的觀念具有一致性之外，更有其互補性，其人間正義是士人特別有的價值感，更具有其獨特的人生關懷。

　　李白對權貴貪腐，十分痛心疾首，作諷刺詩云：「欲邀擊筑悲歌飲，醉後脫宿吳專諸。」在這首《醉後贈從甥高鎮》詩中，暗用荊軻高漸離擊筑高歌的典故，點染悲涼的氛圍，寫出了豪爽的俠士風度。他與權貴針鋒相對，毫不相讓。他深深憎惡「群沙穢明珠，眾草淩芳孤」(〈古風·其三十七〉)的黑暗現實，對橫行跋扈的權貴和趨炎附勢的小人強烈憤慨「奸臣欲竊位，樹黨自相群。」(〈古風·其五十三〉)並把批判的矛頭直指宮庭：「殷唇亂天紀，楚懷亦已昏。」(〈古風·其五十一〉)，這些舉動，表達出他真正關心的對象是民百姓，對於這些權貴則極力抨擊，必然遭到既得利益者的報復，故其所遭受政治的排擠，也可想而知，如詩云：

　　　　金樽清酒斗十千。玉盤珍羞直萬錢。停杯投箸不能食。拔劍四顧心茫然。欲渡黃河冰塞川。將登太行雪滿山。閑來垂釣碧溪上。

﹝註91﹞李正治：《至情祇可酬知己》，頁169。
﹝註92﹞李正治：《至情祇可酬知己》，頁169。

忽復乘舟夢日邊。行路難。行路難。多歧路。今安在。長風破浪會有時。直掛雲帆濟滄海。〈行路難‧其一〉

大道如青天。我獨不得出。羞逐長安社中兒。赤雞白狗賭梨栗。彈劍作歌奏苦聲。曳裾王門不稱情。淮陰市井笑韓信。漢朝公卿忌賈生。君不見昔時燕家重郭隗。擁彗折節無嫌猜。劇辛樂毅感恩分。輸肝剖膽效英才。昭王白骨縈蔓草。誰人更掃黃金臺。行路難。歸去來。〈行路難‧其二〉

一片報國救世的心，卻如此的鬱抑難伸，結構的巨大跳躍，突兀奇來、不可端倪的詩句間激盪著李白矛盾的內心，李浩云：「內心從心緒茫然、抑鬱憤激、希望樂觀、苦悶徬徨到振作自信的變化過程，跌宕起伏，變化曲折。」〔註93〕他將古今、物我打成一片，其狂勢引權貴不安，也為自己帶來難料的後果，他必須靠詩歌來書寫鬱結胸中的不平之氣，也在在表現他想要幫助人民、愛護百姓的衷腸。

這樣的性格，自然不為世所容，當時能夠欣賞他的人也不多，略帶狂氣的杜甫，始終擔心他的老友的處境，在〈不見〉一詩中不得已直抒胸臆：「世人皆欲殺，吾意獨憐才。」李白是因狂而不遇，又因不遇而更狂。杜甫說：「昔年有狂客，號爾謫仙人。」又說：「痛飲狂歌空度日，飛揚跋扈為誰雄。」又說：「不見李生久，佯狂真可哀。」〔註94〕連杜甫都認為，李白以詩反映在其身上即是超脫名教、崇尚自然，追求自由，並對諂媚而擁官位者，做出蔑視權貴和批判庸俗的價值觀，展現他的直率純真的作風。然自我期許很高，對人生關懷深切，常以浪漫而開創的詩歌，展現特立獨行的姿態。

這是李白真人觀的理想，也是他為世人的見證，李白透過智的直覺之詩性要達成志願，這樣為理想而創作的精神，帶來了生命意義的藝術。廖美玉說：「傲岸孤獨與柔情繾綣，恆是微妙地互為傾斜。透過詩人對花月雲水的深情吟詠，成為跨越時空、生命互許的符碼，人的根源感、人與人之間的真誠感、人與外在環境和諧感通的人文意義，在層出不窮的詩篇中，映現迷人的大千世界。」〔註95〕當人為理想而是必須全心投入時，理想與個人自身成為了一個整體之美，人以全部的身心靈為之努力，理想比個人的生命有更大的價值時，人也因

〔註93〕李浩：《唐詩美學精讀》（上海：復旦大學，2009 年），頁 121。
〔註94〕杜甫之詩，參閱《全唐詩》杜甫，頁 509～584。
〔註95〕廖美玉：《回車──中古詩人的生命印記》（台北：里仁書局，2007 年），頁 318。

此而願努力奉獻，詩人提供一條生命之密道，讓人人進入這永恆的詩心。

對於紅塵的大夢，他必須進入夢中來救渡生民，最後了知夢境終醒，他對人生的觀照已了然清晰，帶著道家「慈儉」個性換身李白的風格，如詩云：

> 莊周夢胡蝶，蝴蝶爲莊周。一體更變易，萬事良悠悠。乃知蓬萊水，復作清淺流。青門種瓜人，舊日東陵侯。富貴故如此，營營何所求。（〈古風之八〉）

蝴蝶本是莊子用來隱喻的對象，蝴蝶的形象是生命舞動、逍遙自適的意象，很合適用來當作說明物化的對象。李白詩中由「莊周夢蝶」到飲「知蓬萊水」〔註96〕，他以自由意志選擇到紅塵做一場大夢，然後知道就像莊子的蝴蝶夢，從此也就幡然放開。蝴蝶夢就是現實的超脫，蓬萊水時深時淺，變化任去來在彼此之間，看清楚變化的不可駐留，夢時的富貴與醒時貧賤也只是一體的變易，「營營何所求」對世事也可以放下，得失之間沒有那麼沈重，凡事皆是物化過程，此生盡力無愧足矣。

世上沒有完全的自由，自由一定都伴隨著相對而來的責任，李白的自由也是來自於對世間的承諾，不論承諾是否兌現，他已經成就了李白。如阿德勒曾說：「一切的經驗本身都不是成功或失敗的原因，我們不必因爲經驗受到打擊，因爲我們不是由經驗所決定，而是由我們給予意義，最後來決定自己。」〔註97〕李白想要參與朝政的士人心情，從人事化化中體會得出，他以仙人的姿態進入人間，他已經做出世間人性所需要的調整，他得到了這樣的共感與默契，他真正突破侷限地自由生活，領悟到做本來的真我。其「莊周夢蝶」爲他提供了豐富審美人生與想像空間，因此詩人們的離愁別緒、人生慨歎、思鄉戀國、恬淡閒適等多種人生感悟和體驗很自然地融入其中，都自在地表達了出來。如葛景春說：「李白選擇由詩酒來挖掘己身深度的生命與精神，更轉常選擇從道家逍遙達觀的視角觀之，以得到更爲寬廣的視野，讓自己能夠從另一層面，看待懷才不遇的現實，用超越的態度看待生命，進而超越死生、寵辱皆忘的境界。」〔註98〕李白知道生存的情志所在，這種時代的命局，淬

〔註96〕《神仙傳》云：「麻姑自說云：接待以來，已見東海三爲桑田，向到蓬萊，又水淺於往者，會時略半耳，豈將復爲陸乎？」參考瞿蛻園、朱金城校注：《李白集校注一》（上海：上海古籍出版社，2013年9月），頁111。

〔註97〕岸見一郎：《拋開過去，做你喜歡的自己——阿德勒的勇氣心理學》（台北：方舟文化出版社，2015年4月），頁173。

〔註98〕葛景春：《李白與中國傳統文化》（台北：群玉堂出版，1991年9月），頁144。

煉出他的振作與覺醒，他很恰當詮釋莊子，這正為囚困在這天下之中的苦悶者，提供活力來源，他以詩實現自我理想，解放人民的桎梏。

四、李白詩歌對道家本體療癒力的開發

李白詩概括的程度越高度，融合的價值觀就越廣，其詩文的意境就不侷限，特別是以實代虛來強化感情的強度，這樣，讀者由虛悟實自然就深。詩歌最美、最動人的價值在於讀者與作者心靈的連結，去體會、感受那相同的立場，於是產生的情感，再沒有比作者形容的更真切了，透過文章的分享，那種感動，彷彿處於相同的時代，彷彿找到了一位知音，因為我們有普遍的價值觀。請你嘗試以另一首熟悉的詩詞作品，分析其中的體用有無的筆法。在閱讀李白詩歌時，通過這一直接呈現在欣賞者面前的外部形象去傳達境與意這一象外之旨，從而充分調動欣賞者的想像力，由心入虛、由虛悟天，從而形成一個具有意中之境，「開闊意象」的詩學藝術，這是所謂由我開出的言外之意、絃外之音。

李白的取境把握中人倫的真情濃縮的表現，是融合真、善、美的整合，其對社會關懷的本質揭示得越深刻，概括的程度越高、大、深，其詩歌療癒作用也就越大。本小節藉由李詩印證詩歌療癒，從以我寓天、虛實相生、世間真情的詩學美趣，開出「虛實有無」、「開門見山」、「本不棄世」等療癒省察。

（一）「虛實有無」的療癒體現

李白善於在自己的詩篇中以虛實相生的手法創造一種獨特的境界。我們僅以他的一首小詩為例，看詩人是怎樣透過二十八個字也有虛有實，以實帶虛、以虛喻實創造意境的。如前述〈陪侍御叔華登樓歌〉、〈古風〉〈懷仙歌〉及〈悲歌行〉等可以看出來對道家體無用有的筆法及用心。又如〈贈汪倫〉詩云：

> 李白乘舟將欲行，忽聞岸上踏歌聲。桃花潭水深千尺，不及汪倫送我情。

這首詩是重在「欲行」、「忽聞」之際，妙在未見其人而先聞其聲，以歌代人，以虛寓實，而虛實相生。當李白「忽聞」時，這是踏歌相送，出人意表的行舉。詩人以絕巧之筆，使詩後陡起一筆，這欲行與歌至之間。不僅使景歌、使得情流過心地耳目，這是人情裡某種無理性的快樂，因為人情之樂的重要成分就是沒有理由，只有無理的快樂，才能真正快樂，如果試圖要找出那原因，人就會變得很痛苦，所以李白「贈汪倫」詩達到了讓人幸福的療癒效果。「潭水深千尺」千尺深的潭水比起汪倫那種誠摯之深情，仍是淺了許多，而

汪倫所「送我情」到底有多深，詩人留下了大片虛空，任人情思去馳騁，李白將這情意的療效留給後人反覆咀嚼。此詩觸物感興、即興徵情，以豐富意蘊道的耳目之景，寫的意中情，這正是老子說：「天下皆謂我道大，似不肖」（〈六十七章〉），世界的人都說所謂的道大而無當，頗似愚昧，但老子重在體悟自然，人活在此時此刻，不要刻意去規劃生活，情實是發生在當下的，而且也不一定是規則性的，李白的〈贈汪倫〉其實也表達了人與道之間的非理性處，他用了非理性的、用簡單的文字表達深摯的心聲。

　　李白詩之療癒，就在於他那「妙境只在一轉換間」〔註99〕「忽聞」與「不及」二字，以托物即興、以物象徵，化抽象情誼爲具象實景，將難以丈量的無形情愫，轉換爲空靈有趣人生韻境。李白運用虛實相生的手法，使人透過形象潭水千尺去體味到詩人與歌者之間的情誼。使詩的畫面有動有靜，跳躍轉換，靈動自然；情感曲線有起有伏，將道若明若暗、瞬息轉換的眞實展現在人與人的情感之中，爲人們所激賞。閱讀詩文時，可以感受到其中的情意，同樣的悲傷、同樣的欣喜，一時之間，有如經歷了作者的人生，好像活過了許多的日子，想起自己的曾經，瞬時豁然開朗，那就是會心之悟。詩歌虛實的相應可以觸動人心，就有共鳴的功效。人的獨體心靈，幽微難知，但凡共感之鳴都會有同感，所包含的程度越深，所含有的價值就會越高，詩人在嘗盡塵世間的酸甜苦辣之後，所描繪下來的感觸，筆觸讓人驚心動魄，那麼人們能感受的範圍就會愈大，所能咀嚼的就會越多，自然而然療效就因此產生。

　　李白的詩歌最美、最動人的價值莫過於他的眞、善、與美。常常在欣賞詩歌時，詩人能夠巧妙的利用文字的精鍊，表達出自己內心深刻的體悟感受，尤其是詩人能化實爲虛，調和物我，化景物爲情思，將內心抽象的情感利用寥寥數語形象化、具體化，觸及人的心弦，讓人如臨其境，在那時人內心自然會產生一種感動，讓人眞情流露，人的眞實就在與之心靈交會的歡欣，這種療癒不是口頭言語能夠形容，這是詩歌能夠流傳千古而不朽的原因。

　　詩歌是中國文學中的奇葩，在寥寥數句和寥寥數字中，表現出自己的情感，寄託自己的抱負和理想，用一種含蓄委婉方式來表達。又如詩云：

　　　　天門中斷楚江開，碧水東流至此回；兩岸青山相對出，孤帆一
　　片日邊來。〈望天門山〉）

這首詩斷開、流回形成一個有無之間的循環，遙遠處的青山相對沈靜，卻突然出

〔註99〕沈德潛：《唐詩別裁》（北京：中華書局，1975年1月），頁49。

現孤帆遊在眼近，並且是從由日邊所烘托出來的，本來畫面是靜止的，是無趣的，當場李白將畫面寫活了，因為生命是一個循環，天地也是一個循環，然江水流了出去，孤帆卻又駛了回來，在有無動靜之間，只有天的人才能看得到其美。這與老子的「吾不知其名，字之曰道，強為之名曰大。大曰逝，逝曰遠，遠曰反。」（〈二十五章〉）有異曲同功之妙，了解道家者能從生活監禁跳脫出來，那個監牢是自己攜帶在身上的，沒有堅持把他加在你身上，人只要拋棄所有的原則，只要能放棄俗見，就能返歸天真，成為赤子，而李白是天真的、也是赤子的。

　　李白詩有智的直覺之療效，詩必須經過一再的凝鍊，直觀的想像，才能達到盡善盡美的境界，讀詩也是如此，必在反復讀誦之間猛然有醒覺。如李元洛所說：「如果美的想像是一頂冠冕，那麼新穎性、創造性、奇異性，就是鑲嵌在冠冕上的塊三寶石。」〔註100〕這詩歌中感受到文字的凝煉，將形容詞轉動詞，運用轉品修辭，在天門、碧水、青山、日海等畫面，造成一種帶色彩的動態美感，形象描摹的更加動人，把詩的境界更往上提升。巴舍拉曾說：「在上帝面前，隱士是孤獨的。」〔註101〕在大道的面前，詩人是孤獨的，詩人只能把所要寄寓的，隱藏在那短短幾個字後面的意象，那是非理性的、非邏輯的，是屬於活活潑潑的道。

　　詩詞的美不只是華麗的辭藻，還有詞語中的真情。李白將難以排除的客觀環境，用寓意、隱喻來表達，以形象表達抽象之理，用的就是以實達虛的手段，如皮日休云：「大鵬不可籠，大椿不可植。蓬壺不可見，姑射不可識。五岳為辭鋒，四海作胸臆。」〔註102〕托引高古意象，代表言意的無限情境，時空所產生的距離感讓人習以為常而容易接受，也難有是非對錯的議論，這是李白今古融攝的寓意，也是藏實於虛的真義。屠隆云：

> 或謂杜萬景皆實，李萬景皆虛，乃右實而左虛，遂謂李杜優劣在虛實之間。顧詩有虛有實，有虛虛、有實實，有虛而實，有實而虛，並行錯出，何可端倪？……李如古風數十首感時託物，慷慨沉著，安在其萬景皆虛？〔註103〕

〔註100〕李元洛：《詩美學》（台北：東大圖書，2009年1月），頁267。

〔註101〕加斯東·巴舍拉著，龔卓軍、王靜慧譯：《空間詩學》（台北：張老師文化，2012年3月），頁98。

〔註102〕皮日休：〈李翰林——負逸氣者必有真放以李翰林為真焉〉收錄《李白集校註四》，頁1842。

〔註103〕屠隆：《屠緯真文集》，收錄《李白集校注四》，頁1873。

李白詩每有凝煉、概括、誇情、含志等特色，詩中語言意境，往往不能就字面而坐實，故論詩者「不以辭害意」。李白古風之詩，表達出用意志洞穿自己和世界被忘卻的陰影，擺脫不下的現實，成了潛意識下的吶喊，他想要訴人未知的真相，其詩總是隱喻著人們已經清楚的事實，人們所期待的事物、或將要踐履的事件，其要求將之統合在自我意志的理想之中，他的詩引領著人們進入自己更深層、尚未被發掘的內在世界，是慷慨沉著的真實。王夫之云：「太白胸中浩渺之致，漢人皆有之，特以微言點出，包舉自宏。」〔註104〕李白發古人的慷慨，將莊子的「大塊噫氣」發出，似實似虛，作用則為實；入世為虛，救世是實；丹藥是虛、意志是實。李白以之為虛實運用自如的手法，真正掌握了莊子氣的運用，詩人的情志詮釋，從以虛的情事去表達實的作用，成玄英說：「心有知覺，猶起攀緣，氣無情慮，虛柔任物。故去彼知覺，取此虛柔。」〔註105〕李白詩「藏實於虛」〔註106〕的療癒手法，其詩歌意象直接的銘刻以實際的現象，其詩只是不斷在邀請人們重新啟動那看不見的意像，它引領我們回到存有的領域，回到人類存有確定性所匯聚的人情事理中，當人活在這真情實意的意象中，才能啟動一種屬於「真人」的新生活，這也就是屬於道家所運用的「無執」之省察療癒。

（二）「開門見山」的療癒體現

　　道家對於生命是人生的大事，要以洞視的思考來面對它，付諸於生活的實踐，而不是把它當成社會目標的附屬物，不以社會的價值來決定生活的行止及生命高度，而是要以智慧的觀照。生命的全貌來作為人生活動的目的，這些觀念的建立是直接把人的生命存在的意義，放在「道法自然」的整體天地之間來看的，就是在一個齊物的胸懷中看待自己，在一個真人的知能中面對自己，在一個天人的意境中走出自己。李白的詩正是這樣的傾向，他以開門見山的筆法、直覺的書寫，表達「我想要的」的自由，正如嚴羽《滄浪詩話》的評論：

　　　　觀太白詩者，要識真太白處。太白天才豪邁，語多卒然而成者。
　　學者於每篇中要識其安身立命處可能，太白發句謂之開門見山。〔註107〕

〔註104〕王夫之：《四部叢刊初編——薑齋先生詩文集六》（上海：商務印書館景印本，1922 年），頁 4。

〔註105〕成玄英：〈人間世疏〉，《莊子集釋》上，頁 163。

〔註106〕羅宗強：《李杜論略》（蒙古：內蒙古人民出版社，1980 年），頁 219。

〔註107〕嚴羽：《滄浪詩話》，收入《四部叢刊集成‧初編》（台北：臺灣商務印書館），頁 37。

從李白的〈送方士趙叟之東平〉、〈獨坐敬亭山〉、〈山中答問〉等詩觀察，其見獨的觀照就產生在無物我之中，獨讓空虛充滿了實存，也因此能被賦予生命的力量，這種生命的力量，可以成為人生的治療。又從〈蜀道難〉、〈送友人入蜀〉、〈劍閣賦〉等來看，其詩中有我想要、卻不能的抒發，不可得而發洩是人的心理直接的治療，說明李白我鬱抑、我有話要說的心情，這種直覺的書寫正是心靈的妙方，又其詩歌充滿了生動而流暢的生命，總給人帶震動的能量，又如朱金城說：

> 文學作品鑑賞的索隱習慣，也許正與傳統的比興、興寄的批評方法，以及要求字字落實的思維方式有關。應該承認文學創作中的主觀色彩很強烈，特別是像李白這樣的詩人，以詩證史的方法很難行得通，那麼在沒有確鑿史料的情況下，又怎麼推斷出詩歌必有本事可索呢？況且從比興的角度看，如果真什麼需要美或刺的，用比興的方法話物寓情，欣賞起來，賞心悅目，不是更好嗎，何必苦苦追究那些隱起來的不能直言的忌諱？〔註108〕

「開門見山」是將無縫之門打開，是內在以直觀的見山，故要識真太白，就是要開門見山。李白打破詩歌創作的固有格式，空無依傍，筆法多變，達到了變幻莫測、搖曳多姿的神奇境界，不僅感情一氣直下，而且還以句式的長短變化和音節的錯落，來顯示其迴旋振盪的節奏旋律，造成詩的氣勢，突出詩的力度，呈現出豪邁飄逸的詩歌風貌。獨特的藝術個性及其非凡的氣魄和生命激情，大鵬般飛向南冥，有壯大奇偉的剛健之美。故沈德潛《唐詩別裁》：「讀李詩者於雄快之中，得其深遠宕逸之情，才是謫仙人面目。」〔註109〕當李白無法逃避面對權貴的生活，他必須承擔無法改變的命運，他必須接受世間的樣態，負起這不能承受的孤獨，當一切都無可依靠，只有自己掌握自己，於是見獨成為最真實一切，從而達到最深刻、最高價值的謫仙的真面目。

　　從李白詩浪漫式的真情讓自己獲得更多身心的自由，也從而看出他在人類心靈中，是那麼樣至情的發露。如李正治說：「進入李白的生命世界，直覺的體認是：詩仙的飄逸風姿和雄渾生命是永垂不朽的。」〔註110〕李白一生完全循著「自其本然」的性格行事，在世期望君王所用展開慈悲濟世情操，在

〔註108〕朱金城、朱易安合著：《李白的價值重詁》（台北：文史哲出版社，1995年10月），頁169。

〔註109〕沈德潛：《唐詩別裁》序論（北京：中華書局，1975年1月），頁84。

〔註110〕李正治：《至情祇可酬知己》，頁148。

方外追求意識上表現超塵脫俗的，也是期待一種回歸式的「赤子」形態，這種生命境界流露在他的詩文中，開顯出「有情」的關懷風格，也透出一種出世入世、離空出假之美。

（三）「本不棄世」的療癒體現

李白始終沒有得到理想的舉薦之機會，他黯然神傷，慷慨悲歌，發出了撼人心魄的鳴嘯。魂牽夢縈的侍君之道，難如登天。李白以縱橫馳騁，隨意抒寫的樂府體古詩，長短不齊的雜言，獨特的開頭句式，讓人隨著他變幻無常、滔滔奔瀉、噴湧而出的情感洪流一起開闊動盪，感受著他的激情。他日漸消極，「且樂生前一杯酒，何須身後千載名」（〈行路難〉之三），懷著無限惆悵失落和鬱悶難抑的苦楚，經歷了一個漫長的冬天的等待，於天寶三年春，李白傲然離開長安。〔註111〕如詩云：

> 我本不棄世，世人自棄我；一乘無倪舟，八極縱遠舵。燕客期
> 躍馬，唐生安敢譏：采珠勿驚龍，大道可暗歸。故山有松月，遲爾
> 玩清暉。（〈送蔡山人〉）

李白詩歌的中心主題就是理想與現實的矛盾。李白本來懷著宏大的理想，常以魯仲連、范蠡、樂毅、朱亥、侯嬴、謝安等人自許，相信自己也能像他們那樣，憑個人的才智和勇氣，濟世安民。面對國事，李白「撫劍夜吟嘯，雄心日千里」（〈贈張相鎬〉），他認為「縱死俠骨香，不慚世上英」（〈俠客行〉），可見他的壯志是何等壯懷激烈，然而他雖獲召入京，卻只能在失去勵精圖治精神的皇帝身邊當個文學弄臣，直到被放逐出長安，其「安社稷」、「濟蒼生」的理想都付諸夢影。面對百姓的生活情境，李白仍充滿自信，他認為「天生我材必有用」可惜現實社會上卻是「誰貴經綸才」（〈玉真公主別館苦雨贈衛尉張卿二首〉），他不禁要指責權貴的小知小見，悲憤地慨歎不管百姓自私自利。李浩說：「感情由茫然苦悶、抑鬱憤激、到樂觀昂揚，再到苦悶徬徨，最後復為振作自信。大起大落，層層折轉，喜怒哀樂，變化據烈。在格局上也呈現出跌宕起伏、縱橫翻捲的曲線運動，有一種騰躍震盪之美。」〔註112〕其

〔註111〕安旗認為李白三入長安，如云：「按照（李白）作品中思想感情的基調以及此而反映出來的時局特點，李詩的某些以及此期作品相互間的聯繫，潛心探索，綜合考察，便可以發現"三入"的蹤跡在一系例的作品中閃現。草蛇灰線，雖隱而顯。幽憤秘旨，雖曲而達，如欲無視，其可得乎？」安旗：《李白研究》，台北：水牛出版社，1996年3月》，頁102。
〔註112〕李浩：《唐詩的美學詮釋》（台北：文津出版社，2000年5月），頁96。

詩中不但以狂來表達關懷的方式，更以酒來訴說勁奇等浪漫意境，書寫成詩境，提供人生潛藏的關愛，人可以突破命限，迎接人生中的喜悅與成就，所以藉著古人來徜開自我是一種潛意識的自由形式。如詩云：「蘇武天山上，田橫海島邊；萬重關塞斷，何日是歸年。」（〈奔亡道中〉）李白先後引用古人的典故，蘇武、田橫、崔駰、李陵、魯仲連等很多歷史人物的故事，訴說自己所看到的一幕幕戰爭場景，表達了自己遭逢國家變亂之時的思想心聲，即使在「短服改胡衣」的情況下，他仍有能力來改變歷史，故從來不曾忘記要魯仲連讀之不免讓點頭稱許的詩文。又如〈行路難〉〈不見〉、〈古風〉、〈長相思〉、釣鼇、斬鼇、斬鯨等詩，都可以看出來其謫仙要濟世的本願。

李白一生的「入世」救濟，「出世」爲仙，都被作實現自我的意義展示。「入世」肯定儒者的價值，也是展示自己的政治才能；「出世」是擺脫對禮教的束縛，達到自由適意的人生理想，故「入世」和「出世」都統一在對自我價值的追求大目標下，實現自由創造在他身上是一致的，這就是李白慈愛的省察。葉嘉瑩曾說：

> 對李白，你一定要從兩個方面來認識才是完整的。他有他飛揚瀟灑的一面，也有他悲哀的一面，他的這兩方面，也許在〈行路難〉中表現的更爲突出。一般的人寫悲哀就是悲哀，可李太白不是的，他總是把他的悲哀寂寞寫得飛揚瀟灑。〔註113〕

詩人對生活周遭觀察的深刻和特有的敏感，如〈行路難〉其首詩反映了，我是天地的中心、我就在天地之中。所以既然沒有路可走，那就不要勉強地走，就定下心來，以優閒的方式來過日子，豈不舒服快意。放眼天下的局勢，戰亂動蕩、賢愚顛倒，無法改變現實環境，就從心境改變起，更爲直接。李白的直覺之心激情噴湧，行文如笑傲江湖，具有倚天獨出的躊躇滿志，讀之使人心潮亢動，而他卻更能泰山崩前的不動。這是李白高度熱望與失望之間跳躍的平衡狀態，正是創造力，以及隨之而來的關懷療癒必要的元素，這樣的陣痛很難有適應良好的人，他帶著殘酷的現實，任憑命運挑戰，並重新奮力爭取自由。

李白知道生存的意志所在，對這種時代的孤獨，淬煉出他的振作與鼓舞，他很恰當詮釋它，這正是被囚困在這天下之中的苦悶者活力來源，他以詩實現自我理想，解放人民的桎梏。李白詩往往在靈魂的細微變動中安靜的開始，沒

〔註113〕葉嘉瑩：《葉嘉瑩說初盛唐詩》（台北：聯經出版社，2012 年 12 月），頁 277。

有刻意的方向，只是藉著一個點，詩人可以透過那完全展現情感，他不斷添加線條和形狀，圖像逐漸形成，這個圖像是詩人的人生經驗中，不斷和情緒、想像和衝突中角力，因而創作過程充滿人性強烈的感覺。又如葉嘉瑩所說：

> 李白的〈長相思〉和〈行路難〉都具有超越現實的、象喻的涵義，因為他所寫的，都是一種追求嚮往的感悟。……它那種追求嚮往的感情，可以引導讀者超越現實中的那些很浮淺的物欲私利，使你覺得有一種更美好的東西。〔註114〕

這種美好的東西，就是人對限制有價值之自覺，而後才會由限制中解讀出不完美，由不完美而有煩惱病痛，故而要有去消除煩惱病痛之化解。去執與療癒是一體二面，因為人的不完美性在生命的反省下，必然形成不安以及對此不安之排除與治療，於是形成生命療癒的修養與探索。

　　李白的一生充滿了救國之情和求仙之想，但內心安適於求仙，外在表現於救國救民，一點也不相違，毫無矛盾可言，這正是對道家體無用有的接受，也是有即體即用的省察中，開出他的赤子情懷。詩中不時抒發濟世的理想和仙境的嚮往，但因對現實的挫敗而有折翼之痛，卻反而踴躍出其天才般浪漫手法，解脫那讓他焦慮的世界，他以詩指向玄之理境，造就其浪漫耀世的詩境，他的精神也隨著他的詩被歌頌不朽，也隨著詩的時空無限，而造就了其精神的直覺。

第四節　小結

　　道家本體觀秉「無」與「無執」的精神，以對道的慈儉及道的有情有信精神，立論道家的本體的觀照，道家以「無」來對治「有」，強調「無」是身心靈一體，本質是無，發用是有，故「無」與「有」是整體觀，以這種凝聚便能生出力量。以「無執」來任情率真、無拘無束，抒發自我的直觀，而超越人為約束與造作的情緒，見其內在因素的存在精神。在不同的時空背景，經歷著不同的生活樣貌，注入對命運的體現，創造出自己的理想與使命。以「自然」真實呈現人具意義的生命，以自我的直觀，豐富人生的價值，並以之書寫人生面貌。以「慈儉」提供了世人智慧的觀照與慰藉，並加強對內在心境所開顯的療癒力量。這道家對人們的形體、情緒療癒的啟發，當人們能與身心合而為一時，不為外在一切所抱限，乃可提升自我療癒的能力。

〔註114〕葉嘉瑩：《葉嘉瑩說初盛唐詩》，（台北：聯經出版社，2012年12月），頁272。

　　牟宗三對道家本體觀的關懷，以道家智的直覺提出，無執的存有論、人可有智的直覺、人雖有限而可無限等面向，這是「智的直覺」觀念的彰顯，以道家所具的智的直覺，乃在「無」的玄理中，以「無」化除人間的持執，成就人人本有的道，以及實踐後之無限心的自由。人的無限性，乃要擺脫處境的羈絆，以證成無時空性的價值存在，牟子開展道家關懷的實在性，繼而證成價值實有的無時空性。價值作為可能性，最重要的意義在其理想性與引導價值的理想性，是超越現實上不理想的最大力量。提出道家對本體的關懷，並開發「即體即用的療癒力」、「人人本具的療癒力」、「人內在具有無限的療癒力」，把道家療癒觀更清楚地詮釋表達。

　　李白對道家本體療癒的詩例，說明他以仙人（真人）的身份來應世，他的「獨」是期待人人回歸於天人合一的自然中。他以浪漫精神發揮，就創作、經驗與獨的表現，這是詩人與世界的「詮釋對話」（interpretive dialogue）〔註115〕，正如〈大宗師〉提到七個提昇生命狀態的方法，亦為修道的境界次第，如云：「以聖人之道，求聖人之才，亦易矣。」故體道者最貴重的直觀，以虛寂凝靜，隱晦才華，忘知忘慮，頗似愚鈍。如李白在拂逆不斷的襲擊下，歷事煉心、以不變應萬變，以至於其直觀應將生活完全外化，將自己當成一位觀察者和欣賞者，試圖不去控制生命，而是出世心來應入世情，轉而以詩心來書寫道生命的履歷，並以詩來表達命限的對治，而用道家的心志來展現其生命療癒經驗，亦是得其所哉。

　　本章綜而言之，道家要人自其本然，是一種終極的化解，病本來只是一時虛妄，健康是本然的安適，只有讓命在此時此刻安頓之，直覺的心靈及詩心能達齊物與逍遙，生命因此真正得到了療癒。

〔註115〕布魯斯·穆恩著，丁凡譯：《以畫為鏡——存在藝術治療》（台北：張老師文化，2012 年 8 月），頁 188。

第三章　道家境界觀之療癒

　　中國三教思想都是屬於生命的學問，也是實踐的學問，認爲人生就是向內返求於己，努力地修養以成就眞實自我。道家則透過主體的實踐，化解人爲的造作，回歸自然的眞實，體認了天人相通的縱貫精神，開發自然無爲的、同體大通的境界，乃是道家提供人們開發道相的療癒方法。道家的境界乃要從「無」來觀察，如牟宗三云：「無，先作動詞看，就是要否定這些。經此否定，正面顯示一個境界，用名詞來表示就是無。」〔註1〕其採西方哲學的觀點，轉而用較地道或較具中國特色的用語來會通，而道家以主攝客的觀點，卻以「主觀」、「境界」二詞融合起來，創造性提出道家是「主觀境界形態」的形上學，這樣的詮釋用詩學的角度，更容易讓後人對道家思想的把握，這對道家境界觀也作出了詮釋效果，說明道家是即境界即本體、即境界即工夫。

　　道家思想也能與存在主義做比較，正如牟先生所說：「存在主義可以主觀地講，亦可以客觀地講。客觀地講可以我們了解西方文化發展至十九世紀所表現出的病象……主觀地講則是訴諸個人的存在感受，以期對最內在的眞理有所覺悟。」〔註2〕一方面是客觀地涉及時代精神，一方面主觀地指向個人精神的超越，存在心理治療也從這樣的思維發剝出來，如個人面對孤獨、自由與生死的境界如何超轉，也成爲一種療癒的方法，且正與道家以主攝客的觀點相似，故本章亦採存在心理治療方法，展開道家的療癒理論。對道家而言，將歷史意識和傳統做出可能性的超轉與開發，企求生命的突破與昇進，最後得到圓融、圓滿、圓通的最高境界，道家以審美主體的開發，並以各種表達性藝術，從而也可開出療癒的視域，是道家對道相的詮釋。乃例舉李白詩歌

〔註1〕牟宗三：《中國哲學十九講》（台北：臺灣學生書局，2002年8月），頁93。
〔註2〕牟宗三序，李天命著：《存在主義概論》（台北：臺灣學生書局，2008年9月），
　　　　序頁1。

所詮釋對道家存在精神，來探討李白在道家「道相」中的省察，以詩歌表達道存在的感受，並使詩歌成爲具有一種「主觀境界」的生命呈現，文中並略舉尼采的風格做爲對照之。

第一節　道家境界的觀照與療癒

　　老子以「無」是天地萬物之始、之本，此本即是道。凡是道可以說就是有客觀性、實體性、創生性、作用性等四性，而道的客觀性、與實體性是對於道之「體」的體悟；道的創生性、作用性，則是道之「用」的體現。〔註3〕如老子云：「生而不有，爲而不恃，功成而弗居，夫唯弗居，是以不去」（〈第二章〉）可知老子由人生的修養，向上翻越一層，而進入其形上境界的體會，從功成的「有」，再講弗居的「無」，故「無」是心靈的虛靜本體，王邦雄說：「老子將本屬『作用層』的無，推極爲體，是謂『即體即用』。是以作用的「無」來保存一切的『有』。」〔註4〕當分析老子的形上性格是以作用層的虛無，來保存實有層的有，這虛靜所產生的是眞實之有，唯因眞實故有，這實有乃是從無而來，故可以說即境界即工夫。

　　道家必從以主觀的實踐來描素「觀」的形象，故道家充滿了詩性的美學，在生活中沒有想像性的人，總是不會有幸福，想像如同現實一般都是幸福不可或缺的元素。牟子指出：「（道家）沖虛玄德之宗主實非『存有型』的而乃『境界型』者。蓋必本於主觀修證，致虛守靜之修證，所證之沖虛之境，即由此沖虛境界，而起沖虛之觀照。」以沖虛的「無」在觀照上是爲體，也就是在萬物之宗，他將世界萬物包括起來，沒有外在客觀的廣被，而是絕對的廣被，故又說：「即以此所親切證實之沖虛而虛靈一切、明通一切。」〔註5〕觀照源於審美主體的覺察，他必須是絕對，以自己虛明的主體來表達這一切，是故此時爲萬物之宗，萬物以我爲宗，故人沒有觀照的工夫，即得不到智慧，主觀境界的觀照其實才是最眞切、自然純潔，無法侵蝕的，這道和萬物的關係，就在於道是能開創萬物的形態，亦說明即境界即本體的理型，乃道家形態與境界，本章乃從虛靜、見獨、逍遙、生死等面向來展開論述。

〔註3〕　參考蔡仁厚：《中國哲學史‧上冊》（台北：臺灣學生書局，2002 年 8 月），
　　　　頁 191。
〔註4〕　王邦雄：《道家思想經典文論：當代新道家的生命進路》，頁 17。
〔註5〕　牟宗三：《才性與玄理》（台北：臺灣學生書局，2002 年 8 月），頁 141。

一、「虛靜」的觀照

　　道家以自然就是道，道的相是屬於虛靜，只有從虛靜來體道，才能展開人生實有的關懷。而道是人回歸自然是生命眞善美的呈現，道是天地萬物及其彼此之間的互依關係，任何一物皆爲此共生性總體中之不可或缺的一部分，且此一共生性總體亦即「道」的本然，人對於「道」的體貼與證成，其實也就是在於對「氣」的流動中觀照，來維持這個共生總體的圓整。

　　認知「道」乃是以其虛靜之自然，其成就天地萬物之自生自化，來自於道又回歸道，這「充實圓整的相關意象能夠幫助我們，讓自己凝聚起來，讓我們能夠爲自己找到一種原初的形構作用。」〔註6〕人與天地之所以可長可久，是因爲依賴「道」來實現，「道」是以尊重天地萬物的存在資格與存在價值來保住天地萬物，它大公無私地給出無限寬廣的成長空間，讓天地萬物在「自然」中，不以創生、創發或創造爲基要，卻又無礙於生生、育生及護生之貢獻者，道的全體大用乃是「不生之生」〔註7〕，即以不刻意、不安排、不造作的生來創生一切。

　　消除人世間心智的巧僞作用，致力於虛壹無知的最佳狀態；去除人爲欲望之煩惱，讓自我呈現最安靜平穩的狀態，故老子云：

> 致虛極，守靜篤。萬物並作，吾以觀復。夫物芸芸，各復歸其根。歸根曰靜，是謂復命。復命曰常，知常曰明。不知常，妄作凶。知常容，容乃公，公乃王，王乃天，天乃道，道乃久，沒身不殆。（〈十六章〉）

老子以致虛守靜來說明「無」的本質，王邦雄說：「心致心的虛，心守心的靜。……心由虛而靜，是爲虛靜心，心虛靜如鏡。」〔註8〕陳鼓應引陳榮捷云：「虛，意指心靈寧靜與清淨之極致，沒有憂慮與私欲。」〔註9〕故又云：「虛其心、實其腹」（〈三章〉）。如莊子也提出「心齋」、「坐忘」，如云：「唯道集虛，虛者，心齋也。」（〈人間世〉）惟有使心靈虛空澄靜，才不會受外在事物的表象牽累，也沒有物欲追求的不滿，在外在事物的表象脫落後，才能觀照萬物，實現萬物，道是以虛靜的充滿，讓生命眞善美自由的呈現。

〔註6〕加斯東・巴舍拉（Gaston Bachelard）：《空間詩學》，頁342。

〔註7〕郭象註，郭慶藩編、王孝魚整理：《莊子集釋》（台北，萬卷樓圖書公司，2007年），頁273。

〔註8〕王邦雄：《老子道德經的現代解讀》（台北：遠流出版社，2010年2月），頁83。

〔註9〕陳鼓應：《老子今註今譯》（台北：臺灣商務書局，2012年10月），頁61。

　　虛靜的心境往往才能具體呈現真實的狀態，在人類的生活中，空虛可以是盈滿的，消極否定可以是肯定的承諾。觀聽萬物芸芸，世間充斥著各種音聲，但這些聲音常常是聽而不見的聲音，如小鳥在陽台鳴叫、汽車街頭呼嘯而過、路人當眾叫喚……，人如果能虛靜下來，學會傾聽沈默，突然間會發覺其實這些都是已經存在的聲音，它們存在寂靜之中，而虛靜的世界中還存在著無數的聲音，只有在虛靜當中，人內心的本性才能尋找到這跟天地一致的和諧聲音，老莊所說的道乃必須在虛靜中才能體現。

　　「無」是沖虛的作用，非關道德問題，不是說「是什麼」的說，而是要「如何體現」的作用來說。以虛靜的姿態來體現，才能開出安頓的生活，故王邦雄說：「道家除純藝術美感的情意觀賞外，生命的真，一定要定在善，只有道德才能是我們安身立命的終極依靠。老子以『道德』為主導觀念，可以透顯此中的消息。」〔註10〕道家的道德是無心為道之德，乃是要將世間的系統化掉，否定身心的生命的紛馳、心理情緒和意念造作等，故道德就是將之無，讓其恢復自己本然。又莊子云：

　　　　子綦曰：夫大塊噫氣，其名為風。是唯无作，作則萬竅怒呺。
　　而獨不聞之翏翏乎？山林之畏佳，大木百圍之竅穴，似鼻，似口，
　　似耳，似枅，似圈，似臼，似洼者，似污者；激者，謞者，叱者，
　　吸者，叫者，譹者，宎者，咬者，前者唱于而隨者唱喁。泠風則小
　　和，飄風則大和，厲風濟則眾竅為虛。而獨不見之調調、之刁刁乎。
　　　　子游曰：地籟則眾竅是已，人籟則比竹是已。敢問天籟。子綦曰：
　　　　夫吹萬不同，而使其自己也，咸其自取，怒者其誰邪。（〈齊物論〉）

大塊者，無物也，即大自然只是如實的存在，其運作方式可稱之為風，風是憑道的存在而作用，道的運作讓風吹過時發出各種聲音，這就是一種屬於形而上的「氣」，而道在大自然以是無聲之氣來發聲—天籟。無聲之聲就是一種道的存在，人只有通過對氣的體證，才能了知天籟之氣，觀照到人的生命就是一種「翏翏乎」的廣漠與深遠，成玄英疏云：「反聽無聲，凝神心符」〔註11〕人對氣的實踐與體證，是超越世間的氣，是向內不向外，道家的超越是自己終將返本歸真，與天地融合為一體。這是通過人生的實踐，悟到了大自然的道，將人的生命指歸於道，只有返本歸真，人才是與道一體。

〔註10〕王邦雄：《道家思想經典文論：當代新道家的生命進路》，頁18。
〔註11〕成玄英疏：〈人間世〉《莊子集釋》（台北，萬卷樓圖書公司，2007年7月），
　　　　頁163。

如果人執於外在的一切，以及世間的教法，甚至是尊崇一個聖人偶像，這些都還是執著於世間，都還在天籟之外，道家卻說人自己擁有那個超越的聲音，人必須觀照地向內走，體察自己的覺照的氣息，人才會更接近道。如卡巴金說：「人除了本體感覺之外，還有另個較不為人知的感知，稱為『內感作用』（interoception）。這是一種由內知曉身體感覺如何的感知，它不是去想你的身體如何，而是直覺體驗。它是一種內在本有的感覺力，一種內在感受的感知。」〔註12〕這種內感作用，就是全然地安住在自己的內在，即進入虛靜，在此當下的存在感，將會更接近道，理解這個似非而是的真理，可以讓自己外在的一切化除，當人剛好達到存在的中心，那麼就沒有二分性，那屬於對立、分別的「二」就會消失，一切萬物「咸其自取」皆進入了「一」。

二、「見獨」的觀照

當人能以自然為宗，天地任自然，無為無作，這樣的自然正是沖虛境界所透顯的自然，所以對於大自然的「他然」也依沖虛的觀照，將一切遮撥而納為自然，此時並沒有特別偏愛某物，也沒有施恩某物，人物自相治理而自相消長，體現一沖虛之德，讓天地任自然，這就是心境自由的超越萬物、包涵萬物的理由。

道家的創生特色，具有時空、萬物與人生境界的連結，以表達符號結合成新的詩性詮釋，化為一種立體的人生語言，跳脫以欣賞者為詮釋為的觀念，言不再只是情感的表達，而是帶出對主體視域，並融入生命歷程與審美深度，主張我與天地萬物為一，是道家對主體的詮釋。

如果「存在先於本質」，則是人隨著其發展與自我實現來建構其本質，故而不是生活在被先前決定好的本質或藍圖中，尤其面對生活中痛苦、罪惡、與死亡的「最終境遇」時，人要關心和重新檢視人的處境。〔註13〕人的「存有」就是人自我做「自由」決定的能力，由於自我所能形成的事物是無限的，藉由自由決定的行動，自我才不會受限於外在現象或昧於真相。故老子說：

> 有物混成，先天地生。寂兮寥兮，獨立而不改，周行而不殆，
> 可以為天下母。吾不知其名，字之曰道。強為之名曰大。大曰逝，
> 逝曰遠，遠曰反。故道大、天大、地大、人亦大。域中有四大，而

〔註12〕喬・卡巴金：《正念減壓——初學手冊》（台北：張老師文化，2011年3月），頁101。

〔註13〕參考李天命，《存在主義概論》（台北，臺灣學生書局，2008年9月），頁96。

人居其一焉。人法地，地法天，天法道，道法自然。(〈二十五章〉)

天之道，利而不害；聖人之道，爲而不爭。以其不爭，故天下莫能與之爭。(〈八十一章〉)

道是渾然天成的存在，既沒有聲音，也沒有形體，卻獨立於天地萬物之上而且永久不變，在宇宙中運行而且永不停止，可以說是天地萬物的根源。無法道出祂的名字，只能稱之爲「自然」，如劉笑敢說：「道法自然必然要求道是無爲的，反過來也可以說，道之無爲正是道法自然的表現。」〔註14〕就是那唯一的「獨」體，其形狀則是無邊無際的、運行不止的、無遠弗屆的，最後又會回歸源頭。王邦雄釋說：「存在的形上道體，一者要合理的解釋自己的存在，二者又要合理的解釋萬物的有在，『獨立不變』正所以給出道本身存在的理由，『周行不殆』正所以給出萬物存在的理由。」故道可以是獨的，也可以是全體。道之在於人也是如此，人必須是獨立的，才可能周行，也只有做到不改本眞，人生之路才能長遠走下去。

道總是讓利給萬事萬物，而且讓之中也不傷害到他們。劉笑敢說：「無爲的概念本身並不是統治術，而是一種政治智慧和社會理想的表達。無爲之治的目的在於社會的整體和諧性和個人生活的自主性。」〔註15〕故聖人符合天之道，不與民爭利，做什麼事都不會傷到人民。這就是老子「獨」的掌握，一個聖者對生活在世俗中的人們做的叮嚀，道是一種無限而整全的範疇，祂讓萬物生其所生，故「利而不害」，這是一種認知修養的智慧。聖人之道，是講人的道理，「爲而不爭」是至高的含容功夫。老子以這樣的道，只是個「常」，他體會常的道理，故不與物混俗、不汲不營，就如水之德，水是一味的謙下，不會與萬物爭，但萬物都需要它，水的無爲，是屬於道家療癒的精神，因爲能兼容並蓄，而不至於因爲人性權巧應變而有所失措，祂身處於世，但不與人相爭，是一種道家式「獨」的關懷。正如莊子說：

吾欲以教之，庶幾其果爲聖人乎？不然，以聖人之道告聖人之才，亦易矣。吾猶告而守之，三日而後能外天下；已外天下矣，吾又守之，七日而後能外物；已外物矣，吾又守之，九日而後能外生；已外生矣，而後能朝徹；朝徹，而後能見獨；見獨，而後能無古今；

〔註14〕劉笑敢：《老子——年代新考與思想新詮》，台北：東大圖書，2015年6月，頁136。

〔註15〕劉笑敢：《老子——年代新考與思想新詮》（台北：東大圖書，2015年6月），頁137。

無古今，而後能入於不死不生。殺生者不死，生生者不生。其爲物，
無不將也，無不迎也，無不毀也，無不成也。其名爲攖寧。攖寧也
者，攖而後成者也。（〈大宗師〉）

從朝徹而見獨，至無古今、不死不生而攖寧，乃是道家生命的超越歷程。朝徹
乃是生命的明澈，內心豁然貫通，體道我爲一，生命的負累完全解除，人格的
盲昧澈底消化，乃人格理想完全的體現；見獨是朗現道體，體道之眞諦，道爲
獨一無而生化之本源，萬物來自於它，又回歸於它。故能從形器界各種牽連中
超脫而無待，終而見獨；無古今，即超越時間，能了悟刹那即永恆，不再爲時
間所拘束，逍遙自在。不死不生，乃超越空間，道爲自然存有，無所謂生死；
攖寧，是體道終極境界，王邦雄釋說：「是無待無執地處乎萬象之中，卻不被
萬象所牽引擾動的境界。」〔註16〕攖寧而後成，乃在動亂的世間保有內心的和
諧寧靜，此寧靜不是死寂，而是在物我的將迎成毀之中，不執不溺、虛靜觀照，
能以不變應萬變外是置之度外的意思，即是能不刻意、不把持，不黏滯而灑然
冰釋，「所以這境界可謂是『坐忘』的境界。」〔註17〕故見獨也就是一種忘的
功夫歷程，也是境界的提升，是對於萬象萬物的不執無待的修養。

　　道是獨的存在，故是唯一的，然而這「一」也包含了二元性。而人的二
重性必須透過世界對立性來觀照無限。人類對存在的獲尋並非是獨立於社會
之外的一種完全孤立的活動，它是一種「我」與「你」之間進行的溝通及活
動。故「直覺」是發生於「我」與「你」之間，所以「直覺」也包含了「相
遇」、「關係」及「對話」等〔註18〕，這也正如尼采所說：「使自己處於絕對孤
獨以及脫離經常生活習慣的能力，不讓自己被縱容、服侍和照顧的自制力─
所有這些都表示出在關於最需要的東西方面，我本能上的絕對確定性。我把
自己置於自己的掌握之中，我恢復我的健康。」〔註19〕此時的「我」，是以自
我爲整個直覺，是一種整體，整體是屬於那絕對的道，此時此刻他是一個具
體的「眞人」身份，眞人的本質是屬於健康的，對一個內在純眞的人而言，
獨甚至可以作爲生命力量刺激品，成爲生命旺盛的來源。

〔註16〕王邦雄、陳德和合著：《老莊與人生》（台北，國立空中大學，2009 年 8 月），
　　　　頁 138。

〔註17〕王邦雄、陳德和合著：《老莊與人生》（台北，國立空中大學，2009 年 8 月），
　　　　頁 137。

〔註18〕參考布伯：《我與你》（台北：桂冠圖書，2101 年），頁 10～11。

〔註19〕尼采：《瞧！這個人》（台北：志文出版社，2013 年），頁 34。

　　道家以獨去展現主觀境界的高度，而他「相遇」命運的艱難時，用詩性詮釋自我意志，並顯示人類共有的潛在訊息，這種訊息是人在「道」中的生活常態，人要在道中安頓生命與適意生存，道家的言意是一種生命氣象，成為主觀境界展開。莊子為能「見獨」，是將天地之大用為我所用，天地萬物「未始出吾宗」，是見道之大環，故渾天無內無外與我為一。道家用「獨」來說明一切存在現象與真人的身份，他的獨期待人人回歸於「自然」中。這是一種浪漫精神發揮，就在創作、經驗與見獨中表現，這是道與世界的「詮釋對話」（interpretive dialogue）〔註20〕，是天人不相勝的見獨，此時「我」是所具的天地，故獨的觀照就產生在物我與無之中，獨讓寂虛充滿了實存，也因此能被賦予生命的力量，這種生命的力量，可以成為道家式的人生療癒。

三、「逍遙」的觀照

　　道雖然周流天地一切，卻隱身在無名之樸中，在上者若能體道守樸，不自以為大，則其德能潤澤一切人事萬物，使其均和，這是「抱道守一」的德者。得到了「一」，代表著某種安詳、寂靜、沈默、無為的境界，祂似乎總是存在著諦觀著永恆，其能沈浸於過去、現在和未來的成就，靜靜存在絕對的「一即一切」的靈台上，俯視著萬物之生生。如老子云：

> 昔之得一者：天得一以清；地得一以寧；神得一以靈；谷得一以盈；萬物得一以生；侯王得一以為天下貞。（〈三十九章〉）

> 上德不德，是以有德；下德不失德，是以無德。上德無為而無以為；下德為之而有以為。（〈三十八章〉）

德者體認人的行為活動內在根據，是來自於道，故必須捐棄主觀有為的認知分別與價值區分，讓自己真正成就為上善、上德。在上德的敦化下，人人撤銷主觀心知與情欲纏結，能「損之又損」，重返生命素樸原貌。當人事萬物都能歸向於道，一如川谷之歸向大海，一切只有依從於道，則道與人、人與物、上與下、內與外各正其位、各適其性，兩不相傷而德交歸焉，這就是無為而無不為──逍遙。

　　道家通透的直覺中萬物皆化而開展為自由與逍遙，故莊子云：「天地與我並生，而萬物與我為一」宇宙萬象成為一個渾沌的整體，人則參「與」乎其

〔註20〕布魯斯・穆恩著，丁凡譯：《以畫為鏡──存在藝術治療》（台北：張老師文化，2012年8月），頁188。

中，道以主觀的體證境界，是一種冥契的、神秘的實踐，如賴錫三言：「由冥契主義的體驗角度看，『一』做為老莊道論的關鍵概念，正是有關冥契意識的一體之感之經驗描繪，體道者即為體一者，而老莊不斷出現的：抱一、得一、致一、視一、遊一、入一、通一、貴一等等，皆不外是指，當人的自我主體意識、二元語言認知結構被轉化甚至消釋時，進入那種超主客、超二元、跨界域的合一融通狀態。」〔註21〕此時萬物齊一，共體共感，進而產生身心的有機活力，充滿人生的意義，甚至對存在感也有了新的價值與安頓，這是一種永恆的覺受。劉笑敢提出：「萬物得一以生的一，是萬物生存的統一的根本依據，道生一的一只是世界生發過程中的最初階段的一個圖式符號。」〔註22〕由於共同的起始階段無法描述，也無法命名，故以「一」指出那個階段或狀態逐漸演化出宇宙最簡單的存在形式，所以人能想像無窮，用人類的語言，表達到遊無窮之野、出六極之外。如云：

> 窮髮之北，有冥海者，天池也。有魚焉，其廣數千里，未有知其脩者，其名為鯤。有鳥焉，其名為鵬，背若泰山，翼若垂天之雲，摶扶搖羊角而上者九萬里，絕雲氣，負青天，然後圖南，且適南冥也。（〈逍遙遊〉）

以物化而萬物俱齊、無所對待，達到逍遙之境界，將對待化除而予以超越的體證，乃莊子思想所以能對中國的詩學與藝術產生重大的影響，其洞察萬物的直覺力和縱橫奔放的想像力，讓其樹立無待、冥契的美學。故賴錫三認為：「道家內外向的圓教型自然主義冥契類型，它統合了美學經驗和宗教體驗於一爐。」〔註23〕這一體的覺知，打通生死的隔絕與天人物的連續，帶出生命無盡的意義。

　　這一體是生命的本真，正如海德格所要指明：「人要的不是長久的但卻無變化的時間流逝，而是每一時刻都能作為一新的起點，發展出新的自我存有狀態。生活在平均狀態下而不探問自己的存有意義，不去開發存有的最大可能，是他所批評的『遺忘』（oblivion）狀態，也使得自己只能在閒談、模稜兩可、好奇中遺忘自己的本真狀態。」〔註24〕人因為喪失於真常之中，故此首

〔註21〕賴錫三：《當代新道家——多音複調與視域融合》，頁294。
〔註22〕劉笑敢：《老子——年代新考與思想新詮》（台北：東大圖書，2015年6月），頁205。
〔註23〕賴錫三：《當代新道家——多音複調與視域融合》，頁294。
〔註24〕海德格（Martin Heidegger）著，陳嘉映、黃慶節合譯：《存在與時間》（北京：三聯書店，2012年6月），頁308。

先得找到自己，而要找到自己，就得在它可能的本真狀態中被「顯示」給它自己，當下乃是需要某種能自身存在的見證，即見證存在乃按照其可能性，本來已經是自身存在了。此即人本來就有道，卻遺忘了這個道。劉笑敢說：「老子明確地認為宇宙的總根源不是神而先於神，所以說：『吾不知誰之子，象帝之先』。一般說來，老子哲學是神秘主義、直覺主義、非理性主義或反智主義……但是在這些傾向的後面，老子還表現了很強的理性精神和非信仰主義傾向。」〔註25〕這理性精神乃道家能化解感官知覺與雜亂的世間經驗，成為一空白的統一，也只有化解世間一切束縛，才得進入意識空無的虛靈，以虛靈故而能逍遙無邊，此時境界不但不會否定世間萬象森然，反能一體之感通於當下的每一具體生命之躍動，雖然世間個體的分殊有異，但都是道的影象朗現，各個盡展現體無限的道體之美。

四、「生死」的觀照

　　道家認為生存與死亡是一體的。宴席會散場、身命會結束，這是自古以來人人都知道的事實，但是僅管歷史消漲的過程為人們所熟知，但人難免仍害怕現象的消逝，始終還是要面對生命死亡的恐懼；即是儘管如此，在這樣默默承受的生活情境中，人們還是必須想辦法活下去，「好死不如歹活」這種不向命運低頭而活下去的意志，就是道者「善死善生」最基本核心的理論。生命的過程乃是會老會病而死，所以了解死亡的不避免，以及想要長生的心願，兩者之間成了一種存在的衝突。故死亡始終是治療的終極面對，也是最容易了解的終極關懷。這並不是說人們可以去治療死亡，讓人永遠擺脫死亡的威脅。而是指引人們面對死亡的態度，以達成治療的效果。這個態度成為人們生活和成長的方式，也是讓人衰老和生病的方式，是態度產生了現象，為了不讓死亡成為恐懼之威脅，要使這種態度不會成為一種病態模式，於是生死學也成了現今的顯學。

　　國內「生死學」的研究，則是由知名學者傅偉勳（1933～1996）先生自美國引進而肇其端，在其於 1993 年出版的著作《死亡的尊嚴與生命的尊嚴──從臨終精神醫學到現代生死學》〔註26〕一書中，他首先引介美國「死亡學」的研究與「死亡教育」的發展，並且更進一步結合中國「生」與「死」並提

〔註25〕劉笑敢：《老子──年代新考與思想新詮》（台北：東大圖書，2015 年 6 月），頁 207。
〔註26〕傅偉勳：《死亡的尊嚴與生命的尊嚴──從臨終精神醫學到現代生死學》（台北：正中書局，2009 年 10 月）。

的課題，而提出「生死學」（Life-and-Death Studies）一詞，作為新的學科名稱，不但掀起國內各界探討生死學的熱潮，更促使各大學校院相繼開設生死學相關的通識教育課程。他是根據美國「死亡學」研究成果，配合中國哲學生死智慧，以「生死是一體兩面」，把死亡問題擴充為生死問題。他後來把死亡學定位「狹義生死學」，開創以「愛」的表現貫穿生與死，從死亡學轉到「生命學」的「廣義生死學」探索〔註27〕。

　　道家的死亡觀是屬於廣義的生死學，道家以其生命真實的體驗，來開顯出人類安身立命的相繫慧命，豐富華人文化精神內涵，及存有價值世界的永續經營。道家的生死觀提供道學面對生死的基本方向，以（一）死而不亡（二）安之若命（三）善生善死等，三點來論述之：

（一）死而不亡

　　生命是流動的真理，不斷生成、不斷演化，生命一直存在，有時候以沒有生命現象的方式存在，是一個永恆的存在。對於永恆的體現，道者是通過道德的實踐而來的肯認，是在實踐道德歷程中直接呈現本心或天道。此直接呈現之本心是超主客、是非、生死之相對，故不能成為純客觀的對象。那不是一個知識的問題，而是一個工夫、修養與實踐的問題。正如老子說：

> 知人者智，自知者明。勝人者有力，自勝者強。知足者富，強
> 行者有志：不失其所者久，死而不亡者壽。（〈三十三章〉）

從此可看出人生存活動的最高價值在於對「道」的體悟與實踐，而「法道」的基本精神又可以「自知」相貫，陳鼓應註云：「一個能自知、自勝、自足、強行的人，要在省視自己，堅定自己，克制自己，並且矢志力行。」〔註28〕故人在「無為」精神的配合下，生命中的許多問題都得到了一定的解答，因此若「死亡」是所有人類乃至於其他生命所必須面臨的過程，那麼如何以知「道」的精神處理人面對「死亡」時所帶來的問題，這才是老子討論的焦點。老子以「死而不亡者壽」來說「生」與「死」，可為老子思想中最為完整的敘述，若「壽」為「道」所表現的一種普遍內涵，則「死而不亡」四字中所提點的意義，可以知道「道」是屬於不亡的壽，人可以不亡而壽在於對道的體證程度。

〔註27〕傅偉勳：《死亡的尊嚴與生命的尊嚴——從臨終精神醫學到現代生死學》，頁227～237。

〔註28〕陳鼓應：《老子今註今譯及評介》（台北，台灣商務印書館，2012年10月），頁179。

　　道者直接就自己的德行的生命來呈現自己的心靈，照見這個永恆存在的生命，故永恆的定義是成就在德的生活，在超生了死中自作主宰的心，故此心就必須在自己的道德生活中來體會。德行主體不可以看作是心靈活動或心靈內容的集合體，蓋一物是許多物的集合，如人體是頭、身、四肢的集合體，這些物都是並列的靜態的存在，但心靈的道與德及其相關的活動與內容，都是「動而愈出」而相續不窮的。人可以直觀感到我超越一切已有活動的內容，由無限的活動，我們同時即在這活動由無而有，感到這活動出於我們的心靈主體。我們可以說此主體既超越但又內在於一切活動現象之中，既可說體即是用，也可以說用即是體。瞭解「死而不亡者壽」是指精神境界對生死的體悟，人表現於宇宙萬物生死運行原則，老子乃要人超越死亡的視野來看待人世的價值。

　　首先，「死而不亡者壽」雖然是站在「死亡」的角度上說，但其重點仍是暗示「壽」的眞意，「壽」的意義是「長久」，「長久」在老子的學說裡即是表現綿綿若存、用之不勤之永恆，這種永恆的境界並非靜止不動的狀態，而是趨近於不生之生的境界，而此「生」境界的具體表現並非單純的「存在」，必須是能含納「生」、「死」相繼的變動，而且是不斷反復運行之中。因此老子不同意「生生之厚」的說法，如云：

> 出生入死。生之徒十有三；死之徒十有三；人之生，動之死地亦十有三。夫何故？以其生生之厚。(〈第五十章〉)

> 五色令人目盲，五音令人耳聾，五味令人口爽，馳騁畋獵令人心發狂，難得之貨令人行妨。是以聖人爲腹不爲目，故去彼取此。
> (〈十二章〉)

此乃因爲「生生之厚」，即是追求相對於自然的人爲造作。王邦雄釋云：「上一『生字』，當動詞用，可與『物壯則老，是謂不道，不道早已。』對看求解。生生之厚近乎『物壯則老』。而『動之死地』也就是『不道早已』，早已，如同中道而夭，人生路走一半，就提早終結自己的一生行程。」〔註29〕這是因爲人求生太過、刻意的造作，以致反而不得長生。而人若浸淫在耳目口舌等感官欲望的追求，因爲需求不斷而不能止，又害怕失去自己所擁有的而處處防備，故陳鼓應說：「老子喚醒人要摒棄外界物欲生活的誘惑，而持守內心的

〔註29〕王邦雄：《老子道德經的現代解讀》(台北：遠流出版社，2010年2月)，頁226。

安足，確保固有的天眞。」〔註30〕人心狂妄的追逐，就在追逐伐取中迷失。
這種不得滿足的情況，就個人將導致「強梁者不得其死」（〈四十二章〉）的下
場，就群體則造成「朝甚除、田甚蕪、倉甚虛」（〈五十三章〉）的困局，所以
不只是個體生命，甚至是一個族群血脈都將遭致滅亡。

　　不論是個體或群體，求生如此之不易卻加速死亡的到來，這便不能是道
家「生」的本意。對人類這種生死的迷惑，要跳脫對生的執著，則不如好好
考慮直接面對相對於生的死。亦即正視人的肉身的自然將「死」，人能透徹
地體悟「生」的眞貌，以及體現「道」在人間恆常眞實的意義，故老子指出：

　　　　萬物並作，吾以觀復。夫物芸芸，各復歸其根。歸根曰靜，是

　　日復命。復命曰常，知常曰明。不知常，妄作凶。（〈十六章〉）

萬物萬事的演化，皆有歸根復命之時，即其生命精神境界的平靜自然，同時，
表現於宇宙萬物之中「大逝遠反」的觀復歷程，由生至死、死而新生，體悟
這「道」才能瞭解人生眞正值得去追尋的，也才能在面對生死問題時有所負
責的情操，這即是「明」。故林安梧說：「道家所強調因是非佔有性、非掠奪
性、非積極性、非正面性、非縱貫式、非控制性的，這樣的變化非常重要。」
〔註31〕若執著於生或輕忽於死，都有可能導致讓生命逢遇不必要的凶惡困
境，此「凶」指的就是人爲造作所導致的各種災禍或死亡。

　　樸質的生命追求是希望能在禍福流轉的世間，還能懷有一顆無執的心，
選擇一條最值得的道路，這其實也就是道家思想核心「無爲，無不爲」的精
神。林安梧說：「讓萬物都能歸返到生命的源頭，這叫做眞正的寧靜，而這眞
正的寧靜就是回到一個事物的性命本身。」〔註32〕因此，「死而不亡」的觀點，
就是人世間變動中有一不變的，這不變的是不亡的，人追求到那不變的，將
化身爲永恆價值，這值能使自身安頓，也能使自己死而不亡。

　　道家除了關注自己本身之外，也可以向外推展至家、鄉、國，而不論所
處的角度爲何，其所修持的「道」其實爲一，實際的作法是其中所把持那「無」
的精神。老子論「壽」所指的是「長生」，即意指無爭、無執的理想世界，能

〔註30〕陳鼓應：《老子今註今譯及評介》（台北，台灣商務印書館，2012 年 10 月），
　　　　頁 95。
〔註31〕林安梧：《新道家與治療學——老子的智慧》（台北：臺灣商務印書館，2010
　　　　年 6 月），頁 157。
〔註32〕林安梧：《新道家與治療學——老子的智慧》（台北：臺灣商務印書館，2010
　　　　年 6 月），頁 145。

永續發展。老子提供了一個「小國寡民」的範式，族群之間互相存在，卻互不干擾與爭伐，期待讓每一個生命體都能長久存在，因此，可以說「死而不亡」的眞意，明白生命的價值與人生意義，使人得以在生死中得到安頓，也因爲彼此之間無執無爭而共存，進而達到眞正的長生。

（二）安之若命

常人活在這個世界中，爲了生活的可能，追逐三餐的暫飽，以致讓人的生命分散其心力，心逐漸在日常的瑣事之中沉淪，人的生命因而降低價值，專注於生活的瑣碎事物，向日常生活委屈求全。特別是面對死亡的威脅時，爲了擺脫對死亡的恐懼，人會更降低自我的價值而對病魔俯首稱臣，特別是今人接受科學知識的洗禮，必然也深信科學醫療的預期療效，因而面對疾病時，唯一的標準似乎只有多與醫生溝通、定期檢查、按時服藥、仰賴器材……等等方式，尤有甚者則是多運動、接近大自然、吃生機飲食、健康食品，但這些都是一般認爲機能的要件，故人與動物的一樣，生存必備的身體構造機能，然此尙未進入道家的精神範疇。如莊子云：

> 仲尼曰：天下有大戒二：其一，命也；其一，義也。子之愛親，命也，不可解於心；臣之事君，義也，無適而非君也，無所逃於天地之間。是之謂大戒。是以夫事其親者，不擇地而安之，孝之至也；夫事其君者，不擇事而安之，忠之盛也；自事其心者，哀樂不易施乎前，知其不可奈何而安之若命，德之至也。爲人臣子者，固有所不得已，行事之情而忘其身，何暇至於悅生而惡死。（〈人間世〉）

在道家以屬人的生命意義與價值的生存方式，乃是要進入「體道」的過程。人生是自我走入天下，自我有限而天下複雜，莊子以天下二種大戒，意謂在人間行走有兩大難關，「其一命也，其一義也。」自我是命，天下是義，命是天生本有，義是人間遇合。前是家族親人間的天倫，後者是天下人間的人倫，故命不可離而義則可離。本來「吾生也有涯」是命，「而知也無涯」是義，前者是天生的眞實，後者卻屬人爲的造作。正如林安梧所說：「道家很重要的一個思想就是去名以就實，歸還於無名之樸。回到那個存在本身，那個存在的本身就會彰顯。」〔註33〕故莊子對生命困苦的省思，不重在「一受其成形，不亡以待盡」的形軀命限，而重在「其形化，其心與之然」（〈齊物論〉）

〔註33〕林安梧：《新道家與治療學——老子的智慧》（台北：臺灣商務印書館，2010年6月），頁198。

的心知困擾，故不以其父母生成的才氣說命，反之以「子之愛親」來界定命，沒有兒女不在父母的愛中成長，故子之愛親堪稱與生俱來，且深植於心，是心的自我認取，屬於存在本身，故當然是不可解，也是解不開的。

在子之愛親的命限之外，還得面對人與人間是是非非之義。人間正義，是君上主宰，臣下僅能依據義度行事。不論臣下是何等身份，在何處落腳，總有君上的義居在上位，故改變不了臣之事君的格局，故天地雖大何處不屬君，《詩經·谷風之什、北山》云：「普天之下，莫非王土；率土之濱，莫非王臣。」國君有如天羅地網，臣民則是無所逃，也是逃不掉的。天生本有的不可解，與人間遇合的無所逃的現實，而人生的困苦而言，卻也總是牽連纏結，難以分開。故莊子又云：

> 死生存亡，窮達貧富，賢與不肖，毀譽饑渴寒暑，是事之變，命之行也。日夜相代乎前，而知不能規乎其始者也。（〈德充符〉）

> 知人之生死存亡，禍福壽夭，期以歲月旬日若神。（〈應帝王〉）

> 吾思夫使我至此極者而弗得也。父母豈欲吾貧哉？天無私覆，地無私載，天地豈私貧我哉？求其爲之者而不得也，然而至此極者，命也夫。（〈大宗師〉）

> 遊於羿之彀中，中央者，中地也，人而不中者，命也。（〈德充符〉）

死生存亡與賢不肖，是天生本有的命之行，而窮達貧富，禍福壽夭毀譽，包括挨饑受凍，是人間遇合的事之變。不過，命之行離不開事之變，二者重疊交錯，且不分日夜圍繞在人人生命的周遭，故莊子裡神巫季咸相命，將本屬事之變的禍福壽夭，也劃歸在死生存亡的命之行中一體論斷。而子桑貧病，「天地豈私貧我哉？」直呼父母天地，貧然既不是父母生成，又不是天地造化，求其爲之者而不得，而心又不能窮究源始，不能不問人間合理嗎？社會正義何在？既命運是無所遁逃，一概歸之於不可解的命。且投身在人間名利權勢的角逐，有如遊於羿之彀中，后羿是神射者，靶心中央是必中之地，若依人間遇合的義而言，站在那中央則受傷是必然的，若有例外，反而悖離了無所逃的義，故莊子弔詭的說那就是「命」。

　　從這個角度來說，人與病的關係也是必然的義，即有生命就可能有病，而道家非反對求醫治病，而是要超越於「病」，人即使得病了，也可以安順處之，不爲病所苦，這就是掌握了「玄德」的道理。但是人生命的型態，若還是停留爲了三餐而活，或只在害怕疾病與死亡的生理醫治上，道家認爲這不

是真正的生命玄德，老子說：「夫莫之命，而常自然」（〈五十一章〉）萬物的創生的物形、勢成，其中德仍流貫於這物、勢之間，故人能與有、無、萬物之間共同體現那德，即是「玄德」，而「玄德深矣遠矣，與物反矣」。徐復觀認爲：「萬物由其德以通於道，亦即由其德而從有通於無；所以說是深、是遠，與物反，乃與物反於其所自來之道。」〔註34〕即與現象相反，與病態相反，如果能從現象、病態來反探尋其過程中的原因、或理由、或其德，最後達到那「道」，那麼人就可以「安之若命」矣。

（三）善生善死

死亡是人類共同關心的事，從古時就開始被研究再研究，這些研究中有些是研究死亡本質的，但大多是一些習俗的記錄，正因爲死亡是這麼一個寬廣的題目，死亡學依賴的是全面性的研究。鈕則誠說：「研究死亡的規律，從生物的、心理的、社會的、經濟的、醫學的、哲學的、宗教的、環境的、倫理的、道德的、法律的、價值的……等等角度來討論死亡的相關問題。」〔註35〕死亡學就是一種生命之學，在西方哲學中，開始以文字表達思想以來，就強調生命和死亡是交織在一起的，生命之中病痛及死亡會讓人感到害怕，解脫病痛及死亡是人們追求的目標，那麼病痛及死亡必然是人們遠離的目標。西塞羅（Cicero）曾說：「思考哲學就是爲死亡做好準備」。塞內加（Seneca）說：「只有願意並準備好結束生命的人，才能享受真正的人生滋味」〔註36〕。人們想要解脫的念頭總是因爲人生活在痛苦裡面，所以人要離苦得樂。但是病痛及死亡的情況並每每因人而異。

道家認爲做一個人如此的有限，但是若了知此道，將不會覺得有限，本分內該做的事自己都做到了，就不必逃避命限，即使連想逃也逃不開。故人要能安時處順，安了就是沒有壓力、沒有負擔，突然之間人就像一隻鳥飛了起來，平時人們飛不起來就是有壓力、有負擔，當精神在起飛，人的心靈也起飛了，境界則可超越，心地高遠拔起，生死再也不那麼可怕，死亡將如同去睡覺一般，每一個人都覺得很可親、很受用。正如莊子寓言云：

> 偉哉，夫造物者，將以予爲此拘拘也。曲僂發背，上有五管，

〔註34〕徐復觀：《中國人性論史·先秦篇》（台北：臺灣商務印書館，2010年7月），頁339。

〔註35〕參閱鈕則誠、趙可式、胡文郁《生死學》（台北：空中大學，2008年），頁6。

〔註36〕歐文·亞隆著，易之新譯，《存在心理治療學》上冊（台北：張老師文化，2011年3月），頁64。

> 頤隱於齊，肩高於頂，句贅指天。
>
> 　　夫大塊載我以形，勞我以生，佚我以老，息我以死。故善吾生者，乃所以善吾死也。（〈大宗師〉）

常人因在現實生活得到豐裕與安定後，而世俗的事務與應酬，易使人心流蕩而外馳，而再變得世俗。懷著血肉之軀真去實踐理想求改變艱難痛苦的世界，實現道德的理想，縱能見貞定之理的世界，生存在俗世的特殊環境中，也常須忍受孤獨之艱難，生命精神越上高處，則越孤獨而高處不勝寒。而且，美善世界隱藏的義理無窮，若人的生命精神不求開展，則任一層、任一處之義理皆可能執著而成障礙，使人不見更高更廣闊的宇宙。

道家乃依乎自然、不以生理上傷殘或生死爲界限，自然的運作讓人在精神上與死亡交織爲一個體，乃悟形體的死亡會使人毀壞，可是對死亡的態度卻能拯救人。正如莊子謂：「道物之極，言默不足以載；非言非默，議有所極。」（〈則陽〉）道家要人跳過單獨實存的各別生死問題，天下終極的真實將是不可名狀的境界之地，是絕對真理，絕對的實在。而西方學者蒙田則說：「死亡是透過推理才被感知，那是瞬間的運動」、「死亡屬於過去或將來，不屬於現在」。〔註37〕所以面對傷殘或死亡只是現象作用，不必感到害怕，人會害怕死亡正是人生必須去修練的，否則遇到生命的難題，就沒有足夠的力道去破關。死亡是生命的存在現象，人就要試著去愛它，愛自己的老去、愛自己的病痛，愛自己的死亡，只有愛才能圓滿一切生命的作用，這也是處在這個生活世界，人可以運用最爲和諧、最具智慧、最有力量的生命，「從此人終於也可以看到那個最圓滿的實存—生命與死亡相存相依」〔註38〕，人終將發現道家所展現的乃是，無所謂個人的解脫與不解脫，一切終究是「常」道。

生命就是一永恆的實存，經歷死亡就是一種超越，以不亡成這生命永續的世間。在這個生活世界，只要有「長生」、「永續」觀念，就可獲得療癒的力量，一般人民只要在生活常道上，自自然然一樣可企及此「不亡」的境界，於此自在自然中開展生命的無限性。

〔註37〕蒙田（Michel de Montaigne）著，麗珍、王論躍、丁步洲譯《蒙田隨筆全集·上卷》（台北：臺灣商務印書館，2016 年 8 月），頁 62。

〔註38〕存在心理治療師歐文·亞隆，曾提出兩項對心理治療實務有重大意義的論點：一、生命和死亡是相依相存的，它們同時存在，而不是接續發生的。死亡不斷在生命表層之下騷動，而且對經驗和行爲有巨大的影響。二、死亡是焦慮的原始來源，所以也是精病理的基本來源。歐文·亞隆（Irvin D. Yalom）著，易之新譯，《存在心理治療學》上冊（台北：張老師文化，2011 年），頁 63。

五、道家境界對療癒力的開發

　　道是本然無生是謂母，物是自然生生是謂子。母而有情有信，無為而化，無形而固，未有天地之先，自本自根，自古而存故謂為「谷神」。母散於萬殊而為子，子化生天生地，成古成今。母道沒有比較大，子的道沒有比較小，母源複雜玄妙，子道也變化萬端，一切貫此而為德，守此而為玄。道家「道相」的療癒，依上文理論開出：「自其本然」的療癒、「空船」的療癒、「上游理論」的療癒等論述。

（一）「自其本然」的療癒

　　道是自本自根，生天生地，周遍流行，無所不在，是萬物的形上之源，也是一切人間實現的根據。大道所繼述的理，是形上學的最高原理，也是實現自由生命境界的憑藉，是先天而後天，由後天而返先天；是守母而知子，亦由子而探母。

　　道是沒有過去的過去，沒有未來的未來，真理以歷史的方向不斷在此時此刻發生，著眼於過去的經驗就會分化人心，擁抱未來的夢想使人生聚合在一起；人生的謎底是另一個謎題的開始，只有掌握道的法則，才能準備啟航，啟航時也不一定要選擇風平浪靜的時候出發，更不必期求一路順風。

　　道家的「自然」是一種「自其本然」的方式，乃真正進入「虛靜」的療癒，不從此入者屬於虛假的。但凡人喜歡假相，假相的醫療方法，假相的悲傷輔導、假相的視病如親……。莊子謂：「人之君子，天之小人；人之小人，天之君子」（〈大宗師〉）故有些執行的人必須很嚴肅，他必須維持著這樣的形象，必須不真實的謙卑、不真實的微笑、不真實的一切……，因為必須努力保護那份不真實，不斷地防衛著，只怕不小心滑一跤時，本相就會顯露，如此長久以來的努力就白費，導致失去人們對他的敬重。道家乃要人能自然回歸，不必去追逐假相的境界；凡是錯誤的東西，人們就會想隱藏它，不想讓其他人知道；凡是醜惡的東西都會去隱藏；凡是美麗的東西，即使它並不那麼美麗，人們也會試圖去宣揚它、擴大它、展示它，這就是致病之來源。因為自己醜惡生長了，美麗卻丟失了；不真實的生長了，真實的卻被拋棄了。如卡巴金說：「放下自我，只是意味著覺察自我而已。也許人漸漸了解到，當我們充分探索自身經驗時，覺知可以立刻扭轉我們關於經驗所抱持的深刻信念，而不是活在被陳舊、腐敗的思考模式所染污，維護的慣性反應之中，毫

無自覺。」〔註39〕任何不真實的維持都會讓人覺得很悲傷，且看起來很嚴肅，因為他的內心害怕虛偽的狐狸尾巴露現，會被人注視而現形。正如老子說：「信言不美，美言不信。」（〈八十一章〉）為了維護形象，他不得不與人保持距離，不讓他人太靠近，如果太過熟識，會讓對方以為看到的是陌生人，故而使人看不到的實情，所以他與人們保持形式上的關係，越來越不自然，也漸成病態的生活。

　　人的生活經常迫使自己想趕快做過所有的事，以達到未來更好的時刻，但更好的時刻總是不曾來到，生活是為了檢核待辦的事項，每天晚上累倒在床，不一定能睡好，隔天早上又爬起來重復每天的工作，這就是平常人的生活，一種已然惡化的生活。生活中與人相處，我對他人、他人對我，都有著期待、主宰或控制彼此，這種形態驅策著我們活著的每一個日子。人們也常常藉著對物質的高度依賴，尤其是無所不在的3C產品，才能適度撫慰這種生活模式，因而加速人們的生活步調。漸漸地人們已習慣「人為」的日子，而非「自然」的發動，人需要靠著人的作為而活下去，離開人為的日子，大部分的人是活不下去了，甚且不知道自己究竟是誰，為什麼做出這種行為？非自然而然的模式，如何能讓它自己如此呢？正如卡巴金說：「無論何時，世上都有無數人被困在某種形式的地獄中，某種形式的完全災難，不可低估。……這些經歷可以使暴力加劇，有時讓人對自己或他人做出可怕的事情。」〔註40〕試著進入老子說的「我自然」的生活，即是虛靜的、無為的生活，不刻意、不掌握、不宰制的生活，讓其自己如此，來安住自己的身體與當下的存在，種種自我耗竭也就逐漸停止，妄想、著執與分別所給我們的負累越來越少，身體也就漸漸輕安而恢復健康。

　　虛靜就是不妄動，道是主要的核心，它沒有個體、沒有自我、沒有抗爭，跟那「道」成為一體，一切的現象是自然，逍遙是不要跟自然抗爭，了知自己並不是一個個人，而是一個整體，人為什麼只滿足於一個部分？為什麼不成為整體？為什麼不擁有整個生命呢？所以莊子寓言云：

　　　　靜然可以補病，眥搣可以休老，寧可以止遽。雖然，若是，

<hr>

〔註39〕喬・卡巴金（Jon Kabat-Zinn）著，陳德中、溫宗堃譯：《正念減壓──初學手冊》（台北：張老師文化，2015年6月），頁151。

〔註40〕喬・卡巴金（Jon Kabat-Zinn）著，陳德中、溫宗堃譯：《正念減壓──初學手冊》（台北：張老師文化，2015年6月），頁155。

勞者之務也，非佚者之所未嘗過而問焉。聖人之所以駴天下，神
人未嘗過而問焉；賢人所以駴世，聖人未嘗過而問焉；君子所以
駴國，賢人未嘗過而問焉；小人所以合時，君子未嘗過而問焉。（〈外
物〉）

這世間有什麼療癒的方法嗎？聽說心靜可以調補疾病，按摩可以防止衰老，
寧定可以平息急躁，雖然這樣，但那是操勞的人所要做的，悠閒的人卻不曾
去過問，聖人、神人、賢人、君子也都未曾過問，為什麼需那麼多療癒的方
法呢？道家認為只要讓自己進入「虛靜」，那就是方法，那就是目的，想要療
癒也是如此。莊子又說：「得魚而忘荃」、「得兔而忘蹄」道家並沒有說調養、
按摩、定靜的方法是不好的，他更重視那源頭，因為生命本來是沒有病，因
為很多假相的追逐而得病，放掉那知見中的內容，不必扛著船上岸，人裡面
有最內在的本質，故虛靜之道是有蘊涵的，有其入手的方法，當人得到了根
源也必須放下那方法。

　　道家的療癒，不是要人找個專家或老師指點明路，或是教人如何解決命
運困境，只因「吾所以有大患者，為吾有身，及吾無身，吾有何患？」（〈第
十三章〉）有身乃因我有心知上的執著，故對於身體有了想要執取、擁有的
念頭，故王邦雄說：「人心執著了自我，也背負了自我，要高貴自己，也要
富麗自己，⋯⋯也就逼自己去打天下，而天下如此之大，天下人如此之多，
豈不是成為自身最大的負累跟壓力嗎？」〔註 41〕當人有所欠缺，或有所生
患，人就希望有老師、醫生或通靈者的加持，並且期望療癒師給予一條捷徑，
最好能一次解決，或者幫他直接揹到目的地。然而道家的療癒是引導人找出
自己不能到達的目的的因素，這正如領悟取向的療法乃認為，只有自己可以
化解自己的病情。故心理師黃龍杰說：「領悟取向的治療者，想幫助當事人
重整性格，減少神經質的反應，以更能適應現實和人關係。」〔註42〕領悟取
向在乎當事人的內心的覺知，時時刻刻保持當下一念的方法，就是留心當下
生活中所有展現的一切。每一個人培養虛靜的觀察的過程與獲益都跟別人不
同，沒有人能為自己進行這種修練，就好像沒有人能替自己過生活一樣，只
有你自己可以，讓自己沈浸在虛靜的氛圍之中，終將發現任何「吾有身」都
將不再為患。

〔註41〕王邦雄：《老子道德經的現代解讀》（台北：遠流出版社，2010 年 2 月），頁 72。
〔註42〕黃龍杰：《心理治療詩篇》（台北：張老師文化，2000 年 8 月），頁 44。

（二）「空船」的療癒

宇宙間萬物的變化，其中有其運作的通則，這個通則名之爲「道」。道的運行普遍而永恆不變，故名爲「常」。知道這個常道的人就是「明」，老子曾說：「知常曰明」，莊子說「見獨」，反觀老莊的說法，並沒有讓人去學習深奧的道裡，他們以此「明」「見獨」用之於處世接物，從依賴醫師有個療法可以幫自己的觀念中，回歸正常，相信自己，療癒已經在你的裡面，那是「見獨」那就「道」。

道的生於天地萬物之先，又是天地萬物的本。道的療癒作用，並不是有意志的作用，只是「自然」，故道常無爲，自然即自己如此，而萬事萬物自己如此，能夠自己如此也是由於道。因此了解道，也是從自己如此之理氣象去了解。關於此莊子有一則「空船」的寓言：

> 故有人者累，見有於人者憂。故堯非有人，非見有於人也。吾
> 願去君之累，除君之憂，而獨與道遊於大莫之國。方舟而濟於河，有
> 虛船來觸舟，雖有惼心之人不怒；有一人在其上，則呼張歙之；一呼
> 而不聞，再呼而不聞，於是三呼邪，則必以惡聲隨之。向也不怒而今
> 也怒，向也虛而今也實。人能虛己以遊世，其孰能害之。（〈山木〉）

道家用那個「虛船」做爲自然的觀照，遇到任何的環境將不受傷，因爲自己只是「明」，只要看到那「虛」的方法，人事關係也只是相遇而過，因而能「虛己以遊世，其孰能害之。」因爲自己已進入沒有病，故也不會生病。「空船」這一則寓言，奧修（OSHO）有著優美的譯文：

　　那個統治人的人生活在混亂之中

　　那個被統治的人生活在悲痛之中

　　因此「道」希望不要影響別人，也不要被人所顯響

　　要釐清混亂和免於痛苦，就是要在空裡面跟「道」生活在一起

　　如果一個人在跨越一條河

　　有一隻空船撞到了他的小船，即使他是一個脾氣很壞的人

　　他也不會生氣

　　因爲那隻船是空的〔註43〕

人如果可以空掉自己的船，來跨過世界的河流，那麼就沒有人會來反對你，也沒有人會想要傷害你。莊子說，自滿的人這樣做一點價值也沒有，成

〔註43〕奧修：《空船》（台北：奧修出版中心，2001年9月），頁10。

就是失卻的開始，名譽是恥辱的開始，只有讓生命之流隨「道」而流行，他沒有想要達到任何東西，沒有名聲，也沒有目的，他不會批評任何人，所以也沒有人會批評他，這是完美人，他的船是空的，他是「無人」，所以也沒阻礙、沒有抗拒、沒有爭端，也沒有病因。當有一隻船撞上了自己的船，頓時非常生氣，但發覺那是隻空船，也就不會有所起心動念，更不需要再生氣，因為那是「空」。當人也能將心放空，也就不會在起心動念了，乃成了莊子所描述見獨的人，當人成為見獨，人的生命之門打開了，人就變成十分寬廣，無限的空，任這無繫之船遨遊。

對於療癒之路，道家重視人「心」的態度，道家雖然強調不要思考，但人也不能沒有思考，從一開始就要瞭解「觀照」是要與自己的「思考」為友，是無論你的心中出現什麼，都要在「覺知」中溫和地包容它們。如陳龍杰說：「關心路線的治療者，像跟在你背後的挑夫，透過你的眼光觀察眼前的山。在你又要被石頭絆倒，重蹈覆轍的關鍵時刻，他會拍拍你肩膀，讓你發現眼前的山和背後包袱裡的山（早年經驗），有何類似之處，幫助你重新做出有利的決定，有意識地修正你的身心行為反應。通常，你和治療師的關係就像一面鏡，會反映出在生活中重要他人的關係，藉著坦誠對焦，或治療師的解說，你得以不斷重整包袱裡的性格。」〔註44〕療癒時不是要切斷或任何方式改變自己的想法，所以不是要你去壓制偶而的煩躁、不安或憂慮，也不是扼殺令人振奮或具創意的想法。

人心可能表面常有極度不穩定，隨著生活中情緒、思考、經歷等的轉換而不斷改變，而且自己也很少察覺。人們可能被想法欺騙或蒙蔽，也可能誤以為它們都是事實真相，但其實這只是某些表象，就像是海面上的波浪，有時以狂亂之姿呈現；從另一個角度來看「空船」的樣貌，其內在本質是深邃、廣闊、寂靜與平和的，就如那大海包容納各種事物，各種事物都能得到安適之處，偶而的相遇也只是不遇之遇，人當隨之而放下，這種沒有療癒的療癒，就是「空船」的療癒觀。

（三）「上游理論」的療癒

「道」是生命的源頭，也是命運的最後歸趨，故道就起點也是終點。萬物一切的發展有其生滅之象，然萬物是取之不盡，用之不竭。道隱之時，退藏於本體，綿綿若存，玄之又玄；道顯之時，瀰貫宇宙，萬物都必須向上求

〔註44〕黃龍杰：《心理治療詩篇》（台北：張老師文化，2000 年 8 月），頁 45。

援於道，以取得充養，故老子曰「反者，道之動」。莊子知「道」，所以不再為現象所限，從魚、鯤到大鵬鳥，雖然有待於海運，又有蜩與學鳩的取笑等過程，然而超越這些現象，直達於「無何有」的境界，而得到了真正的逍遙。道家並沒有要人放棄常人之計，卻強調依靠自己，才能變成自己，也才能改困局與病情。道雖然周流天地一切，卻隱身在無名之樸中，上士者能體道守樸，不自以為大，則其德能潤澤一切人事萬物，使其均和，這是「抱元守一」的德者。德者體認人的行為活動內在根據，是來自於道，故必須捐棄主觀的認知分別與價值區分，讓自己真正成就為上善、上德。在上德的敦化下，人人撤銷主觀心知與情欲纏結，能「損之又損」，重返生命素樸原貌。

　　省察人生的諸多現象，一時總無法對治的病情，有人求神問卜訴諸於超自然的力量，有的以道德的說教使其反省，有的找醫生尋求藥物治療，對於這些的治療，只要求當事人做到表淺的改變，就相信障礙或病情可以改善，或即將改善，有時會收到短暫的穩定情緒以及平衡思緒的效果。莊子的「逍遙」觀點，是屬於「觀照」而不是「思考」，所以檢視內在時，大部分的人認為就是思考，用大腦來理解各種事情，或用以思考不同形式的思想。正如羅洛梅說：「在心理治療的過程中，我們能夠確認自由的最貼切時機，就是當一個人斷言我『我能夠』、『我選擇』或『我將要』時，他就會感受到自身的意義。」〔註45〕生活中人有了很多新的想法，一連串的點子，會認為做的到底對不對？喜歡追尋、思索，不斷思考、想像、計劃、預測、憂慮，喜歡那個，不喜歡這個……，總是想要知道更神秘的，探討第一因是什麼？但這有如一條無盡的活動之流，這就是思緒，它可能把內心空間全部佔滿了，然而那已經不是觀照。如莊子的寓言云：

　　　　子列子問關尹曰：至人潛行不窒，蹈火不熱，行乎萬物之上而不慄。請問何以至於此？

　　　　關尹曰：是純氣之守也，非知巧果敢之列。居，吾語女。凡有貌象聲色者，皆物也，物與物何以相遠？夫奚足以至乎先？是色而已。則物之造乎不形，而止乎無所化，夫得是而窮之者，物焉得而止焉。彼將處乎不淫之度，而藏乎無端之紀，遊乎萬物之所終始，壹其性，養其氣，合其德，以通乎物之所造。夫若是者，其天守全，其神無郤，物奚自入焉。夫醉者之墜車，雖疾不死。骨節與人同，

〔註45〕羅洛・梅著，龔卓軍譯：《自由與命運》（台北：立緒出版社，2010年3月），頁9。

而犯害與人異，其神全也，乘亦不知也，墜亦不知也，死生驚懼不
入乎其胷中，是故遻物而不慴。彼得全於酒而猶若是，而況得全於
天乎。聖人藏於天，故莫之能傷也。（〈達生〉）

真實在道中的人如何可以「潛行不窒，蹈火不熱」？又如何在充滿污染的環
境中不被傷害？莊子說：「至人」可以做到，這不是因為他學到了很多，而是
因為他脫去了學習。他的本性進入那整全的「道」中，他的全體就是道，他
的活力與能量隱藏在那深奧的道裡面。所以即使他喝醉了，從車子上滾下來
時可能也會有瘀傷，但不會骨折，他的骨頭跟常人一樣，但他滾下來的方式
是不一樣的，他並沒有覺知到說他坐上了馬車，連滾下來的時候也不知道。
對他而言，生和死並不算什麼，他不知道警訊，他遇到障礙時沒有思考，也
沒有顧慮，他面對各種境界的時候也不知道他們的存在。〔註46〕

當人在接受境界的感觸時，環境不斷給人身體不少痛楚，人開始懷疑觀
照是否必要？人的意識，所發動的是那樣的繁雜、細微，不知道原來它影響
人們那麼深遠。此時莊子要了看看那至人的修養，當人心無所掛礙時，觀照
一切的事件，也只是如如的發生，沒有對抗、沒有拒絕，從心源開始，這就
是逍遙之始，也是體道的開始。不要再讓環境現象永無止盡的牽引自己，超
越之道就是用一個對自己有益的內心模式，那就是「觀照」，觀照在於源頭的
照見，當心不取不動，現象也就無傷無害，祂會取代那個會自動思考的模式，
將預設值調整成更寬廣的觀照，而不是迷失在漫不經心的煩惱中。

道家的教化是療癒在源頭的思想，療癒之道從上游、中遊、與下游是不
能分割的結構，且具有前後相連的統整關係，上中下游的互動連結，可以從
生命反饋、循環不已的辯證關係中，獲得體證，故「真正的貴身，真正的愛
有，是回歸自我，活出天真的人。」〔註47〕道家生命療癒正是一種「上遊理
論」〔註48〕，是先找到根源，在根源處就得到了療癒，故要先回歸或體證，

〔註46〕 參考奧修：《莊子──空船》（台北：奧修出版中心，2001 年 9 月），頁 403
～404。
〔註47〕 王邦雄：《老子道德經的現代解讀》（台北：遠流出版社，2010 年 2 月），頁 73。
〔註48〕 劉易齋云：「生命教育『上游理論』的思想綱領是二十一世紀全人類生命教育
共通的核心價值，任何階段、任何形式、任何層次的生命教育，如果忽略了、
遺漏了這一系列綱領性的指引，就有可能重蹈十八、十九世紀以來，人類被
唯物主義的思想框架拘限在有限性、有形狀、唯物質的思想陷阱裡，難以撥
雲見日，不能看見完整的生命原相。」參見氏著：《生命教育》（台北：國立
空中大學，2011 年 1 月），頁 323。

覺知生命本源是清清淨淨，依據道所指引的方向與學習脈絡，然後在生活實踐與回歸，以觀照來做一門深入，這就是道家的生命教育。

（四）出乎「死生」的療癒

道家將人類視爲一個群體，那麼人類與其他種族間和諧共存便是觀照的起點，因此老子謂「死而不亡」，是爲了讓「長生」的現象可以生生不息。任何的生命族群都有其生與死的自然姿態，若是一味的追求對於人類有利的存在，而不斷的「改良」、「研發」、「基改」等，這看似讓事物永遠維持茁壯狀態的方式，但這也正加速自然生命滅亡的方式。道家的生死觀，是要人們去正視自己、萬物或環境的循環返復的過程，回歸一個自然的方式，透過對個體生命會死的醒悟，瞭解歸根、虛靜的意義，找到一條全人類暨地球整體生命長久共生的道路，清淨在源頭則人類生活可以永世不竭。如今環境資源的浪費與短缺的現象，不管是糧食或是能源都有事態越來越嚴重之勢，而「環保」議題受重視，此時老子「壽」的概念延伸到生生的觀念，以不浪費、不改變爲方式，使自然萬物自生自生，人們反省並顧及整個地球的重要性，應要有與地球共生共融的心態，地球健康就是我的健康，而我的健康也回應到地球。這是道家故「長生久視」、「死而不亡」所提供一條生生不息之道。

道家的生死觀來自於對自然領悟的生命觀，不同於現實生活的醫療知識與技能，不是用來處理具體的痛苦或死亡的問題，而是一種與存在治療有關的價值思想，是對人性的肯定，從而瞭解天地萬物生命的本質，都是在大化之中。當人病痛時那一時段的感受，體會物命延續乃自然之眞義，讓道在物命上的往來返復，人處於其中也得到了健康的能量。人們都活在一個天地人關係網絡裡，每個人都被網住，不能選擇，不能擇事、不能擇地、不能擇時，因爲解不開、逃不掉，無所逃又不可解，當然只有在「向死」的裡面，道家的向死不是認命，但看莊子如何面對生死，如云：

> 莊子將死，弟子欲厚葬之。莊子曰：「吾以天地爲棺槨，以日月爲連璧，星辰爲珠璣，萬物爲齎送。吾葬具豈不備邪？何以加此！」弟子曰：「吾恐烏鳶之食夫子也。」莊子曰：「在上爲烏鳶食，在下爲螻蟻食，奪彼與此，何其偏也。（〈列禦寇〉）

對人們而言，生命是一個難題，死亡更是一大難題。莊子的弟子們經常試圖去解決它，他們在想葬禮要如何，或不如何？他們在製造一個根本不存在的

問題，因爲莊子還活著。人們總是窮盡一生的時間和力氣要去解決不存在的問題，以致身心徒勞而病疾纏身。但莊子認爲生死的問題已經被解決了，因爲它從來就不是問題，只有人在製造問題，莊子的死亡，就是不要選擇、不要比較、不要討厭死亡，不認同習慣，這是人生大智慧。當人不要討厭死亡，就通過第一大關；不要比較，死亡就是肉體消失，不需選擇如何下葬的方法，故不在意世人的眼光，就能通過第二大關，過此二關則生命便從此自在而逍遙。莊子面對死亡，本來就不是問題，故也不必求解決、也不必逃避，心中沒有期待，也沒有壓力，永保此心的虛靜空靈，不僅無傷天眞，與生命交接能心生快意盎趣，且讓生命和悅流通得無間隔。

生命對人而言是一個謎，爲人透過思考來觀察，如果人能不用頭腦來思考，生命是一個奧秘，如果不用透過思考，生命從來不會死亡，而知見無法感受到那活的，它只能感覺到死的，物質的、生理的，頭腦是粗糙的接受，想要用這種「工具」來探觸死亡，總是無法抓到生命的脈動，那個脈動是微細的、是直覺的、是屬道的，而生命就是那麼地細微的道，人就是那脈動。即是道家對世間有無之超克，而人即是理想人格所體現的無生無死的智慧。〔註49〕莊子謂「方生方死，方死方生」，王先謙註云：「隨生隨滅，隨滅隨生」。〔註50〕此從相對的觀點看同一物，一面在生長與消滅在刹那中不斷進行。生死、是非同時並行並生，故莊子謂生死、是非、有無、大小、壽夭等一切相對，皆爲道所統攝。

生命的河流總是繼續在流動，從來不必問它們要流到那裡，但是知道它們總是流向大海。如果一開始就問，那麼生命之流也許無法到達大海，它的能量可能在中途就耗之殆盡，人總是擔心要流到哪裡？目標在哪兒？目的是什麼，這樣的思考總是縈繞在生活之中，以致於人們糾結的思緒太煩瑣，進而製造各種疾病。道家的思想就是其生命的整個方式，當事情已經在進行，你爲什麼要擔心？道家說，讓它自自然然的發生，河流一定會到達大海，生命也會到達終點，這就是道的存在，人是祂的一部分，人不要成爲一個知見的漩渦，凡人只是一直在那裡繞圈子，使得生命無法自然流動，最後是沒有達到「境界」的經驗，故道家認爲不必刻意要達到某種境界，道會將人引導到終極的歸趨。

〔註49〕 傅偉勳說：「莊子心性體認本位是中國生死學的開創者。」參考氏著《死亡的尊嚴與生命的尊嚴》（台北：正中書局，2009 年 10 月），頁 173。
〔註50〕 王先謙：《莊子集解》（上海：上海書店，1987 年 9 月），頁 9。

在現代社會裏，理想與現實之間的差別，對於人性的理解有不少分歧的價值認知，尤其在生死的認知上，人過分地強調身體的生理反應，忽略了人在精神上安身立命的需求，陷入到當代各種異化體系的形式牽制中，因而產生各種醫療倫理所要面對的生死問題。如卡巴金說：「我們的語言呈現這二元對立的現象，因而限制了我們對二元對立與分離孤立的思維。例如我們會說我的身體、擁有這個身體，但卻不會進一步探詢，誰跟這身體分開了？唯聲稱對此身體的所有權？……非物質性的心（心靈、精神）可以改變物質性的大腦（身體），兩者構成一個毫無縫隙的圓滿整體。」〔註51〕道家從人境一體的整全觀照，當人性的自我覺醒，是對生命的保任，以其內在超越的形上理據，轉化成生死超越工夫意義，提供人們面對生死應對之道。道家要人們把負擔變成不是負擔，壓力而沒有壓力，就是無需擇地而安之，不擇事而安之，破除身心的命限與環境合一，乃可開拓生命永續的價值。道家在「有限」與「無限」中，提出了「消極」與「積極」的相應，人可在受痛苦的生活中，體認此時此刻內在的意義，謂「德者，成和之修也」（〈德充符〉）是說人依此身心能安立生命，從生命過程體現著生老病死、人物世界以及升落的情緒反覆，一生的價值被痛苦而激盪出來，人必須去面對、去體驗、升華，這是道家「療癒者的藝術」〔註52〕。

第二節　牟宗三「主觀境界」對道家境界的關懷與療癒

道是創生不已的，老子強調自然，以百姓不受外在力量干涉和控制的自由為要，故老子云：「天下萬物生於有，有生於無」（〈第四章〉）。莊子也說：「生天生地，神鬼神帝」（〈大宗師〉）。天地要靠道來創生，何況萬物？故依道而自然運行，道家的講法這「生」，實在是「不生之生」，故牟宗三說：「道家生生之活動的實說是物自己生自己長。」〔註53〕道家是屬於實踐的哲學，有別於西方的哲學，道家工夫論預設著道家形上學的立場，道家形上學說明了現象世界以主觀的緣由，開出形上的理境，不是一虛無化境的工夫所達致的境界。如莊子以「心齋」（〈人間世〉），是去除心的欲望；「坐忘」，是

〔註51〕卡巴金著，胡君梅譯：《正念療癒力》，頁234～235。

〔註52〕喬‧卡巴金著，胡君梅譯：《正念療癒力》（台北：野人文化，2016年3月），頁234。

〔註53〕牟宗三：《中國哲學十九講》（台北：臺灣學生書局，2002年8月），頁105。

化卻人爲的造作;「見獨」(〈大宗師〉),則是以「眞人觀」體知道爲無爲生化之本源,萬物來自於祂,又回歸於祂,其能從形器界各種牽連中超脫而至坐忘,從兩行而化其道,以達見獨之境。故將牟子主觀與境界、有與無等關係匯融於本節論述開展。

一、「主觀」與「境界」的關懷

　　西方美學境界從柏拉圖開始,樹立唯心主義的模式,強調藝術是理念的影子,從理性的意境來開創美學的範疇,然而文學並不是理性的舖陳,它只是理念的影子,只有心靈才能開出理型境界,只有心靈才是理想國的主體。但是到了亞理斯多德,卻不同意其老師的唯心文學觀,主張文學模仿的藝術,提出「模仿自然」爲主張,以自然相契的文學生命提供閱讀者的心靈滋養。希臘人在大自然中,一方面有種回歸到本性的狂歡,這同時也感受到一種個體意識的痛苦,要從裏面昇華出阿波羅精神來,這是古希臘人藝術精神與中國人藝術精神不相同的地方。更是因其並沒有喪失掉他的個體意識,乃是使他的個體意識更加豐富而建立起來。

　　中國文人對於「境界」的掌握,先秦以來即自於「主觀」心體的運用。歷經南北朝受到佛教化影響,以宗教的方式來闡釋「境界」這一概念,來揭示詩歌的美學本質。有時並未將意象、或意境、境、興象等作明確的分別,到了司空圖的《二十四詩品》、王昌齡的《詩格》、皎然的《詩式》都有有對意境的說法述及到。再來體會從道家而來的境界美學,將更清楚中國人對於境界的表達是經歷生命的實踐的。道家認爲,世間不能僅具道德的建構,生命意義的充實有賴於終極關懷的自覺,然而對道而言自覺也只能是一種邀約,不能作爲強制的規制,林安梧說:「故是由平常我們橫面的執取所論定的定執之對象反省而起的,它經由一種否定性的思考,瓦解了這個定執的結構性之對象,而回到原先之縱向的開展,再而歸返到那平舖的顯現之場。」〔註54〕這是一種心物之間的連貫,是沒有對對象直接間接的牽連下,所顯現之場域,是屬於形而上的開顯。

　　文人主觀的開創透過詩歌創作所抱持的嚴肅性與意念性,合而形成創作性奧秘,並爲一種詩文的境界。姚一葦說:「『境界』或『意境』一詞是中國所獨有的名詞,作爲藝術批評或文學批評的一個重要術語。但它的語意非常

〔註54〕林安梧:《中國宗教與意義治療》(台北:明文書局,2001 年 7 月),序言頁 7。

抽象而曖昧，因此在比較實際的西洋美學或藝術學的體總中，幾乎找不出一個同等的用語來傳達。」〔註55〕故姚先生認為「境界」有二個方面意涵：一是具備「創造性」與「真實性」之有無，評斷境界之有無與是否為藝術的？二是以「普遍性」與「豐富性」之程度判斷境界之高低與能否構成其偉大？創造來自於精神的開發，因為精神凝聚成一種藝術的想像，故而有點創造性作品；然而這精神凝聚乃是從內心的真實性，蓋有諸內然後可以形諸於外，人同此心，心同此理，故此藝術創作可以感動人心。〔註56〕人的普遍性是因為各個本有、心物同體，沒有時空的距限，當這普遍性能連結到無限情感，又能累積多元樣貌時，則成就其豐富性，於是我們可以說這樣的藝術創造，有其高度的境界。

　　唐代時將此言意象的觀念，又結合了佛教對境界的看法，相繼出現在唐人的詩歌中，其中王昌齡在《詩格》中有對意境解釋云：「意境，亦張之於意而思之於心，則得其言矣。」皎然在《詩式》中也提到：「夫境象非一，虛實難明。」大致可以看出唐人對於境、象不是同一概念，而境是抽象的心靈掌握，象是具體的現象存在。故李浩在這些概念中歸納如下：

　　　　（一）境與象，即境界與意象是有區別的。

　　　　（二）境虛而象實，即意象為有限，而境界則指向無窮。

　　　　（三）意象與境界的奧妙都是神秘難明。〔註57〕

詩的意象是詩人靈魂的展現，也是詩美學重的療癒內涵，在實質中乃於意象與現實的融合，這樣得融合要以心靈的體現來表達那種象外之象、言外之意。而司空徒對於境界的敘述更顯出不同的面貌，這樣的境界乃是中國文人主要表現的美學意象，也是中國美學對於世界的美學思想獨特而卓越的貢獻，而這思想重要的源頭來自於「道家」。

　　道家以浪漫的體用，展現其對無的體證，超脫人為的僵化，揮灑生命意志，開顯「主觀」的境界。蓋道乃是即體即用，不是僵化的，是一種靈活的心境，不論有沒有此世界，或世上有沒有萬事萬物，它都可以活動，故它不一定是一種對象，可以是一種創造，就是主觀的出發，就是心靈的一個徹向性，故牟子說：「必先有對象，那是知識論的講法，有時也可以沒有對象，而

〔註55〕姚一葦：《藝術的奧秘》（台北：臺灣開明書店，1976年6月），頁314。

〔註56〕參考姚一葦：《藝術的奧秘》（台北：臺灣開明書店，1976年6月），頁315。

〔註57〕李浩：《唐詩美學精讀》（上海：復旦大學出版社，2009年9月），頁17。

突然間由根源上創發出一個觀念來，這就是創造。」〔註58〕這樣的創造是內發的，是主觀的，心物合一的，所以道家的「玄」就在此產生，故林安梧說：「道家型的存有治療從『我回到天地之間』開啓。」〔註59〕以主體審美來回歸自然之美，以創造與實現來發現意義，在批判與諷刺中尊重及關愛一切，不斷在世界中挺立而起，瞭解自己的存在狀態，以詩性表現人原始生命的力量，並從中發現意義。

車先生肯定心靈活動，以自我存在的結構與意志，並自由地選擇自己的存在方式，去面對生活世界，從而了解道體與生命的關切，從循環往復、正言若反的現象，其詮釋是開出主觀境界的格局，也代表著道家對生命的關懷面向及呈現。主觀境界做爲一種道家的思維意志，是藝術的表達，也是一種關懷療癒的取向，牟宗三也做出探索生命，讓詩性成爲一種「道」的表徵，是人世間關懷的根據。老莊和李白等都是自然的走向這主觀的境界，對於世間的愛，他們總是相知相忘得到其價值所在，其開發出自我心靈的無限，創造出化解執持的境界，帶出一種療癒的美學。

車先重引魏晉談「玄」的理論，並依道的沖虛爲德，讓人活在當下，正如自然與人相融，讓自己與祂直接的聯繫；如果能陶醉在其中，將會出現沒有「我」的小小瞥見，沒有執「有」的主觀，是一種道家圓滿的關懷境界。以藝術的靜態的、觀照的境界，但牟子透過藝術創造的實踐，乃是屬於動態的，這是從縱貫橫講的方式用來表道家的玄思，能夠引發人的智慧，而且要人生命一步一步化執執累，達致生命之清虛大化，這種工夫就是創造者的實踐智慧。

二、「主觀境界」及其「徼向性」的關懷

當人會用很多客觀的方法，來解決問題或看待萬事萬物，但方法越多世間的問題就會越多，層出不窮的問題會繼續迸出來，並會用各種方式反過頭來折磨人，所以問題之所以還是會繼續升起，正如那個根尚未被切斷，新的葉子還會長出來，新的樹枝還是會不斷伸展。道家說放下各種知的見解，有、無和物連在一起理解，道德經中「有」是萬物之母，即現代所謂「形式根據」，形式根據總牽連著物，而道家將有、物歸屬於「無」。當人知道「無」，人會

〔註58〕牟宗三：《中國哲學十九講》（台北：臺灣學生書局，2002 年 8 月），頁 98。
〔註59〕林安梧：《儒學轉向──從新儒家到後新儒學的過渡》（台北：臺灣學生書局，2006 年 2 月），頁 74。

變得非常直覺，並且經常保持主體觀照，這樣的觀照可以開顯出「境界」的層次〔註60〕。

　　牟先生認為道與萬物的關係是一種「境界」關係，故云：「不能客觀地說現象世界有個東西叫『無』來創生萬物，而要收進主觀地講，靠我們無限妙用的心境，隨時有徼向性，由徼向性說明客觀事物的存在」，道是『內在的』，『具體的運用一定和萬物連在一起說』」〔註61〕故牟子「徼向性」具體的運用就是「德」。從這個意義可開發出，道家的道德關係是心物一體、主客融攝的關係。這樣的體用不離的關係在西方哲學中的任何一派本體論哲學思路都套不上，這是中國傳統思想的對宇宙和人生特別的體悟。故「徼向性」就代表端倪、徵兆，對人間而言就是代表「有」、代表存在，而牟子說這是完全主觀地，就無限心境的徼向性說有，不是從客觀地由存在上講。

　　道家的「道」是其首出之主張，而「道」卻也是三教的共法。三教表述更不同，而老莊以「無」和「有」，作為道的形上境界表現，而以存操的有與無的端緒，成為掌握道家詩性的關鍵。故老子云：「無，名天地之始；有，名萬物之母。故常無欲以觀其妙；常有欲以觀其徼。此兩者同出而異名，同謂之玄，玄之又玄，眾妙之門。」（〈第一章〉）此處的無，乃指道的本體而言，因為天地之始是宇宙萬物的根基，就是「道」。牟宗三說：「道家就是拿這個『無』做『本』，做本體。這個『無』就主觀方面講是一個境界形態的『無』，那就是說，它是一個作層上的字眼，是主觀心境上的一個作用」、「道家不是從客觀存有方面講，而是從主觀心境方面講，因此屬於境界形態。」〔註62〕這就是其主觀境界的形上學理論。

　　主觀境界作為一個作用看做成本體，但它不一定只是客觀實有層的意義，因為它只是一種姿態，所以道家只有如何（how）的問題，沒有是什麼（what）的問題，乃知道家的「實有」和「作用」沒有分別。人如何開發主體的審美觀來理解那虛、靜、無之道呢？這是重在個人的實踐，對於生命的實踐所開發出來的無限遼闊與高遠。如牟子云：

〔註60〕就某種程度的觀照，於佛家所說的內觀頗相似。艾雅‧凱瑪：「離欲可以導致寂止、平靜和證悟。如果心中有貪與嗔，是無法超越自己的，因為心被貪、嗔所困。當我們的念頭不停打轉時，我們最能感受到這一點。」《內觀禪修次第》（台北：大千出版社，2013 年 2 月），頁 139。

〔註61〕牟宗三：《中國哲學十九講》（台北：臺灣學生書局，2002 年 8 月），頁 101。

〔註62〕參考牟宗三：《中國哲學十九講》（台北：臺灣學生書局，2002 年 8 月），頁 127、128、129。

> 道非實物，以沖虛爲性。其爲萬物之宗主，非以「實物」之方
> 式而爲宗主，亦非以「有意主之」之方式而爲宗主，乃即以「沖虛
> 無物，不主之主」之方式，而爲萬物之宗主。沖虛者，無適無莫，
> 無爲無造，自然之妙用也。虛妙於一切形物之先，而不自知其爲主
> 也。此即爲「不主之主」……。〔註63〕

老子認爲以無私無我的爲，才是眞正能夠讓物我交融無障，如云：「無，名天地之始」，又同時用「有」來描述道的存在，如「有，名萬物之母。」無和有是道的不同的境界面相，兩者相對相關而不是相反。人體驗「虛」之極點就是「致虛極」；守靜的工夫要作得篤實徹底，故謂「守靜篤」。只有消除人爲心智的矯性作用，去除人的慾念執著，使心呈現最安靜平穩的狀態。回歸自然清虛大化的狀態。又云：「爲無爲，事無事」（〈六十三章〉）老子所崇尚的通過「無爲」、「致虛」、「守靜」等方式，而成爲「不知有之」的自然之本，實現權力的充分下放，完成了物物各歸其道的個體自適機能的運作，回到其本眞的存有，這就是一種存有的關懷方式。

道是屬於主觀的境界形態，故言：「此最高境界必然能和天地萬物共榮共在，保證一切的存在，所以它也可以說是『道』、『本』。」〔註64〕所以似同於哲學之形上學或存有論中之第一原理的地位，但因爲它畢竟不同於西方哲學在理知思維下所體成之存在原理，所以牟子乃將道家的觀照形態，特別名之爲「境界形態的形上學」或「實踐的存有論」，並與西方的形上學「觀解的形上學」相互對稱。通過牟子對道家的詮釋方法，得知道家以「無」、「虛」、「靜」等來了解道，只有消解人的種種執持才是重建自我與諧和世間的方法，這種方法就是勉強稱之爲「道」。

三、「主觀境界」是自我實踐的關懷

道有常存性與先在性，永存而不可變者即無所存之存。有所存，則存而不存，不是「存有形態」的存在，而是朗然玄冥之絕對「境界形態」存在。所以說似存而非存，似非存而實存，超乎存與不存之存。不以挫銳而損，不以解紛而勞，不以和光而污其體，不以同塵而渝其眞，這就是沖虛玄德之永在，而其先在性是屬於境界形態。所以能大象暢、大音至，生生無限量，聲聲不相礙，

〔註63〕牟宗三：《中國哲學十九講》（台北：臺灣學生書局，2002年8月），頁127。
〔註64〕牟宗三：《中國哲學十九講》（台北：臺灣學生書局，2002年8月），頁103。

這即沖虛玄德之在一切形物之先。故不是「存有形態」之先在，也不是邏輯原則之先在，也不是範疇之先在，也不是存有形態的形上實體之先在，而乃開源暢流，沖虛玄德之明通一切，故為一切形物之本，而其本身非任一形狀之物。就此林安梧說：「道家的論式是以『我，歸返天地』而展開的，也可以說就是『我，歸反自然』，天地自然就是常道……把道所強調的存有之道（Tao），藉著現在哲學語詞的『存有』（Being）去取代它，把它叫做『存有的治療』，更簡單的說就是『道療』亦即透過道的照顯，讓人們的生命能滌除玄覽，有了智慧之明，讓『物各付物』這就叫做『存有的治療學』。」〔註65〕這是以存有的立場來對世間所做的任何關懷，也只有讓一切萬物回歸自己，才能讓一切萬物療癒自己。存有重在安措於場域裡面，即在天地之自然之中，因此人能在此安頓身心，人與一切萬物的糾葛也能全然放下，得到成全。

　　牟子論體相的三種性能：主觀性、徼向性、實踐性。從而說明這些性能並非一客觀的形上實有的性相，而是自我人生實踐的境界。如云：

> 沖虛玄德之萬物之宗主，亦非客觀地置定一存有型之實體名曰沖虛玄德，以為宗主。若如此解，則又實物化而為不虛不玄矣。是又名以定之者矣。此沖虛玄德之為宗主實非「存有型」，而乃「境界型」者。蓋必本主觀修證，（致虛守靜之修證），所證之沖虛之境界，即由此沖虛之境界，而起沖虛之觀照。此為主觀修證所證之沖虛之無外之客觀地或絕對地廣被。此沖虛玄德之「內容的意義」完全由主觀修證而證實。非是客觀地對於一實體之理論的觀想。故其無外之客觀的廣被，絕對的廣被，乃即以此所親切證實之沖虛而虛靈一切，明通一切，即如此說為萬物之宗主。此為境界形態之宗主，境界形態之體，非存有形態之宗主，存有形態之體也。〔註66〕

牟子對道家道體的體性，作出了與特別的、不同的於前人的理解：即道的本體不是客觀的形上實有的本性，而是主觀的實踐境界。其謂老子講道體的創生，乃是主體的修證而非超越客體的發用流行，故「道生之」乃是開其源、暢其流，讓物自生自長，這樣的意義的生謂之「無生之生」。然則道之生萬物，既不是柏拉圖「造物主」所製造，也不是耶教上帝的創造，也不是儒家仁體

〔註65〕林安梧：《新道家與治療學——老子的智慧》（台北：臺灣商務印書館，2010年6月），頁41～42。
〔註66〕牟宗三：《中國哲學十九講》（台北：臺灣學生書局，2002年8月），頁105。

之生化，那是不塞不禁，暢開萬物「自生自化」的沖虛玄德，此沖虛玄德爲一種自我實踐的境界。

　　牟宗三認爲道家就是把人文視爲束縛，因爲凡是外在的、形式的贅累，人爲造作是有爲的東西，對人們生命的自由自在而言都是束縛桎梏，在這個情形之下，老子才提出「無爲」這個觀念來。故老子的「無爲」是針對周文疲弊的問題而提出的，因爲周代的禮樂典章制度崩壞，成爲徒具形式的空文，這是「有爲」，故以「無爲」來加以對治，「無爲」成爲了老子「不可再推翻的東西」，即爲「道」。莊子則以天是虛空的、人也是忘的，當兩樣東西都是空的，他們就會成爲一體，這是自然的。兩個空是無法被畫出界線的；人要用仁義禮樂強行要把它畫出界線，使得原本的無變成兩個「無」，本來無一直保持著融洽的狀態，兩個無本就是一個無；只有人忘了世間的束縛，人心空了，一切也在那裡消失了，天空變成空的；自我從內在消失，內在的虛空也變成無的。

　　當人從主觀的修爲─心齋坐忘而照見獨體的自由，於是突然間，沒有所謂的內在外在，只有一個「無」。就在那種片刻，老子、莊子冥契入道，祂們成了宇宙的法則，在那種鬱密深沈的世界裡，那種獨自遨遊的情境下，祂們成道了。當人們進入心齋之中，進入坐忘之後；或者當在聽一首很美的詩，或一段自然的歌唱，或者只是一陣輕風吹過，或是流水潺潺，或是聊天時的傾吐心語……，每當人們處於一種和諧的狀態，讓自己被天地佔有，突然就會發現，不知道來自什麼地方，眞理就出現了；虛靜就呈現，道也就出現了，那是碰觸到了某種主觀的境界，看到了某種看不見的東西，人們一直都跟某種永恆的情境有連繫──一種永恆的法則，耗用不盡的源頭。此是見獨之境，也是主觀之境，故主觀境界只有那見獨的人，所逍遙的情境，那是可以完全方外的。如吾跟我在一起，可以完全的喜樂，那是一種深奧的經驗，一旦人能夠嚐到它，就會放棄有那些被稱之爲嗜好的活動，嗜好是虛假的活動，因爲眞正的佔有不存在了，人才會進入「無」的擁有。

　　由於道隨時能無、隨時能有的徹向性，這就是道的雙重特性。牟子說：「有就是無限的妙用，虛一而靜心境的矢向性，用道德經的話講就是『徹向性』。」〔註67〕徹是一個方向，有徹向性就是有解出，人的無限心原是虛壹而靜、沒有任何徵兆的，當在此處說有，就是完全主觀地，從無限心境的徹

<hr/>

〔註67〕牟宗三：《中國哲學十九講》（台北：臺灣學生書局，2002年8月），頁98。

向性說有，不是客觀地地由存在上講，「道生之，德畜之，物形之，勢成之。」（〈五十章〉），故牟子釋云：「物自然而生，自然自濟、自然而長足。此即沖虛玄德之妙用也，即以此德爲萬物之宗主，則即不生之生」〔註68〕用這樣的觀念來理解道家是很恰當的。

牟宗三以「不生之生」爲生，由不生之生所表示的縱貫關係，就成了境界形態的形上學。由於知識才是橫的，是主客對立的，故科學知識是由認知機能的認知關係，就是橫的關係而成，但道家是的工夫，是由實踐入手的。故道家的「無」並不是客觀的實有，而完全是由主觀修境界上所呈現的觀念，所以要從生活實踐上來了理，故道家的境界形上學是「主觀境界形態的形上學」，從縱貫的不生之生、境界形態，再輔以緯的作用來了解生活知識，乃是道家思想即以此縱貫的關係用橫的方式來表示，即透過自我實踐來加以證成此主觀境界。讓萬物自然地自生自長，自己完成，所以人與一切萬物各適其道，各歸其性、各有其道，人物境相皆統攝在道中，這便是道家境界的智慧。

四、「主觀境界」對道家境界療癒力之開發

牟宗三對的「道」的涵義，依文本仔細的疏理，牟子在本體與境界體悟方面分析出道的雙重性格——有與無以及徼向性、常存性與先在性；在宇宙論之方面分析出道的生成性、實現性等等；可說全面而深入，有許多發前人所未發的真知灼見。這方面的貢獻是相當巨大的；又輔以其他學者的詮釋，又如唐君毅說老子的道具六義：（1）虛理之道：同於今所謂自然律則，宇宙原理，或萬物之共同之理者。（2）形上道體：指一實有之存在者，或一形而上之存在的實體或實理者。（3）道相之道：乃指說爲道相，即道體之相，以遮撥萬物之種種相說言母、始、沖、虛、玄、妙、無、有……等。（4）同德之道：老子之言德，或就人物之得於道者說，或就道之反物而生物、畜物、順物等處說，此皆爲連道與人物之關係而說者。此即道德二名之別也。（5）修德之道及其他生活之道：爲人欲求具有同於道之玄德，而求有德時，其修德積德之方，及其他生活上自處人之術，政治軍事上之治國用兵之道。（6）事物及心境人格狀態之道：指一種事物之狀態，或一種人心境或人格狀態，而以「道」之一名，爲此事物狀態或心境、人格狀態之狀辭。〔註69〕這「道

〔註68〕牟宗三：《才性與玄理》（台北：臺灣學生書局，2002年8月），頁140。
〔註69〕參考唐君毅：《中國哲學原論‧導論篇》（台北：臺灣學生書局，2004年10月），頁348～361。

之六義」與牟子理論相互融攝與貫通之，則可以去蕪存菁，成爲當代老子詮釋一重要的模式，大大裨益日後的道家研究。

由生命主體的修養工夫，不管是致虛、守靜、心齋或坐忘，所體現開顯的道，主觀上的心境修養到什麼程度，所看到的一切東西都上昇，就達到什麼程度，這就是境界。道家實有層上「實有」這個概念是從主觀作用上的境界透顯出來，這就是一種詩性隱喻，是主觀境界也是融攝了客觀實有。故展開以下觀照式的宇宙論、道的徹向性是主客的融合、牟宗三的在世關懷等面向來論述之。

（一）觀照式宇宙論的關懷療癒

從「道生之」的形上學的語言，牟子名之爲「不著之宇宙論」，這「不著」乃是以道之爲體爲本，道能生之、成之、化之都是歸於物之自生自成，自定自化，要者在暢其源。此種「不著之宇宙論」，也可以說是「觀照之宇宙論」。牟宗三是以一種更宏觀的角度來關懷到整體。

此關懷是本於主觀的修證後所證的虛之無，乃沒有外在客觀或絕對的廣被，故能有直覺到一切虛靈，一切通明的智慧。故牟子云：「物無體乎？曰：無客觀的存有形態之體，而卻有主觀的境界形態之體，是爲沖虛玄德即體。」〔註70〕此以老子講的道，是主觀的人生境界，是一種形上姿態，故此所謂道之體相，謂道之發用流行，正是人在作價值實踐時的純粹觀照的境界。老子的道原來是經由若反的原點顯出主觀的人生境界，而要否定的，是人世的任意妄爲與有爲、有執的造作，道只是人的否定任意妄爲或即不造作的觀照智慧。故在老子講道的關鍵語詞──「無」的詞性上，原本是動詞，表示「無爲」這一實踐活動的意思，反照出的主體的沖虛玄德的境界，才將「無」轉化成名詞以作表示。以「無爲」乃對著「有爲」而發，老子反對有爲，這就由於他的基源問題，乃扣緊對「周文疲弊」而文化現象來理解。道家認爲人有所造作就不自然，就有虛僞，有爲就是人爲的造作，因此周文的禮樂典章制度乃成了人爲的，形式的，僵固的，成爲沒有眞生命的人爲施設，那本來是在人們生活規範出來的、但不是內在化的，故而可能束縛人們的情緒與生活。

道家思想是將整個人生及大自然的意義，都收歸到無的心上，由此心的掌握而賦予世間萬物一切展開的人生關懷。學者王邦雄認爲：「在歷史上的開展，老子的思想與儒家義理結合呼應，才能得其正位，而生發其正面

〔註70〕牟宗三：《中國哲學十九講》（台北：臺灣學生書局，2002年8月），頁105。

的作用，突顯其正面的意義。……如老學之後，莊子援儒入道，荀子援道入儒，皆是以道的無，成全儒的有，得其義理分位之正，也符應道體形上性格的特質，故突顯了道家思想的正面作用。」〔註71〕這是以有無、虛實、儒道之間等，涵容闡述了道的圓整性。又袁保新則以老子的道，主觀地說可以收在心的虛無來印證；若客觀地分解，則不外是從不同角度來說明道的作為存在的價值理序，故云：「在客觀實有與主觀境界的兩個詮釋系統中，我基於中西哲學的問題意識的比轉，以及詮釋內部的一致性等理由，一方面揚棄了以『實體』；『第一因』、『自然律則』等西方古典形上學的概念來理解道；另一方面，我也不滿意牟先生將『道』完全收為『主觀境界』來說明，而試圖彰顯道做為說明一切存在相生相續的形上基礎。」〔註72〕故他認為對本體的實踐而言固然是主觀的，但是就其與物一體呈現而言，則道所明照的存在世界，其實具有兩種特性：動態方面是實現一切人我、物我和諧共生的價值理序；靜態地說道的秩序是一種力量，同時也是使萬物得以相續相生的實現原理。動靜之態表示出道的雙重特性，也成為中國文化所開展的融合性格。

　　王邦雄、袁保新等學者都將牟子的「主觀境界」說，定位為一種整體論的存有學，不採取外在的因果模式，而是基於價值關懷，經由實踐修養，在對存在界呈顯理序，依此有了根源性的把握之後，進而展開有關宇宙人生的價值意義之說明。如此一來「存有」與「價值」完全統一，故「不著的宇宙論」是牟宗三疾病療癒之開展，以道家思想是清淨在源頭，從上游開始預防，也從現象來回歸源頭，雙向進行診治，以不著、不爭、不染可以回歸自然，這樣的關懷，也可以成為一條終極的療癒之道。

　　當所有的文明都要對抗自然，因為他們想要使人成為某個特別的人，人越是成為特別的人物，道就不能穿透人，永被鎖在核心裡。牟宗三觀照的宇宙論是從整體來關懷，宇宙是一個健全的大本體，人也是一個健全的小本體，人能從心到宇宙，以心智的直觀進入到那宇宙之自然，如此就可以進入到那個最終的，隱藏奧義之內的，這樣的實踐需要很多放下的努力，從虛靜中去除形象，雖然人要拋棄形象是非常困難的，但除非人變成沒有形式、沒有名相，否則人將永遠不是健全的，而這也是道家對牟宗三所提供的藥方。

〔註71〕王邦雄：《道家思想經典文論：當代新道家的生命進路》，頁18～19。
〔註72〕袁保新：《從海德格、老子、孟子到當代新儒學》（台北：臺灣學生書局，2008年10月），頁256。

（二）主客融合的關懷療癒

　　道家的「虛」、「靜」、「無」、「生死」的詩性哲理，展開一「主觀境界」型態的境象中，主觀意識之敏銳和力量一直都與人與世間溝通的能力成正比，而溝通的能力在現實生活中又與溝通的需要成正比。而謂藝術、詩人或智者就是這些溝通的繼承者，主觀意識是在必須溝通的生活壓力下發展而成的，剛開始它只在人之間，才是必要有用的，並按其實用性的比例發展。當人們開始感知要用何種心境才能避免思緒的困境，先從主觀這樣的感知開始，故人可以思考、感受、希冀、以及寓意時，在各種類似的感知上均能有同樣的表現，於是主觀境界乃是人與人之間一種聯繫的線，如此才能會發展到人對於天有接續的能力。

　　人們需要行為、思想、情感和言語，這都是在主觀意識的範圍之內，後來人們越來越需要它，只有自己才能表白自己的苦惱，自己必須知道如何使人明白其意思，故首先便需要使用意識，思想成為意識本身中最小的一部分，因為思想的意識以簡單的溝通意象便能表示，於是成為主觀情境的起源。人與人之間不僅只有語言扮演溝通的發展，它需要有容貌和姿態、境界等，人們逐漸意識到自己的感覺，以穩定這些感覺並彷彿要將其置於人們的身心之外，而明白的意識乃是使每個人盡量了解自己，這種獨斷、專制的主觀的人類天賦，成為向群眾理解的透視的手段。

　　牟子以「道」隨時能無、隨時又有預設的方向性，此即為「徼向性」，也就是道的性。故道有雙重性，可分別從「無」與「有」二方面來理解，無有就是「玄」，再通過玄來了解道，如此道與萬物的關係當然是縱貫的關係。故人的無限心原是虛一而靜，從無限心境的徼向性說有，不是客觀地地由存在上講。由於知識是屬於橫向的，是主客對立的，故科學知識是由認知機能的認知關係，就是橫的關係而成；但道家是實踐的工夫，是由生活入手的，道的生其實是「不生之生」，道家的「無」並不是客觀的實有，而由主觀修境界上所呈現的觀念，所以要從生活實踐上來理解，故道家的境界形上學是「主觀境界形態的形上學」。這「道」乃是由不操縱、不把持，不禁其性、不塞其源、讓開一步來說明，如此則所謂「生」，乃實際是經由讓開一步，萬物自然地自生自長，自己完成，是為主客合一的智慧。

　　牟子言道之實現性乃是境界形態之實現性，其為實現原理只是境界形態之實現原理，這雖然是多數學者所批評的，但筆者以為這就是一種理念的開

創，因爲個人理解事物的過程中必然帶有經驗的視域，說這個理解過程的存有論基礎狀態是個現象事實，人以一種素樸的預設，乃謂歷史事實也是經過特殊視域觀看下的意義理解，而並不是什麼絕對超然的事實。這正是學術經驗中，所建構理性的能力和自我認識所必然的界限，正是有限開向無限的視域，也正是牟子認爲道之徼向性的必然向度。

劉笑敢則謂老子的道「有而似無、兼賅有無」、「超越感官經驗」、「無目的、無意識的」、「是絕對與永恆的」、「是通貫形上與形下的」可謂是主客之統一性、世界根源與根據之道〔註 73〕。故橫講的道體現開顯了縱貫的道，縱橫二者一體呈現，才是道家中「道法自然」的全眞象貌。其說法詮釋出牟宗三的根本的理想，這樣的見解有其深入的體會，即牟宗三的關懷，乃在以無開向有、以有回歸無，這是一種「自然」的關懷，也是自然的療癒。故牟子又云：「中國的古代哲學家，一般都認爲認識方法與德行的修養是相依不離的……甚或合而爲一的。」〔註 74〕道是那價值根源，是存有論的最高原理，不論是客觀或是主觀，縱的、橫的，全都包括在道之中，這才是療癒的根本，從源頭到疏流都是一脈相傳，祂承擔著一切人事物的共生、生生以及長生，道就是那一切的全貌。

（三）在世存在的關懷與療癒

牟宗三從智的直覺到主觀境界的說法，都在詮釋道的體用關係，以道家正是用這種體相用一體的方法來治身與治國，同時這也是道的雙重性，合在一起就是「玄」。牟子云：「玄才能恢復道創生萬物的具體作用」〔註 75〕，即道創生一切事物，乃爲萬物之母，不只限於主觀的意志，也關懷到客觀的世界，即對在在有個說明，這說明是主觀的，但實踐上是屬於客觀的，所以當

〔註 73〕劉笑敢：《老子》（台北：東大圖書，2015 年 6 月），頁 215～222。

〔註 74〕對於牟宗三以道家「主觀境界」的分判，似沒有一個學者會完全贊同。劉笑敢先生倒是提出了客觀的想法：「傳統實體說把老子之道的複雜內涵歸結爲客觀存在，境界說把老子之道的豐富內容歸結爲主觀境界……我們不可能完全不用西方哲學的概念來分析解釋中國古代哲學，然而這樣作也不可能不遇到辭不達意、或附加中國哲學念一些本來沒有的含義。解決這種問題似乎只有兩種辦法，一是用其他概念來代替有可能引起很多誤解的西方哲學概念。二是在使用西方哲學概念的同時分析其中國哲學語境中可能引起的變形，以預防曲解。」參見劉笑敢著：〈關於老之子的新解與新詮釋〉《中國文史研究通訊》第七卷第二期，1999 年 6 月，頁 10～14。

〔註 75〕牟宗三：《中國哲學十九講》（台北：臺灣學生書局，2002 年 8 月），頁 103。

道創生萬物，必須用德來保住萬物，這就是「玄」的作用，也是牟宗三其出也嘗試提出一套關懷理想，其融合現代思潮用來重新詮釋道家，這正是牟宗三的在世關懷，這關懷之道可以開發為療癒之方。

基本上對牟宗三的關懷向度之詮釋，統合以下觀點：

一、道家詩性與存有論的統合，為一以晚期海德格打通存有與詩學的作法，闡示牟子以主體關懷乃是以主觀境界的省思，形成一種存有的詩性療癒。

二、牟宗三以道家的存有美學由於統合了「齊物」與「物化」，因此呈現出「同一」與「差異」的物我的風格之美。道家的存有美學可落實為一門具體、活力、差異的物化美學、自然美學。這樣的存有美學、物化美學又可和道家的冥契體驗並行不悖，使得道家存有美學詩學與自然冥契的、神秘的體驗融貫起來，形成一種內在超越的治療之道。

三、牟宗三的道家理論雖多向主體觀照的心靈之說，但必須將身體觀面向帶入，以使靜態、靜觀之道，也引道走向具體的、動靜合一的整全關懷，如劉笑敢言：「以總體狀態的和諧性，是為了反對內部或外部的劇烈衝突和對抗，保障事物或社會、身心的正常進步。」〔註76〕即牟子以「道」乃是將心身物與世界貫通為一。

四、牟宗三所開出的道家詮釋，不只是成為個人心靈的美學欣趣，更可以發揮批判和治療功能，亦即對當代資本主義所帶來的重重破碎異化，產生敏銳的批判力道並從而指向一條文化與生命療癒之道。〔註77〕

筆者從海德格的論述，再來論述「玄」的論釋。海德格以「Ereignis」來稱述「大道」，其以成就世界諸因素，乃謂天、地、神、人之四方，諸因素成其本身，進入光亮之中而保有自身。大道既不是一個西方形而上學意義上的本體，也不是至高無上的主宰，既是廣又是大，這樣一個非形上學的思想事情，不是邏輯範疇可以規定的，本屬無名，海德何勉強翻譯為「Ereignis」。〔註78〕一種非邏輯、無定義的方式來稱述老子所講的道，可以是一種「道」的做法，道並不只是自然本體，也是人的本體，把人法天、天法道、道法自然等一系列視為本體，人的本體存在與宇宙自然存在的同一性融合之道，是主觀

〔註76〕劉笑敢：《老子——年代新考與思想新詮》，台北：東大圖書，2015年6月，頁97。

〔註77〕參考賴錫三：《當代新道家——多音複調與視域融合》，頁167～169。

〔註78〕參考孫周興：《語言存在論——海德德後期思想研究》（北京：商務印書館，2011年1月），頁312。

的境界，同時是客觀的實有，這就是對牟宗三理論的輔佐觀點。又從西田幾多郎說：「人們的知識是透過知識內容的獲得來充實客觀性，但是知識唯有透過再前進到意志或行為，才可以說達到其終極。」〔註79〕西田的觀點很能說明牟子的主觀境界形態，即從立場極端抽象的邏輯與數理的立場，一直到極端具體的歷史與藝術的立場為止，故主觀境界的立場，乃是依照順序地在具體的立場中產生，所以主觀境界形態乃是客觀實有的目的。

　　體道的行者能夠在無有之間穿梭，從虛靈狀態到氣化流行，儘管呈現的方式有所不同，但一切都要合乎自然。〔註80〕從莊子、陶淵明、阮籍、稽康、蘇軾……等人在這方面有了傳神的表現，到了唐代的李白更是道的代言者，他們都是一個主觀境界的創作家，也是一個客觀實有的關懷者。牟宗三建構道家的主觀境界，並開出形上理論、徹向發展，以及自我實踐等關懷詮釋，並用來體現主觀境界，亦為即本體即工夫，即境界即本體與工夫的理論，這也是一種關懷療癒之作用，當人在行「道」的實踐時，即是某種境界的展開，同時也是某種療癒的進行。

第三節　李白對道家境界觀的省察與療癒詩例

　　李白詩歌是對道家精神的開展，以不斷創造自己，讓浪漫的心是無待的，物物皆化，各適其性，回歸自我的存在，就是其所開出的主觀境界。李白有著對人生充滿期待，以天才般的性格，展現非凡的自信與自豪，灑落不羈的獨立人格，自由無限的浪漫情懷，訴諸於理想的人文觀照，將道的意境發揮得淋漓盡致。以樂府、古詩、絕句之詩文，提供了對人生之道的理想與開顯；以縱橫、劍擊、任俠、輕財、重施等性情，浮遊四方，並以此書寫生命。他接受莊子風格，大大發展了莊子的浪漫精神和表現手法，也融匯了從道教神仙期待，致而道家有內在心靈的虛靜，具有「想落天外、局自變生。

〔註79〕 以上參考西田幾多郎：〈種種世界〉，收錄《西田幾多郎哲學選輯》（台北：聯經出版社，2013年3月），頁160。

〔註80〕 牟宗三引了一則故事云：「毛澤東問他的英文秘書：假如一旦共產主義的理想失敗了，你看失敗會在什麼地方？對方兩句話答得不錯，失敗在兩點：不自然、不合人性。不自然就是不合道家的精神；不合人性就是禁其性、塞其源，操縱把持禁制得太多了。」參考《中國哲學十九講》，頁108。道家精神可謂治身與國最終極的支持原理，祂把生命縱貫地通起來，這才是真正擴大自己的生命。或許毛主席聽後有所領悟，乃形成今日中國的強盛。

大江無風、波浪自湧。」〔註81〕令人驚嘆不已的藝術魅力，這是一代「詩仙」主觀境界的省察。以下從虛靜、見獨、逍遙、生死等境界面向來論述李白的省察詩例。

一、李白「虛靜」的省察

李白在大自然中朵花、一片葉裡，似都藏著道情萬種，李白的詩總是能虛一以靜，以觀復之觀來觀，見其「綿綿若存，用之不勤」的無限詩心。李元洛說：「李白的詩中閃耀奇幻的清輝。春月、夏月、秋月、冬月、山月、水月、滿月、彎月、霜月、峨嵋月、邊塞月……等等，百態千姿、千萬變化……據統計李白現詩約一千餘首，提到月亮的約答二百五十首左，占總數的四分之一，不同美學形態的月亮境界共有八十多種，這位詩國天才真可以說是『明月肺腸』了。」〔註82〕在這些幻化中人得以開啟了某種想像的世界，讓自己不再是「被拋於世」的，人在這世界中是屬多麼微不足道，於是就被帶到人們主觀擴充中的自然活動裡。

李白詩寫大自然總如白鳥入雪蘆，他常常以蒼穹為布幕，他可以隨時去塗天空的顏色，抹除地上所有的雜物，模糊天地之間的界線，那兒有一物，安處在這個位置上，可以恣意的揮灑在那裡，如詩云：

> 天清一雁遠，海闊孤帆遲。白日行欲暮，滄波杳難期。吳洲如
> 見月，千里幸相思。（《送張舍人之江東》）

天、雁、海、帆對照，白、暮、滄、杳表達了人的有限而開出詩心的無限，從吳洲見月、千里相思都得到了思緒的解放，李白的人生視域可在任何角度開展，放眼所見每個人都可以成就主觀境界的遼闊。這詩往往在靈魂細微變動中有著「虛靜」的開幕，沒有刻意的方向，只是藉著雁一個點，詩人可以透過那完全展現情感，他不斷添加線條和形狀，圖像逐漸形成月與千里，這個圖像是詩人的人生經驗中，不斷和情緒、想像和衝突中開出，因而創作過程充滿人性強烈的感覺，從小而大，從大而化是心靈的自由，也是屬於主觀境界的開展。

李白的詩以其虛靜的力量，深刻劃出主觀的意義，那並不存在歷史或神話的素材中，而是存在於它用以表達的自我經驗之中。如詩云：

〔註81〕沈德潛：《唐詩別裁》（北京：中華書局，1975 年 1 月），頁 84。
〔註82〕李元洛：《詩美學》（台北：東大出版社，2009 年 2 月），頁 30。

　　　　亞相素所重，投刃應桑林。獨坐傷激揚，神融一開襟。弦歌欣

再理，和樂醉人心。(〈贈從孫義興宰銘〉)

　　　　冥機發天光，獨朗謝垢氛。虛舟不繫物，觀化游江濆。江濆遇

同聲，道崖乃僧英。說法動海岳，游方化公卿。(〈贈僧崖公〉)

宇宙萬物之間本有分際，當「投刃應桑林」時而李白以「神融」可以融攝兩

者，是兩者爲一體。正如莊子的「桑林之舞」已然躍動，如庖丁進入了無礙

之境，那是屬於主觀境界的遨遊，從獨坐之間與物無間，是直覺於「開襟」

與「再理」之間，悟解一切的是非對待都是整體，於是在這樣的觀照下，他

可以無分別、無對待，一切全然放空，故此時可以弦歌唱玄。此可以瞭解到，

李白虛靜觀照的美感開於主體心中，本體是物我兩忘，故能掌握審美之主，

才能成就當下的詩心。又「冥機發天光，獨朗謝垢氛」在觀照之當下雖然不

覺得主體與對象的分別，故「虛舟不繫物，觀化游江濆」進入其主體自覺的

境界，其中隱含很多自我的生命故事，只有在光、朗之後，才能放下一切成

爲如莊子的「汎若不繫之舟，虛而敖遊者也。」(〈列御寇〉)江湖上的空船並

沒有要走到任何地方，不需要有人去操縱、指引或駕馭，它並沒有要到任何

地方，它仍有在動，他不會受人影響，也不會影響別人，正如一個完美的人

會行動，但是沒有任何動機，是高度的自由，李白對明亮光輝的事物有著強

烈嚮望，如松浦友久說：「李白詩歌語彙的語義本文光明度很高，而且又賦予

它多方面表現功用。同一素材處理，與其他詩人，特別與杜甫相比，具有明

顯的不同。」〔註83〕這其實也說明他內在具有著超越的自由，他總能化開世

局的紛亂，開出向上一路的機緣，這也是他天生率直、明朗的性格，以及後

天人事的磨練後使然。

　　詩人能虛一以靜去穿透這一層障礙，達到萬相齊一的境界，則當人與物

融爲一體，便可體會到「道」的直覺，與萬化同遊，正如莊子「無何有之鄉、

廣漠之野」的境界。人能應物而不累於物。凡人的生命雖受形軀之稟，但掌

握此心而得魚忘筌，化解生命的窒礙，人得身心自在入於逍遙。李白以其雄

偉闊大的意象，玄芒不測的景觀，繽紛多彩的形象，清新奇特的手法，造解

道家般的主觀境界的藝術哲理，成千古傳誦的名篇。

　　李白知道生存的情志所在，這種時代的命局，淬煉出他的振作與鼓舞，

───────────────

〔註83〕松浦友久：《李白詩歌抒情藝術研究》(上海：上海古籍出版社，1996 年 12

　　　　月)，頁 29。

他很恰當詮釋莊子，這正是被囚困在這天下之中的苦悶者悟出活力來源，他以詩實現自我理想，解放人民的桎梏。李白也與存在主義者─尼采，有神似之處，他們都有「超人」的潛意識，尼采說：「大地仍爲偉大的靈魂而開放著，還有許多地方可供隱士們獨自或結伴潛居修行，那裡洋溢著寧靜之海的氣息。」〔註84〕尼采具有某種救世的情結，眼前的困頓仍是以自由來過活，並等待著偉大靈魂去安撫一切；李白也以仙人的姿態要爲世人提供救世良方，他們能靜心等待，讓心契合主觀情境，在某種意義上兩人可謂志同道合。學者陳昌渠說：「李白是在那個時代精神的感召下培養出來的驕子，在他的身上最集中地體現，孕育在那個時代人們心中的驕傲與自豪。」〔註85〕李白以對當下的掌握，在此時此刻的直觀，主觀境界之一體解脫能力，及視透人生的智慧，他以詩歌的神與氣、意與蘊、境與美，充分展現道的風情，並且爲盛唐士人性格的浪漫、積極與衝勁，做了實際的生命體現，更能爲提了一種文化向度，是虛靜人生的省察方式。

二、李白「見獨」的省察

李白雖一生對道玄境，每以玄虛的美感，來表示對當下的把握，其營造一個屬於主觀而自適的世界。古典詩歌的藝術精神，基本上就是一種表現的藝術，是一種追求心靈表現的藝術，此藝術表現是因情感充盈，而下筆爲詩，李白正因爲在與社會、政治、人生等諸方面具有獨立的見解，但他不附麗於政治功名，他表現出相對自由的狀態。以學道的心靈，讓他處於一種居高臨下的高度，他有了自我的洞解，他想要將樣的才力放諸於世間，最後他選擇以詩做爲表達的工具，詩心、道與世間關懷並行不悖。廖美玉說：「對人情世故的嫻熟，對一切成空的了然於胸，卻依然全力以赴。……使李白既能纏綿也能超曠，揮灑出專屬於他自己的創作魅力。」〔註86〕他的詩對所求虛玄理境的了然清晰，尤其在對照世間理想不遇之際，他常能從酒德來粹練「見獨」的體現，如詩云：

〔註84〕尼采著，余鴻榮譯：《查拉圖斯特拉如是說》（台北：志文出版，2013 年 10月），頁 14、80。

〔註85〕陳昌渠：〈李白創作個性略說〉，收錄《李白研究論叢》（成都：巴蜀書社，1987年 12 月），頁 23。

〔註86〕廖美玉：〈重讀李白──「莊、屈」異質共構的理論與實證〉，收入《羅聯添教授八秩晉五壽慶論文集》（台北:台灣學生書局，2011 年），頁 119。

> 花間一壺酒，獨酌無相親。舉杯邀明月，對影成三人。月既
> 不解飲，影徒隨我身。暫伴月將影，行樂須及春。我歌月徘徊，我
> 舞影零亂。醒時同交歡，醉後各分散。永結無情遊，相期邈雲漢。
> （〈月下獨酌〉）

明月與影子是朋友，只有這樣的朋友，才是眞正的知己，詩人面對孤獨就是即時行樂，行樂是當下的自由，掌握此時此刻的自由之狀，就是獨的實現，這樣的朋友也只有詩人才可能發現。他趁勢輕歌曼舞，月兒因聆歌而流連，影兒因隨舞而零亂，似乎寂靜與落寞悄然而逝。與月的交歡如何體驗呢？對此詩沈德潛評說：「脫口而去，純乎天籟，此種詩人不易學。」〔註87〕詩人從月之徘徊，詩人源自內心的歌聲，明月照顯那孤獨的影象，只有這樣的時刻，才知道天人交歡的狀態，當回到醉般的人生，心境就會消散，所以無情是最深的情，相期是在最遙遠的天，詩人的意境徹底擺脫孤獨。這就使得幻想與現實構成了極爲強烈的反差，並在徹底否定黑暗現實之中，尋得了精神上的慰藉。花前月下的「獨」，是那麼隱而又顯，李白藉酒發表是一種潛意識的眞實，這眞實是見到了「獨」。

尼采認爲：「藝術的不斷演進是由於阿波羅和戴奧尼修斯的二元性，正如種族的繁殖是基於兩性間不斷的矛盾和協調活動一樣時，我們便在美學上得到了很大的收穫。」〔註88〕阿波羅是光明的神，也是代表著夢想的藝術家；戴奧尼修斯是酒神，代表著狂喜的藝術家，兩種神性相互制約，然而某些時代或某些人，正蘊釀著某種神性的因素，而酒神因素能用一種形而上的慰藉來解脫人們，不管現象如何變化，事物基礎之中的生命仍是堅不可摧和充滿歡樂的。尼采似說出李白的酒德精神：「沒有戴奧尼修斯，阿波羅是不可能存在的。酒神狂歡的聲音如何更動人心目地透進那被人爲限制和思慮的幻象世界，這個喧鬧如何表現出整個暴亂的自然—快樂、憂傷、知識。在戴奧尼修斯（酒神）旋風中，能忘卻了自己，也忘記了阿波羅的法則。於是『過度』乃顯示爲眞理，而矛盾以及從痛苦中產生的快樂，便從人性的深處表達出來了。」〔註89〕在酒神狀態中，人與人、與大自然的對立化解，達到了融合與統一，自我獲得了完全的自由，這種「獨」的感悟，可使其暫入永恆不朽，依此酒神精神讓李白感悟到了自己的神性。

〔註87〕沈德潛：《唐詩別裁》（北京：中華書局，1975年），頁28。
〔註88〕尼采著，劉崎譯：《悲劇的誕生》（台北：志文出版社，2014年3月），頁25。
〔註89〕尼采著，劉崎譯：《悲劇的誕生》（台北：志文出版社，2014年3月），頁28。

又如劉伶〈酒德頌〉論大人先生、貴介公子的酒德，如云：「於是捧罌承糟，銜杯漱醪，奮髯箕踞，枕麴藉糟，無思無慮，其樂陶陶。兀然而醉，豁然而醒，靜聽不聞雷霆之聲，熟視不睹泰山之形，不覺寒暑之切肌，利慾之感情。俯觀萬物擾擾焉，若江海之載浮萍。二豪侍側焉，如蜾蠃之與螟蛉。」〔註90〕劉伶性尤嗜酒，藉酒德暢談無為的教化，縱情肆志，志氣曠放，反對當時朝政，及虛偽的禮法制度，醉酒佯狂，以避政患，後與阮籍、嵇康同為「竹林七賢」之一，也認為「酒」能讓人得到安慰、回歸自然。李白承繼這種精神，藉酒以為人生的真樂，詩云：

> 三盃通大道，一斗合自然。但得酒中趣，勿為醒者傳。（〈月下獨酌·其二〉）

> 兩人對酌山花開，一杯一杯復一杯。我醉欲眠卿且去，明朝有意抱琴來。（〈山中與幽人對酌〉）

李白酒詩特有興會淋漓之作，李白在山中與隱士對飲，盛開的山花更增添了環境的幽美，他不是借酒自得其樂，而是有人與對酌，對酌者又是意氣相投的「幽人」，此情此境，事事稱心如意，於是乎重復三次的一杯，極盡寫快意之樂。阮廷瑜說：「（李白）開花聞管，對雪望雲，置酒興懷，必求一醉。就是無朋獨酌，亦可效淵明之撫松或邀花月顯而陪伴。」〔註91〕酒德以對生命的肯定，自我解放的精神，擺脫人為的造作，打破一切教條的束縛，自我乃回到自然。又詩云：「「古來聖賢皆寂寞」（〈將進酒〉），這話有著很深的義蘊，飲者是一種身份的解脫，而聖賢是精神的長存，寂寞來自於李白認為自己有著聖賢之志，但世間沒有能理解。徐而庵說：「太白又去開悟他，把古來聖賢與他看，他一生修己孳孳，惟日不足，生前不飲，死後何其寂寞？惟有飲者，生前快樂，而曠達之名，垂千載之下。」〔註92〕只有這樣的詩人才能體道，李白用酒來捕捉人類對在世的茫然，同時又是最大希望的心靈世界，他可以自在掌握人性，他對人性的表達其實就天道真知，「酒」成為李白感通的之媒介，但李白更能從酒中得到對人心的超越開向天間。

此時的李白，以酒把自己與萬物隔開，以獨立的形象見到了萬物的自由，

〔註90〕劉伶：〈酒德頌〉，收入湯振鶴等主編，許錟輝譯註：《譯註評析古文觀止續編》（台北：百川書局，1994 年），頁 375。

〔註91〕阮廷瑜：〈酒是李詩中的養料〉《中國書目季刊》17 卷第三期，1983 年 12 月，頁 25。

〔註92〕徐增著，樊維綱校注：《說唐詩》（河南：中州古籍出版社，1990 年），頁 136。

亞隆孤獨的關懷，明白的指出人們最根本的處境：「獨立於一切的孤獨。」〔註
93〕但是對於酒的超越精神，只能是一時？莊子的見獨是能見道，道是超越時
空的，對於道體的體會，李白累積對人世的苦難體證，每有獨特的妙悟。其
真正人生的見獨，則在李白越是晚年的詩中，則越能見出，他能為人生提供
整全的方式，來表達主體的見獨，如詩云：

> 茫茫大夢中，惟我獨先覺。騰轉風火來，假合作容貌。減除昏
> 疑盡，領略入精要。澄慮觀此身，因得通寂照。朗悟前後際，始知
> 金仙妙。幸逢禪居人，酌玉坐相召。彼我君若喪，雲山豈殊調。清
> 風生虛空，明月見談笑。怡然青蓮宮，永願恣游眺。（〈與元丹丘方
> 城寺談玄作〉）

李白入道多年，對於道的體會，即以花酒風月體道，其境界是有一番道味。
而他真正掌握「獨」的境界，於此詩更得見出。詩於「茫茫大夢中，惟我獨
先覺」的醒悟中，進而產生我身似清風，「清風生虛空」萬物俱可感，「明月
見談笑」是與天地談心，如莊子「天地與我並生，萬物與我為一」的意義，
其詩文妙句高調，其歡愉心境與境界悠遠，表達著「獨」的高妙。

李白知道世間變化的不可掌握，但可透由道的修行，超克到神仙的境界，
並且遊於死生之外，這種「獨」的意象處處表現在他的詩歌之中，如詩云：

> 仙人騎彩鳳，昨下閬風岑。海水三清淺，桃源一見尋。遺我綠
> 玉杯，兼之紫瓊琴。杯以傾美酒，琴以閒素心。（〈擬古‧其十〉）

李白重視當下的超越，以在生時掌握現實，故詩中充滿著觀察、傾聽生活中，
提出了不死、求仙的意志，具有對命運不妥協的自我感染性，可以讓人提供
內在自我探索，如此詩的藝術情緒就會一絲絲、一點點地開始表達自己，漸
漸地大量展現，如果人的態度開放到足以了解他所要表達的，心情將會得到
喜悅，並因此踏上解脫的旅程。李白的遊仙並不是以遊仙為主題，乃是神仙
名詞的運用，常常也只是輕輕帶過，其最大的特色正如洪啓智所說：「詩仙是
將遊仙意識鎔鑄於詩歌之中，藉以提升詩歌藝術的超俗性與飛躍性，令讀者
有飄飄欲仙的精神快感。」〔註94〕這種快感不只是藝術上，乃從藝術昇華到
境界的高舉，把人的主體帶到廓然澄澈的視域。

〔註93〕歐文‧亞隆著，易之新譯：《存在心理治療》下冊（台北：張老師文化，2011
年3月），頁520。

〔註94〕洪啓智：《論李白遊仙詩的文化心理與主題內容》（桃園：國立中央大學中國
文學系在職專班碩士論文），2006年6月，頁68。

　　莊子也有「藐姑射之山，有神人居焉，肌膚若冰雪，淖約若處子，不食五穀，吸風飲露。乘雲氣，御飛龍，而遊乎四海之外。其神凝，使物不疵癘而年穀熟。」（〈逍遙遊〉）莊子裡「姑射山」上的神人，神人乃是人修練而的，人修成功了乃變化成神，故稱為「神人」。其乘雲、御飛龍、游四海，可謂是身心快然、自由自在，然而修養上重在「其神凝」，他的精神始終很凝定，他所在的地方都是太平之境，所以萬物接觸到他自然地和順安定，不論天氣、農物莊稼也好、連接觸其神光，大病小病都沒有了。意思就是說誰要見到他，就可以超脫生老病死。這其實就是李白理想的心境，他最想要達到的自由也是如此，但他目前還達不到，然可以藉著酒來進入這種境界。

　　李白的詩總是在人際中衝破命限的障礙、壓制它的嚴厲規則，在原我與自我之間架起一道橋樑，跨越宇宙的恐懼深淵。葛景春說：「李白的思想深受道家哲學的影響，他的詩歌雖然不能以系統的哲理思辨來表現，但是卻充滿了哲理的悟性，閃耀著哲理思想的智慧。」〔註95〕所以李白知道先要懂得孤獨，而要想建立一個正常的關係，以及不斷提供理想與智慧。李白也已表達最自在的人格。沒有人願意活在命限的世界裡，承認被現實所放逐的淒楚心境，一躍而為不想在命運深淵被恐懼征服，進而讓他們從存在的限制情境中走出，建立一種價值的人生觀，是一種跨古今的信念。這信念讓後人都可以接受李白詩，也將之做出各面向的詮釋，這也是李白詩從孤獨到見獨的療癒省察。

三、李白「逍遙」的省察

　　李白與莊子如出一轍，是鯤化為鵬的遼闊境界。莊子以鯤鵬和蜩鳩的對比，來說明大小的分別，破除一般人見小不見大的觀念。擁有高瞻遠志的李白，也要作大鵬的搏飛，他祈嚮做一種超越，所謂「碩大便美」，這遼闊的美藉著大鵬來追尋，它是外尋也是內尋，是形式的與精神的統一。更是那顆心不曾放棄過夢想的仙鄉，「天上謫仙」藉著不斷地飛騰，以仙人之姿來表達為世關懷的呼聲。李白詩云：「憑高登遠覽，直下見溟渤。雲垂大鵬翻，波動巨鰲沒。」（〈天台曉望〉）大鵬鳥的意象在於象徵的層次上，是中國古代傳說的「光明之鳥」，也是李白創作的泉源，來自於他的不被限縛的生命力，一個詩人將其想望轉化為「我將要」的做為，使之被壓抑生命進而昇華。詩云：

〔註95〕葛景春：《李杜之變與唐代文化轉型》（鄭州：大象出版社，2009年8月），頁154。

北溟有巨魚，身長數千里。仰噴三山雪；橫吞百川水。憑陵隨

海運；燁赫因風起。吾觀摩天飛，九萬方未已。(〈古風〉，其三十三)

一如莊子的高度，他用三度空間在展翅高翔，在《大鵬賦》序曰：「昔餘於江陵見天臺司馬子微，謂余有仙風道骨，可與神遊八極之表，因著《大鵬遇稀有鳥賦》以自廣。」在〈上李邕〉中也暢談其遼闊遠上的理想，如云：

大鵬一日同風起，搏搖直上九萬里。假令風歇時下來，猶能簸

卻滄溟水。世人見我恆殊調，聞余大言皆冷笑。宣父猶能畏後生，

丈夫未可輕年少。(〈上李邕〉)

自始至終李白都想要做大鵬的高嘯，他筆下的意象是很個性化的，而且往往超越現實，帶有強烈的主觀幻想色彩。他的詩宛如迴旋的狂飆、噴溢的花火，狂呼怒斥，縱橫變化，不可窮其究竟。他自我獨特的意象中，大鵬成了他的化身，使人注目，這世界聖人已不在，還有誰能濟世？除了自己焉能寄望於俗夫？

李白年幼時，家近青城山道教十大洞天之一，而道教的修為意味超脫於世俗之外，如詩云：

家本紫雲山，道風未淪落 (〈題嵩山逸人元丹丘山居〉)

十五遊神仙、仙遊未曾歇。(〈感興——八首其五〉)

十五觀奇書，做賦凌相如。(〈贈張相鎬〉)

余嘗學道窮冥筌，夢中往往遊仙山。(〈下途歸石門舊居〉)

可知其受到蜀中道教氣氛的薰陶，所表現出的詩風也有濃郁的道教之風。十五歲後，喜好作賦、劍術、奇書、神仙等，青年時期開始在中國各地遊歷，他一生熱愛山水，常常達到夢寐以求的境地，他的人生精神充滿了浪漫與理想，而神仙道教信仰在他思想中有著重要地位，他的近千首詩與道教有關，甚至正式入教，名列方士格，故詩風充滿了神仙境界的理想，然而他卻希望以神仙之姿入世，給予世人提供療癒的藥方。同時李白也廣泛承取了歷史文化遺產，融合百家之說，形成了他複雜獨特的思想面貌，雖有各家各派的思想，然學者多以為他的性格還是傾向於道家〔註96〕，他以道家徒詩人的境界走向逍遙的主觀境界。又詩云：

〔註96〕如葉慶炳云：「李白之思想，屬於道家。白云：『五歲誦六甲』(上安州裴長史書)、「十五游神仙」(感興八首之五)、「學道三十春，自言義皇人」(酬王補闕惠翼莊廟宋丞泚贈別)、「雲臥三十年，好閒復愛仙」(安陸白兆山桃花巖寄劉侍御綰)，可見其自幼學道，勤而且久。」參閱葉慶炳：《中國文學史》上冊，頁374。然而道家與道教又有範疇上的不同，唐代似乎並無特別分立。

> 憶昨鳴皋夢裡還，手弄素月清潭間。覺時枕席非碧山，側身西望阻秦關。(〈鳴皋歌送岑徵君〉)

> 感之欲歎息，對酒還自傾，浩歌待明月，曲盡已忘情。(〈春日醉起言志〉)

詩人的「忘情」，以「一」去穿透每一層障礙，從彼岸到眼前，不山水之隔，無不是剎那成就。這是因為心靜到萬相齊一的境界，則當人與物融為一體，便可體會到「道」的存在，與萬化同遊，人能應物而不累於物。凡人的生命雖受形軀之稟，但掌握此心而得魚忘筌，化解生命的窒礙，人得身心自在入於逍遙。

對莊子來說出世就是入世，他的相忘是在江湖中，也以相忘來關心江湖，以不出而出，以回歸來呈現逍遙，其理寄言出意而世人難知。對李白則以浪漫與自由的精神，表達莊子這樣的理想。他一生的蒼生情懷已然無一可試，一片報國救世的心，卻如此的鬱抑難伸，結構的巨大跳躍，突兀奇來、不可端倪的詩句間激蕩著李白矛盾的內心。他將古今、物我打成一片，讓詩歌來書寫療癒鬱結胸中的不平之氣。李白以自我為主體，以遊仙、山水、大自然為客體，作為個人抒情的註解，提升詩歌的療癒視野，如白鳥入蘆葦的飛竄，他與自然成為不可分割的整體，自我與萬物皆逍遙於自然中。

四、李白「生死」的省察

中國生死觀念源自對現實生活的「憂患」〔註97〕，使得詩在藝術實踐和境界體悟裡尋求生命的意義和情趣，強調生命藝術化和藝術人生化。徐復觀說：「憂患心理的形成，乃是從當事者對吉凶成敗的深思熟考而來的遠見；在這種遠見中，主要發現了吉凶成敗與當事者行為的密切關係，及當事者在行為上所應負的責任。」〔註98〕中國儒道兩家的基本動機，同是出於憂患意識，不過儒家是面對憂患而要求加以關照；道家則是面對憂患而要求得以化解。兩家承傳的思想，對世間生與死的憂患，與存在主義的焦慮課題，實有異曲同功之妙。從文化性格觀之，儒道兩家對於道的徑路雖不同，但對於「道」的終極體認就是一種存在，是對生命的終極關懷的存在。如李杜詩歌的精神來自儒道生命的終極關懷，他們的詩風是自由的意向，是一種實現自我的本能或理想的自由，人性相協調的自由，唯有自由，生命的意義才成為可能；

〔註97〕《易經・繫辭下》：「易之興也，其於中古乎？作易者其有憂患乎？」然將憂患與意識合為一詞，見於徐復：《中國人性論史・先秦篇》，頁20。

〔註98〕徐復觀，《中國人性論史・先秦篇》(台北：臺灣學生書局，2010年)，頁20。

人也因意義的做爲而能活的自由自在，故生命主體的自由，使人須肩負其責任，好好地活在此時此刻。

心理學家馬斯洛（Abraham Harold Maslow，1908～1970）以人都有其「內在因素」﹝註99﹞，認爲自己內在的需求，就是認識自己，將身心越來越整合一致，越來越清楚自己的眞實本性，知道自己眞正想要的是什麼，知道自己的呼召或使命是什麼？根據馬斯洛的說法，我們瞭解詩人李白也存在著一種內在因素，他在不同的時空背景，經歷著不同的生活樣貌，注入對命運的體現，創造出自己的理想與使命，眞實的呈現意義的生命。他也以「成長導向」﹝註100﹞熱愛生命，以更爲獨立自主、更有豐富價值的主觀經驗，來書寫人生面貌，因而提供了人們，自我接納與值得被愛的感覺，加強了中華文化的持續成長。

李白如此性格，不計出身而功成身退，加上其人任氣而放意，對禮教極其嘲諷，而其內心從來不曾放棄對世間的情懷，他主張恢復古風，保有眞性情的自我，是以詩風雄放豪邁處淡遠恬靜，李白也採取了道教方式，如祈仙、煉丹等作法，可以爲道教道家式，面對死亡的詮釋面向與存在主義關懷是不同的。

李白詩歌美學以超越功能，從而使精神不斷超越現存狀態，以詩意與詩境爲直覺提供意義。此外，他還注重詩的內省體驗，把內省體驗視作詩意的悟性，依此悟力展開對人性抉擇，在不解決之中來解決生死的問題，這只有在李白，他以入夢、求仙來了脫生死。

詩人以自我創造的遼闊，來化解他當時心中的抑鬱與塊壘。他創造出夢境，以逍遙的姿態進入理想的世界，這是他對道境的追求，渾然躍出於語言文字之中，以對道家逍遙無待的忘我進入天姥山之中，暗蘊著天姥境如一種歸鄉景情，仙與境相融，人與家合一，這詩發出天籟之鳴，頗能與莊子逍遙互探境界的味道。試分析如下：

> 海客談瀛洲，煙濤微茫信難求。越人語天姥，雲霓明滅或可睹。

﹝註99﹞ 亞伯拉罕・馬斯洛說：「人因需要所引發的行動都趨於成爲整體的人格的一種表現形式，從中我們可以看出他的生理需求、安全需求、愛與歸屬的需求，尊重的需求、自我實現的需求等五種狀況。」參考馬斯洛：《人本哲學》（長春：吉林出版公司，2013 年 8 月），頁 26。

﹝註100﹞ 馬斯洛將人的基本動機是分爲「匱乏」或「成長」導向。以成長爲動機的人，不會把他人看成供給的來源，而能視之爲複雜、獨特、完整的存有。摘錄自亞隆《存在心理治療學》下冊，頁

天姥連天向天橫，勢拔五嶽掩赤城。天台四萬八千丈，對此欲倒東南傾。我欲因之夢吳越，一夜飛渡鏡湖月。湖月照我影，送我至剡溪。謝公宿處今尚在，綠水蕩漾清猿啼。腳著謝公屐，身登青雲梯。半壁見海日，空中聞天雞。千巖萬壑路不定，迷花倚石忽已暝。熊咆龍吟殷巖泉，慄深林兮驚層巔。雲青青兮欲雨，水澹澹兮生煙。列缺霹靂，丘巒崩摧。洞天石扉，訇然中開。青冥浩蕩不見底，日月照耀金銀臺。霓為衣兮風為馬，雲之君兮紛紛而來下。虎鼓瑟兮鸞回車，仙之人兮列如麻。忽魂悸以魄動，怳驚起而長嗟。惟覺時之枕席，失向來之煙霞。世間行樂亦如此，古來萬事東流水。別君去矣何時還？且放白鹿青崖間，須行即騎向名山。安能摧眉折腰事權貴，使我不得開心顏。（〈夢遊天姥吟留別〉）

詩篇開頭將瀛洲和天姥兩種境界呈現，但瀛洲「信難求」，可喻為「至人、神人、聖人」的境界，天姥「或可睹」必需以無待之功，無待則是「無己、無功、無名」的道術，終得以進入逍遙。吳怡先生認為：「要達到逍遙遊的境界，必須注意兩點：第一、逍遙遊不是指形體上的自由，而是指心靈上的自由。第二、逍遙遊不是指縱情在任性的，而是要在心上不斷的修養才能到的。」〔註101〕。可知要達到無待是以修養而達到心靈的自由，而達到天姥的工夫即是達到瀛州的境界。

接著描述天姥之境，既高且遠，以人間的五嶽、赤城及天台山相比，天人之間小大立現，一如莊子的終極目標，其能照所照的智慧是為開啟逍遙的實踐，大鵬最後能達到天池，不是一蹴可幾的，而是經過了長時間的努力經營，經過了各種打擊、挫敗的遭遇，終而能待乘風御龍。天姥山隱於雲霞飄渺之中，引起了人心對神秘探求的想望，但要進入了其逍遙之中，必須要「無待」的修養，如藐姑射之神人乘雲氣、御飛龍，而游乎四海之外，一切皆無己、無功、無名，對任何事都抱著沒有執持的心，能夠虛一而靜，便不會被任何事牽掛，擁有自由的無限心。此以「無待」的心進入自在的境地。此時見天姥山，深遠高奇的境界，在幽深暮色之中，剎那間「丘巒崩撞」，一個神仙世界一時頓現，洞天福地，出現在眼前。「雲之君」披彩虹為衣，驅長風為馬，虎為之鼓瑟，鸞為之駕車，奔赴仙山的盛會來了。「仙之人兮列如麻」，群仙來迎則我亦為仙，金銀之台與日月輝映，光耀奪人。

〔註101〕吳怡：《新譯莊子內篇解義》（台北，三民書局，2000 年 10 月），頁 125。

　　仙山的盛會正是李白超越現實人生的意境，他以有待的心持續開發著對逍遙的飛逐，他必須讓自己成為一隻大鵬鳥，乘著六月的海運，扶搖而上九萬里的高空，所以他要遊歷千山萬水，極盡自己感受世界的印象，他要親自體驗歷史傳說，獵察聖賢豪傑當時所生發的意義情感，他也要瞭解宮廷生活豪奢與士大夫迂腐，對比於庶民的障礙與社會的束縛，這一切經歷通過李白的非凡智慧，將意象凝聚在一起，唯有生命超越才有體現這般輝煌燦爛、氣象萬千的藝術描繪。

　　當詩人覺察到現實的情況時，他意識到「世間行樂」終如夢幻，「古來萬事」如流水一去不返，他大鵬展翅的意志，告訴自己不能再為功名、求利益，而「摧眉折腰」去事奉權貴，此時此際「且放白鹿青崖間，須行即騎訪名山」是詩人的心靈慰藉，他再不是消磨的情，而是瀟灑出塵的心，是一種不忮不求的放懷，放下俗情的「不得開心」，他用山水遊仙來化解糾結，這是莊子式有待的工夫。李白在尋仙訪道中，讓自己到「無己、無功、無名」，他跳脫世俗的名相，不為外在表象所惑，不被生命牽絆，進入達到無待的境地，此時這大鵬鳥已漸漸飛到天姥山的逍遙之境。

　　李白知道世間變化的不可掌握，但可透由道家的修行，超克到神仙的境界，並且遊於死生之外，這種意象處處表現在他的詩歌之中，如〈遊泰山、其四〉：「安得不死藥。高飛向蓬瀛。」在於〈悲歌行〉云：「富貴百年能幾何。死生一度人皆有。孤猿坐啼墳上月。且須一盡杯中酒。」時光易流逝，歲月不長在，只有掌握在此時此刻的生命意志，他以詩、以才、以志、以酒等生命的當下做發憤，忽地生起掌握死亡的自在，乘雲蜩、駐光彩，在在說明他想要超越生死的意志，〈俠客行〉：「縱死俠骨香，不慚世上英。」〈幽州胡馬客歌〉：「出門不顧後，報國死何難。」死也要死得其所，此生的行誼成了最大的依據，就是不斷追尋生的意義，將此生安頓在意義的情境之中，對死亡的焦慮就得到了化解。

　　李白死亡經歷，發生在安史之亂後。其參與永王璘的幕賓，在皇室的內部鬥爭中，永王兵敗，致使他坐繫潯陽獄。經御史中丞宋若思等營救而得以出獄。肅宗至德二載（757），終因追隨李璘之罪，長流夜郎（今貴州正安西北），流放途中，行至巫山，遇赦獲釋。上元二年（761），李白六十一歲，在金陵聞李光弼統率大軍出鎮臨淮，以多病之身請纓從軍，半道病發而還，第二年死於當塗（今屬安徽）。他一生有著強烈的自我解脫能力，及視透人生的智慧，他以詩歌的神與氣、意與蘊、境與美，展現道家的精神風貌，並以「安

「時處順」的態度看待人生及死亡的議題。李白的詩風直指讓自己成就眞人的人格，其一生因對現實的敗挫而有折翼之痛，也因時光的易逝生起當下超越的悲感，以奔騰、憂憤、同感、哀愁等心情，超脫了那曾經讓他感到焦慮的世界，他以詩指向道之理境，造就其浪漫耀世的詩界，他的精神也隨著他的詩被歌頌不朽，〔註102〕他也隨著詩的時空無限，而造就了他「不死」的存在。

　　李白對死亡一如道家自然無爲的行爲方式，即死亡來到就安於「死之息」，不作意、不把抓，除了對「安命」的思想外，他更善於用絕句的形式表現含蓄深摯的感情，如云：

　　　　大鵬飛兮振八裔，中天摧兮力不濟。餘風激兮萬世，游扶桑兮
　　掛左袂。後人得之傳此，仲尼亡兮誰爲出涕？（〈臨終歌〉）

李白將仲尼的死，喻爲自己的臨終，可知其志如孔子般的高遠。在這首詩中李華在〈故翰林學士李君墓銘序〉中說：「年六十有二不偶，賦臨終歌而卒。」則「臨路歌」的「路」字當或是「終」字因形近而致誤，則「臨路歌」應該爲「臨終歌」。前兩句詩概括了李白的生平，大鵬是詩歌與哲理的象徵，是一種超越世俗的呼聲，詩人的實際經歷，前兩句就顯得既有形象和氣魄，而且大鵬的風範仍然激濁於千秋萬世，他的風格與理想，仍然迴盪在扶桑，帶給世世代代的人們巨大的影響。宇文所安云：「在這首楚辭體詩中，扶桑是生長於世界東方邊界的神樹，這位宇宙詩人經過那裡時，落下了他的衣袖，而他那包含一的意識正在環繞宇宙。」〔註103〕環繞宇宙之歌是李白生命的長嘯；形之於文字，也可以是李白自撰的墓志銘。李白一生既有遠大的理想，而又非常有高度格局，他在對自己一生回顧與總結的時候，流露的是對人生有情的省察和生命豪壯的呼嘯。

　　李白詩的「死亡」意識並不明顯，反而有面對絕望的各種焦慮，當他處在不得志的情境下，他的創造、奇想、高曠的理境反而顯露出來。當尼采認爲「人終須一死，正因爲時間有限，更要把握眼前的機會，對於人生的嘆息與呻吟就交給歌戲演員。」〔註104〕採取當下有所作爲的方式，是其與李白相

〔註102〕歐麗娟云：「李白在當塗采路泛舟於江，因乘酒捉月，沈水而死，實在不足信。又云：「上元二年（七六一）李光弼東鎮臨淮以抗拒史朝義時，李白又聞訊請纓，毅然從軍，卻因病而中途折返，次年即病逝於當塗令李陽冰任所。」參閱歐麗娟：《唐詩選注》（台北：里仁出版社，2011年），頁151。
〔註103〕宇文所安：《盛唐詩》（台北：聯經出版社，2007年1月），頁186。
〔註104〕白取春彥編，叢研喆譯：《超譯尼采》（南京：鳳凰出版，2013年10月），頁51。

符人生態度。李白與尼采在此也有個有趣的對照，尼采曾說:「上帝死了─是祂對於人類的那份憐憫害死了祂。」「現在我們必須為人類提出一個新的價值表，亦即探倡導一個強而有力、能將生命提升至極點的人類─超人。」〔註105〕李白的〈臨終歌〉也感嘆「仲尼亡兮」此世再也有沒標準可尋，只有將自己化成仙人，或是佛身，如此也有放下生死的超越，如詩云:

> 青蓮居士謫仙人，酒肆逃名三十春;湖州司馬何須問，金粟如
>
> 來是後身。(〈答湖州迦葉司馬問白是何人〉)

青蓮居士乃是天上下凡的「謫仙人」，藉著三十年酒神的歷練，其功行已超越死生，悟見自己金粟如來轉世，湖州司馬既問起來歷，李白乃是是維摩的後身也。這可算是李白的「自我介紹」，然而他那瀟灑雄渾的才氣，藉佛教的公案來頓見自己的境界，即使到了千年之後，他依然存在於我們的生活當中，也是中華文化裡無可取代的一部份。詹本注云:「淨名經義鈔:梵語維摩詰，此云靜名，般提之子，母名離垢，妻名金機，男名善思，女名月上。過去成佛，號曰金粟如來。按此處白以淨名大士自比。」〔註106〕李白這位眼前的謫仙乃是金粟如來的後世，也是維摩大士、青蓮居士之合體，乃以此不生不死之境，繼續俯瞰著人間世局，讓靈魂飛升到這理想的高度，才能永恆於天幕翱翔，來顯現生命的高遠與永耀。

　　李白道家「境界」的詩例顯得從容不迫，純出天然，他對生命的不可把抓唯有掌握當下，以娛樂自我來安然面對，以個人生命起伏飄蕩只是一種現象，它應該是一個要被超越的目標、一個可以被昇華的情懷。但在面對無言天地與飛盡、獨去等時空人事情物，李白的虛靜、見獨、逍遙、生死等就是一種存在的精神，我屬於世間，世間也任我馳騁，我對人生負責，我對生活世界負責這就是自我，我存在的事實無法被抹滅，這就是李白在世存在之意義。詩人心中已無旁騖，他要為這世間帶來希望與意志，一如尼采所說:「那些不將自己的存在訴諸純粹僅是一個偶然的人，可以有極大的機會，成就自己為一偉大的個體，我們可以對造就類此之卓越人類懷抱無限的希望。」〔註107〕因為觀照之

〔註105〕尼采著，余鴻榮譯:《查拉圖斯特拉如是說》(台北:志文出版，2013年10月)，頁129、15。

〔註106〕詹鍈主編:《李白全集校注匯釋集評》第五冊，天津:百花文藝出版社，1996年12月，頁2632。

〔註107〕尼采著，余鴻榮譯:《查拉圖斯特拉如是說》(台北:志文出版，2013年10月)，頁14。

境與詩人同在，說明李白將命運化爲省察的心靈狀態，以超越生死的態度去
超越凡俗，其存在的關懷發生在與人物境的相融，進而有如此的省察，乃可
以體現道與人的真實。

五、李白詩歌對道家境界療癒力的開發

李白在歷經人生的巨大曲折之後，感到「濟蒼生」的理想已難以實現，
於是便起觀照之心，以清遊來排遣內在的無限苦悶，尤其是遇到不得志的情
境下，他反能開出境界的無限、遼闊、高曠，他善於用絕句的形式表現含蓄
深摯的感情，如〈送孟浩然之廣陵〉、〈早發白帝城〉、〈獨坐敬亭山〉等，顯
得俊逸飄灑，從容不迫，如出天然，道出他對生命的不可把抓，唯有掌握當
下，以解消自我的逆情而處以安時處順。李白真情率性如此，又其人任氣而
放意，對禮教極其嘲諷，而其內心從來不曾放世間的情懷，一方面主張恢復
古風精神，一方面保荐其真性情的自我，可以爲道的「境界」療癒做出詮釋。

（一）天人相契的省察療癒

從大自然的無限之美中，體性有限生命之美，並能將自己與大自然融合
爲一，使心靈和諧、精神自由，以一種更超脫時空的境界來看待社會人生。
從深一層來看，李白以不限定物之定然之用的方式，摒棄世俗拘限的成見，
來完成全宇宙的「全體大用」。而一旦打破自身的囿見，就逐漸進入圓融的境
界。莊子云：「彼是莫得其偶，謂之道樞，樞始得其環中，以應無窮。」（〈齊
物論〉）遼闊是以心的超越，必須得到其環中，以道爲環中，就不會和世間各
方面的任一點產生對立；「蓄積萬古憤，向誰得開豁。天地一浮雲，此身乃毫
末。」（〈贈別從甥高五〉）由此世俗的萬憤，開豁到無窒無礙的遼闊，得到精
神上絕對的自由。從有用無用、是非對錯的對立面超脫，達到遼闊的人生態
度，若以審美的態度來看「天地一浮雲，此身乃毫末，」就是一種生命的療
癒力，人也就是天地之末，一切都不必著執，在自我覺察之中融入天地，自
得自然之趣。

李白在天人相契的體悟中，表達出的和諧與超越詩歌，正是一種人對自
然之美、生命之美與人際之限的關照，這是人與天相契之中，所表現的療癒
的作用，人藉由自然萬物的啓發、紓解內在壓力，超越塵世束縛，成爲生命
力量的泉湧，除卻物我、人天之界限，人進入形神相親的和諧之中。李白的
〈自遺〉、〈陪侍郎叔遊洞庭，醉後三首〉、〈待酒不至〉、〈送張舍人之江東〉、

〈贈從孫義興宰銘〉、〈贈僧崖公〉等都表達出虛靜的融合，也是符應道家要人回歸虛靜的本眞，正如王志清提到：「人與自然結成物各自然的關係時，便成爲物我虛靜的兩偕的呼應。」〔註108〕這是詩人對境無心的契入，傳達了境界之味道是永恆的存在。

李白的「獨」即是主體生命的完全自覺、呈現，此時與道是沒有隔絕的，因爲見獨就是見道。雖一生對道教求神仙之事，表示了如同行樂一般，「對人情世故的嫻熟，對一切成空的了然於胸，卻依然全力以赴。……使李白既能纏綿也能超曠，揮灑出專屬於他自己的創作魅力」〔註109〕，他的詩對所求成空的了然清晰，尤其在對照世間理想不遇之際，他反而能從酒德來呈現「見獨」的眞實，如〈月下獨酌〉、〈山中與幽人對酌〉、〈與元丹丘方城寺談玄作〉等詩作，讓人看出「酒」作爲天人相契的媒介，使得酒成爲一種祭物，也成了一種療癒的輔助工具，酒成爲雅趣之道，正如葛景春說：「詩使酒化俗爲雅，提升其地位名聲，提高了人的文化品味。」〔註110〕李白將詩、酒、仙融合爲一，讓他進入自己的原型，也把詩學的藝術發揮到淋漓盡致的意境。

從弗洛伊德的觀念來看，這就是李白的早年原型，鍾友彬分析說：「正統的精神分析認爲，幼年症狀的固結和症結早已被潛抑到無意識而被遺忘了。人自己不能知道症狀所代表的欲望是什麼，通過分析治療解除了壓抑，揭穿了防禦機制的化妝，露出幼年性的本來面目。」〔註111〕使無意識變成意識的，因而化解了人的執持之性。他一生自我期許很高，以布衣之身而藐視權貴，肆無忌憚地嘲笑已失序朝綱及批判腐敗的權貴，這種大膽批判的姿態，進入茫茫人海以及紅塵世間，可想他的孤獨必然是很深。然而「別離有相思，瑤瑟與金樽」他不曾或忘某種理想的境界，必須透過這種境界，他可以化解一切的現象。

（二）縱橫變化的省察療癒

李白的詩從遼闊的角度來看，物無所可用，故物無所害，對一個人來說，能守的住「無用」，其實正代表人生不隨波逐流，不以實現外在的功利價值來成就自己的人生，這是一種積極且清楚明確的態度，也對生命價值的自我肯

〔註108〕王志清：《盛唐生態詩學》（北京：北京大學出版社，2007 年 4 月），頁 137。

〔註109〕廖美玉：〈重讀李白──「莊、屈」異質共構的理論與實證〉，收入《羅聯添教授八秩晉五壽慶論文集》（台北：台灣學生書局，2011 年），頁 119。

〔註110〕葛景春：〈詩酒風流──試論酒與酒文化精神對唐詩的影響〉，《河北大學學報》，第二期，2002 年 1 月，頁 61。

〔註111〕鍾友彬等著：《認識領悟療法》（北京：人民衛生出版社，2012 年 2 月），頁 194。

定。而以物無所害，故能不夭斤斧，最終成其大；從另一方面來看，生命本身可以不受干擾，維持自體的純質和形態的安適，不也是一種充實和飽滿嗎？摒除功利及實用的角度，這是進入遼闊的心靈。

一如莊子通透的存在中萬物皆化，人則「與」乎其中。李白的直覺力更是驚人，用他自己的語言，達到遊無窮之野、出六極之外。以物化而萬物俱齊、無所對待，達到浪漫之境進，將對待化除而予以超越的辯證，故莊子思想所以能對中國的文學與藝術產生重大的影響，洞察萬物的存在力和縱橫奔放的想像力，讓其樹立無待、浪漫的精神。李白以似不按牌理出牌的詩，生動地描寫宇宙人物時空，又能美刺時政人心，不必依照傳統模式來思緒，反而是自由的意志，把所有的氣象萬千集中在個人的心情之中，如前述的〈天台曉望〉、〈上李邕〉、〈題嵩山逸人元丹丘山居〉、〈感興八首〉、〈贈張相鎬〉、〈下途歸石門舊居〉、〈鳴皋歌送岑徵軍〉、〈春日醉起言志〉等皆在在表達了作者縱橫幻變審美之獨體，是屬於自由的、無限的存在，這也是李白對道家的接受及發揚。

對於透過詩、酒、仙所產生縱橫幻變的詩歌與詩境，也能用事來說明心意，這正可以用來說明人的複雜心態，呼應世間感情的多重又難以捉摸的微細現象，所以朱易安說：「李白用事比其他唐人更具有『天成』的特點。因此他的用事，以及用事的象徵，便比別人更多的反映出，作者的潛在意識。」〔註112〕這種潛意識的發揮正可以用來對治人們的想說而又不知道如何說的狀況，因為不知如何說，以致鬱抑難伸適以致病，這是李白活用道家精神的當代意義。正如王杰說：「美學理論要求解決現代性難題，就是必須對更為內在、更為深刻的存在本體做出系統的理論思考。」〔註113〕這系統理論透過莊子已然表達清楚，李白將感性的具體主體發擇，更讓其以自由狀態顯現。

李白是創作方面的天才，然一生困頓孤獨，在他理想下仍具有十足的自信心，以致他的作品的藝術也呈現飽滿的美感，這也與唐朝天寶之前的國家盛世有關。李白浪漫則表現出主體性特徵，詩人馳騁造化，大氣包舉、壯浪縱恣、感情噴薄而出，表現出豪放不羈的氣勢，在這種主體性征服客體的過程中，詩人也曾達到主客統一、物我不分的自由狀態，這時詩人的精神解放了，表現出一種「逍遙人外，蟬脫塵埃」的高超境界。李白〈尋山僧不遇作〉：

〔註112〕朱易安：〈莊周夢蝶——李白詩歌用事小議〉收入李白研究學會編：《中國李白研究（1990 年集）》，（南京：江蘇古籍出版社，1990 年 9 月），頁 118。
〔註113〕王杰：《審美幻象研究:現代美學導論》（北京：北京大學出版社，2012 年 11 月），頁 96。

「了然絕世事，此地方悠哉。」在通過層層滌慮與通過挫敗之際，尋道的路上，就差一個指點，但是那指點的貴人卻屢屢不遇，頓然收攝、內契了悟，指點的其實不一定是僧人，人不一定是形體，世事的焦慮也在此時此地化解，一切事、物、人都可以在那「存而不論」的括號中，是眼前的一切，詩人終於心開意朗，當下看見自我原來如此的浪漫。如詩〈古詩〉〈別韋少府〉等李白詩通篇常舉求仙、回歸的想望，這感情讓自己獲得更多身心的想像自由，也從而看出他在人際關係中，總是那麼樣「原型」的爆發出現〔註114〕，在世錯綜複雜的現象，到了他的詩也是縱橫幻變，他在大自然的省察中，提練了各種處方，他將之化作詩歌形成詩歌的療法。

　　李白自己學道有三十年的歷史，如「學道三十春，自言羲皇人」（〈酬王補闕惠翼莊廟宋丞泚贈別〉）、「雲臥三十年，好閒復愛仙」（〈安陸白兆山桃花岩寄劉侍御綰〉），又如在〈夏日山中〉：「懶搖白羽扇，裸袒青林中；脫巾掛石壁，露頂灑松風。」李長之則喻爲「簡直就是一個活神仙了。」〔註115〕這就是李白的原始經驗，他以神仙之姿來書寫世間的各種現象，將秩序井然的世界簾幕完全地撕碎了，讓人們瞥見那未來世界的無限想像。

　　無論李白的詩是採取哪種藝術形式，其內容乃是來自於自覺的自我經驗的領域，故而可以說是來自生命的心理層面，故這種創作模式是主觀境界的創作模式，他經驗及詩的表現都是屬於個清晰易種的心靈世界，而他能開出世人皆種的情感及命運之果，人類注定的命運及其苦難，乃是縱橫而美麗，也是幻變而永恆的天性，只有詩人能理解，而將之表達出來，李白彷彿是出自歷史時代的深淵，腳是光明黑暗差別明顯的世界，他是一種超越人類理性的經驗，凡人容易因爲軟弱而屈服於它，但李白卻以超出人們所理解的詩性來啓示，以一種難以言表的美麗想像來療癒人心，他的過程的縱橫幻變超越人類的感情和理解力，這不是生命表層的經驗，而是一種對「道」的省察能力，只有這樣的理解省察才能癒癒遮蔽人性的面紗。

（三）當下即是的省察療癒

　　李白不但以直覺想像的方式存在，還不時以幻、奇、夢等意境，書寫成詩境，提供人生潛藏的意志，可以突破命限，迎接人生中的喜悅與成就，所

〔註114〕榮格：《人、藝術與文學中的精神》（北京：國際文化出版社，2011 年 5 月），頁 109。

〔註115〕李長之：《道教徒的詩人李白及其痛苦》（天津：天津人民出版社，2013 年 9月），頁 50。

以夢是一種潛意識的自由形式。他表達出人們生命的之路，用意志洞穿自己和被世界遺忘的陰影，擺脫不下的現實，成了潛意識下的吶喊，夢境告訴人要知而未知的真相，它總是隱喻著我們已經清楚的事實，我們所期待的事物、或將要踐履的事件，自己要求將之統合在人的理想之中，它引領著我們進入自己更深層、尚未被發掘的內在世界。

如李白詩云：

> 綠竹入幽徑，青蘿拂行衣。歡言得所憩，美酒聊共揮；長歌吟松風，曲盡河星稀。我醉君復樂，陶然共忘機。(〈下終南山過斛斯山人宿置酒〉)

這是一首田園自然詩，詩表現自然、山林、美酒為素材，顯得深刻渲染，故感受色彩鮮明，神情飛揚，與人無限活力的詩性生命。而李白整體的詩都表達了他是為當下即是的詩人，他的詩以一種用來表意蘊深刻的內容手段，而這種手段相當巧妙，沒有人質疑主觀境界的真實性與重要性，因為主觀正是人類一種更為深動感人的經驗，是一種自覺的經驗。榮格認為：「我們通過感覺去體驗已知的事物，但是我們的存在卻指向了未知和隱藏的事物，這些事物的真實本質是隱秘的。」〔註116〕每一個人的存在雖都有存在的命限，可是我們可以藉著超越來療癒命限所帶來的痛苦及侷限。把握李白的原型，以及他的苦悶、憂傷，都具有當時思想解放的濃厚的時代特色，由於世間人需要有超越凡塵的理想世界，李白自負、自信的性格正能提供這樣的情節，他的浪漫的理想意象與世間人的心相互連結。

李白不刻意地關注死亡，並不去逃避死亡，反而以積極的存在狀態去迎接死亡，在〈臨路歌〉可知李白對於生命的終結，沒有什麼的恐懼，這正如莊子云：「彼以生為附贅懸疣，以死為決疣潰癰。」(〈大宗師〉)，把人生看成塵世羅網，把死亡看成癰膿般來去棄，如此才能達到「彼方且與造物者為人，而遊乎天地之一氣。」(〈大宗師〉) 這可謂李白對自由生活的追求，以獲得精神的解放，詩人不斷昇華感情、淨化心靈，強化仙境與本真的嚮望，求得精神對現實的征服，他的詩歌以其現代性、超越性，給予人的精神療癒是深廣久遠的。對於生命的歸趣，在〈廬山謠寄盧侍禦盧舟〉表現了他對道的崇信和對權貴的嘲弄和擺脫世情的意志；在〈夢遊天姥吟留別〉李白在詩中表達

〔註116〕榮格著，姜國權譯：《榮格文集，第七卷——人、藝術與文學中的精神》，北京：國際文化出版，2011 年 5 月，頁 119。

含蓄著直指奧妙之義旨，能有永恆不朽的價值。生命本身是如此眞實而令人喜悅，在複雜機制背後，卻是質樸的天成。李白之所以偉大，就是他對生機活潑生命的高度體貼。李白的眞是什麼？那是一種超越所有藝術形式，對生命的全人之眞。人有最高意義的追求，這是對於一切刺激之考驗都能大而化之，而這種反應是長久的不執著和故意的高傲在他身上所產生的，他不相信命運，也不相信罪惡，他能了解自己和別人，他知道怎樣移情使自己無限，他的智慧是當下即是，不使任何負面情境東西都變成對他有影響。

　　李白追慕大鵬之自由，莊子之高蹈、巢由之高節，故其人其詩如橫空出世，高出塵凡；奮飛九重、鳥瞰人間。他也被爲時代所選用，正是盛唐精神哺育了他的意志，盛唐文化給予他對理想和現實的矛盾迸發出詩情的火花。本章並稍稍與存在主義者—尼采做一呼應，兩人的風格頗爲類似、理念也很趨近。尼采有超人救世的情結；李白有仙人臨世的情結；尼采有酒神的讚揚，李白有酒德的實踐；尼采有孩童的回歸，李白有眞人的回鄉；尼采曾於《作爲文化醫生的哲學家》〔註117〕認爲，從文化的觀點探討哲學的作用和貢獻，認爲哲學家的作用在於爲民族文化提供診斷與治療，曾言：「哲學家是一種解讀民族疾病與健康的文化符號徵候學家，同時也是文化的治療師，能夠爲生活提供各種可能性」。〔註118〕哲人的思想不應該被視爲是學術象牙塔的思想產物，他們的思想要能夠爲整個西方文化情境的提供診斷和治療。李白也曾於〈古風〉中提到詩歌文化的省察，並有意識地要恢復建安風骨的文風。東西詩人有都有爲此刻負責，有當下即是的奮發，可謂中西詩人前後相應的對照。

　　綜觀李詩的風格與人格，正是李白對主觀境界的形上領悟，以詩歌的浪漫主義精神，推向了一個新的高峰，人稱李白「想落天外，局自變生」（《詩鏡總論》）。他那「天生我材必有用」的非凡自信，他那「安能摧眉折腰事權貴」的獨立人格，他那「戲萬乘若僚友，視同列如草芥」的凜然風骨，那種「長歌吟松風，曲盡河星稀」與大自然結合的瀟灑風采，治癒了無數人的心情。正如羅洛·梅說：「這意味著自主性和自由，不可能直覺於有機體的某個特殊部分，而必須是屬於整體我（total self）—這個結合了思想、情感、選擇、

〔註117〕尼采著，田立年譯：《哲學與眞理——尼采1872～1876年筆記選》（上海：上海社科院，1997年），頁89。

〔註118〕參引尤淑如：〈作爲倫理實踐的哲學諮商〉（台北：輔仁大學天主教學術研究院，哲學與文化第卅七卷，第一期，2010年1月），頁87。

行動的有機體的一種特質。」〔註119〕所以當人呈現意志和抉擇時，是同時將本我、自我和超我緊密相連的，這個生死的自由，是主體展現在每一個細微的決定中，李白詩中展現了其無待的逍遙，真正以一名「流浪者」的姿態進入永恆。

第四節　小結

　　本章以當代道家「道相」、「境界觀」之範疇，從老子對道的沖虛體現以及莊子見獨、坐忘的工夫，在在說明其即工夫即境界，即境界即工夫，也即境界即本體的表現手法。道家「道相」以見獨、逍遙、虛靜、生死等方式，來體現出「無」的境界，亦運用主觀境界形態的方式來表達人生詩性。老子就像得道的長者，證得解脫和覺悟的智慧，只有一條路，那就是遵循一位真正精神上的軌則，祂是幫助你渡過人生煩擾世間的嚮導。太陽光平等遍照一切，但只有透過放大鏡的地方，才能讓乾草生火。依這軌則遍照的光芒，也唯有通過致虛守靜的明鏡，才能使加持的火焰在生命中燃起。莊子則是創作方面的天才，加這觀照的範圍無美的擴大，甚至比任何人都還要關懷眾生，但是清閒自在為之，在他理想下仍具有十足的自信心，老莊的關懷不曾停止，以致代表道家的關懷也呈現飽滿的美感，以大道體現，就是對自然牢不可破的慈儉有情大信與大愛，真正的虛靜是來自存在和價值的共感，這種共感是常的、反復的和回歸的。

　　牟宗三對「主觀境界」的理論，以其理論對道家「道相」的再詮釋，開出牟宗三的格局。其中或有不足者，或有不同的評論，本文採以諸學者的看法，一一予以論述。如袁保新以「主觀境界」定位為一種整體觀的存有論。劉笑敢則謂「有無」、「超越」、「絕對與永恆」、「形上與形下」等相通理論來理解道的整體性，亦可為牟子「主觀境界」做一定位。又採海德格「Ereignis」來稱述「大道」，以具體全體其實就是上述主觀與客觀得全體關照，從物的立場來看，具體的全體是物的目的；觀境界的立場，乃是依照順序地在具體的立場中產生，所以主觀境界形態乃是客觀實有的目的，亦可推原「主觀境界」之說，乃是牟子對道的進一步圓滿的詮釋。

　　李白詩歌對存在中的虛靜、見獨、逍遙、生死等的主觀體現而言，從天人相契以虛實、動靜、陰陽等筆法，詮釋造化大氣包舉、多元純真、壯浪縱

〔註119〕羅洛‧梅：《愛與意志》，（台北：立緒出版社，2010年2月），頁285。

恣，表現出道之「才性」在生命各式各樣中的形勢，從而讓人得以在道的擁抱中。從縱橫幻變中看出寂靜和動態的相生，來表達出主體性特徵，使詩人與讀者都進入一種精神超越而解放，表現出一種「蟬蛻塵埃」的高超。從生命真情學道的心態，以忘掉內外情境，達到主客統一、物我不分的自由狀態，也是對道的開顯境界，而能直達到道的省察療癒效果。

綜觀道家境界觀的療癒觀，從逍遙、見獨、虛靜、生死等面向來考察療癒的效果，其用來自於人類自然的本質，道家乃為了生活實踐而創造與活動，從而不斷超越現況的侷限，開敞出道在人間的境界，從而生發無執的能力，面對一切負向的經驗，可以一一化除，這是道家的詩性療癒。道家打開人們最深層的心，並讓人在實踐的過程中確實了證心靈，對自然之道由衷生起喜悅的感動，一種不假設計的自然感受，總是根源於反復的、確定的內在經驗，這種主觀體認的心境，就像醍醐灌頂、直觀秘寶，與道接觸的喜樂，才是人們生發嚮望的詩之療癒。